Carolyn McCulley
Ungeküsst und doch Prinzessin

Carolyn McCulley

... UND DOCH PRINZESSIN

Singlesein mit Gottes Hoffnung

betanien

Carolyn McCulley, Jahrgang 1964, schrieb dieses Buch im Alter von 40 Jahren als Single. Sie dient als Medienexpertin bei Sovereign Grace Ministries, einem reformatorisch geprägtem Netzwerk von Gemeinden in den USA, und ist Autorin zweier weiterer Bücher (*The Measure of Success – Uncovering the Biblical Perspective on Women, Work, and the Home* und *Radical Womanhood – Feminine Faith in a Feminist World*) sowie vieler anderer Publikationen. Ihr Motto auf ihrer Webseite carolynmcculley.com lautet: »Woran sollen wir Erfolg messen? Wir sollten uns als Empfänger sehen, die eines Tages Rechenschaft dafür geben müssen, wie wir das Empfangene verwaltet haben. Wir sind Verwalter aller unserer Gaben, einschließlich unserer Beziehungen« (aus: *The Measure of Success*).

Um den persönlichen Ton beizubehalten, wird die Leserin in der deutschen Übersetzung mit »du« angesprochen. Bibelzitate folgen in der Regel der Elberfelder Bibel, z. T. auch der Schalchter-Bibel.

2. Auflage 2016

Originaltitel: *Did I Kiss Marriage Goodbye?*

Erschienen bei Crossway Books, Wheaton (Illinois, USA)

Postfach 1457 · 33807 Oerlinghausen
www.betanien.de · info@betanien.de
Übersetzung: Silke Voß
Lektorat: Hans-Werner Deppe
Satz: Betanien Verlag
Covergestaltung: 18prozent.de
Foto: © Marijus bei Fotolia.com
Herstellung: Scandinavianbook, Arhus, Dänemark.

ISBN 978-3-935558-38-9

Inhalt

Vorwort von Joshua Harris 7

Einleitung 9

TEIL 1

Die Ehelosigkeit

1 Du bist immer noch Single? 13

2 Die Gabe wertschätzen 21

3 Gottes stille Fürsorge 39

TEIL 2

Die Frau aus Sprüche 31 als Vorbild für Beziehungen

4 Eine tüchtige Frau 55

5 Erweise ihm Gutes alle Tage deines Lebens 82

6 Bekannt in den Toren 101

TEIL 3

Die Frau aus Sprüche 31 als Vorbild für den Alltag

7 Brot von weit her 131

8 Vom Ertrag ihrer Hände 146

9 Ein Segen für die Kinder 179

10 Trügerische Schönheit 204

11 Weise Worte 226

12 Den Armen die Hände entgegenstrecken 250

13 Der Zukunft unbekümmert zulachen 266

Nachwort: Was ist das Evangelium? 280

Quellenangaben 287

Vorwort

von Joshua Harris

Ein Buch wie dieses hab ich mir immer gewünscht. Manchen aus meinem Bekanntenkreis hätte ich es gerne weitergegeben. Aber ich habe ein solches Buch leider nie gefunden, und niemals wäre ich imstande gewesen, es selbst zu schreiben.

Nachdem ich mein Buch *Ungeküsst und doch kein Frosch* geschrieben hatte, sagten viele alleinstehende Frauen zu mir: »Josh, für dich mag es in Ordnung sein, Beziehungen nach diesen Prinzipien zu leben. Aber du bist ein Mann. Du kannst dich um eine Beziehung mit einer Frau bemühen, wenn du dazu bereit bist. Ich bin eine Frau und muss darauf warten, dass ein Mann es auf die Reihe bekommt. Und, Josh, du hast geheiratet, als du 22 warst. Von den Herausforderungen, mit denen ich als »fortgeschrittener« Single zu kämpfen habe, hast du überhaupt keine Ahnung.«

Natürlich hatten sie vollkommen Recht. Deshalb bin ich so froh, dass Carolyn McCulley das Buch geschrieben hat, das ich mir immer gewünscht habe. *… und doch Prinzessin* richtet sich an Singlefrauen aller Altersgruppen, vor allem aber an Frauen, die das Gefühl haben, die Ehe könnte an ihnen vorübergegangen sein. Carolyn schreibt ehrlich, verständnisvoll und mit einer Gottzentriertheit, die das Buch weit mehr sein lässt als mitleidig. Sie geht auf deine persönliche Lebenssituation ein, während sie sich in ihrem eigenen Leben mit denselben Fragen auseinandersetzt. Den Blick richtet sie dabei immer auf unseren wunderbaren Erlöser.

Ich kenne Carolyn seit vielen Jahren. Wir haben zusammengearbeitet und gehen in dieselbe Gemeinde. Sie ist absolut authentisch. Was sie auf diesen Buchseiten lehrt, das lebt sie auch. Sie ist eine feminine, fromme Frau und ich bin mir sicher, dass die Zeit, die du mit dem Lesen ihres Buches verbringst, dich in der Weisheit und im Vertrauen auf Gottes Güte geistlich wachsen lassen wird.

Einleitung

Den Titel dieses Buches habe ich mir nicht selbst ausgedacht. Das war Joshua Harris. Als Pastor, Kollege und Freund hatte ich ihn um Hilfe gebeten, denn er ist ein Meister der prägnanten Worte. Ich kenne nur wenige, die ihm das Wasser reichen könnten, was das Finden eingängiger Buchtitel betrifft.

Als mein Buch etwa zur Hälfte fertig war, bekam ich diese kurze E-Mail von ihm:

> Wie wäre es mit: *(Ungeküsst) … und doch Prinzessin?**
> Ich meine es ernst.

Nachdem ich ausgiebig gelacht hatte, schickte ich diesen Vorschlag meinem Verlag. Innerhalb weniger Stunden war der Titel genehmigt.

Manch einer wundert sich vielleicht über die starke Parallele zu Joshua Harris' Buch *Ungeküsst und doch kein Frosch*, aber mir scheint der Titel sehr passend. Ich kann mich noch gut daran erinnern, wie ich sein Buch begierig verschlang, als es 1997 erschien. Damals leitete ich einen kleinen Lesekreis mit Mädchen und Frauen im Alter von 13 bis 35 Jahren. Wir waren gerade mit einem anderen Buch über Beziehungen fertig, das von weitgereisten Missionaren und Romanzen in alten Zeiten handelte. Die Teens waren nicht sehr darauf angesprungen. Und da war es plötzlich: ein Buch über Beziehungen von einem jungen, alleinstehenden Mann! Die Teens waren sofort begeistert. Ich selbst las das Buch

* Engl. Originaltitel: *Did I Kiss Marriage Goodbye?*, was wörtlich heißt: »Habe ich mich von der Ehe mit einem Kuss verabschiedet?« Der Titel ist angelehnt an den Buchtitel von Joshua Harris *I Kissed Dating Goodbye* (wörtlich »Ich habe mich von Verabredungen mit einem Kuss verabschiedet«, dt. Titel *Ungeküsst und doch kein Frosch*).

nach Jahren der Verwirrung mit Erleichterung: *Das also war es, was ich tun sollte.*

In diesem Jahr zog Josh von Oregon nach Maryland, um in der Covenant Life Church ein Praktikum als Pastor zu absolvieren. Ein Jahr später zog ich von Richmond, Virginia, nach Gaithersburg, Maryland, um mich der Covenant Life Church anzuschließen und bei Sovereign Grace Ministries zu arbeiten. Später schrieb Josh *Frosch trifft Prinzessin* (engl. *Boy meets Girl*), was mir noch besser gefiel, vermutlich weil ich viele der Leute kannte, die er zitiert, und damit auch viele der Beziehungen, von denen er schreibt. Ich wusste, dass seine Prinzipien funktionieren, weil sie täglich in den Beziehungen um mich herum gelebt wurden.

Single blieb ich trotzdem. Ebenso die meisten Frauen aus meinem früheren Lesekreis. Ich fing an mich zu fragen: Was soll die Prinzessin eigentlich tun, wenn der Frosch ihr nicht begegnet? Was kann Gott damit bezwecken, dass er mich bisher Single bleiben ließ? Stimmt mit mir irgendetwas nicht? Oder mit den Männern in meiner Umgebung? Verkümmert meine Weiblichkeit, weil ich keine Ehefrau und Mutter bin? Was ist mit meinen Freundinnen? Wie soll unser Leben aussehen? Wie sollen wir die Prioritäten setzen, mit einem Beruf, der uns herausfordert, und einem Zuhause, das beständig von Karawanen von Mitbewohnern und Freunden durchzogen wird, während andere heiraten? Soll ich weiterhin hoffen, oder habe ich mich längst von der Ehe verabschiedet, ohne es zu merken? Es gibt viele offene Fragen. Und sie alle führen direkt zu der allerwichtigsten: *Hoffe ich auf Gott und vertraue ihm?*

Wenn du dir dieselben Fragen stellst, ist mein Gebet, dass dieses Buch dich erfrischen und aufheitern wird. Noch wichtiger ist mir aber, dass du die Lektüre mit gestärkter Leidenschaft für unseren Herrn und Erlöser, der unseres vollen Vertrauens würdig ist, beenden wirst.

TEIL 1

DIE EHELOSIGKEIT

1

Du bist immer noch Single?

Gnade und Herrlichkeit wird der HERR geben,
kein Gutes vorenthalten denen, die in Lauterkeit wandeln.
Psalm 84,12b

In einer kühlen Herbstnacht stand ich draußen vor der Hoteltür und dachte an die Zeit vor zwanzig Jahren zurück. Während ich noch zögerte, gingen zahlreiche lachende Paare an mir vorbei ins Hotel. Würde ich als einzige *allein* beim Klassentreffen erscheinen?

Ich holte tief Luft und betete kurz innerlich. Dann öffnete ich die Tür und steuerte geradewegs auf mein Ziel zu: ein mit Papierdeko geschmückter Tisch, auf dem mehrere Reihen kleiner Namensschilder lagen. Mit einem Seufzer steckte ich mir das Beweisstück an: Zwanzig Jahre waren seit meinem Highschool-Abschluss vergangen und mein Name war noch derselbe.

Ich war immer noch Single.

Zuhause beteten mehrere Freunde für mich: dass ich freundlich sein, andere in den Mittelpunkt stellen und vor allem Gelegenheiten zur Evangelisation bekommen würde. Meine eigenen Ziele waren weit bescheidener: lächeln, weitergehen und den Mascara dort behalten, wo er hingehört. Keine Tränen, keine zitternde Unterlippe, kein Selbstmitleid.

Mit einstudiertem Lächeln betrat ich den Raum. Hier kollidierte Highschool-Trauma mit der Lebensrealität des mittleren Alters. Die Musik war laut und die Beleuchtung schummrig. Zum Glück prangten auf unseren Großdruck-Namensschildern auch unsere Abschlussfotos. Ich war erstaunt, wie viele der Anwesenden ich ohne das Schild niemals wiedererkannt hätte.

Gerade war ich dabei, mir einen Weg zu ein paar bekannten Gesichtern zu bahnen, als rechts von mir mein Name halb gerufen, halb genuschelt wurde. Ich drehte mich in Richtung der Geräuschquelle um und wurde von einer Wolke aus Bierdunst begrüßt, den überraschte und ungläubig zu einem O geformte Lippen ausatmeten.

»Carolyn McCulley? Stimmt das? Du bist noch Single?«

Befremdend aussehende, blutunterlaufene Augen musterten mich und ich warf einen verstohlenen Blick auf das Namensschild. An diesen Mann konnte ich mich kaum erinnern.

Lieber Gott, bitte gib mir die Gnade, die ich brauche, um diesen Abend zu überstehen.

»Ja, das bin ich.«

Lächle.

Sieh ihm in die Augen.

Sei freundlich.

»Wie nett, dass du dich an mich erinnerst. Wo lebst du jetzt? Musstest du weit anreisen, um hier sein zu können?«

Nach ein paar Minuten Smalltalk verabschiedete ich mich, um mich wieder unter die Leute zu mischen. Die Gesprächsteilnehmer wechselten, die Fragen kehrten wieder: *Warum ist ein nettes Mädchen wie du denn noch Single? Warum bist du nicht verheiratet? Wolltest du nicht heiraten? Wie ist das Leben als Single heutzutage – hängst du immer noch in Bars rum, um Männer kennenzulernen?*

Es wurde ein einzigartig langer Abend.

Wenig hilfreiche Fragen

Ausgedehntes Singledasein bringt eine Phase schwieriger Fragen mit sich. Fragen, auf die es nur wenige freundliche oder informative Antworten gibt. (Nach meiner Definition beginnt ein ausgedehntes Singledasein übrigens einen Tag nach der Hochzeit einer engen Schulfreundin, einer jüngeren Schwester oder einer Nichte oder eines Neffen.) Das Singlesein erfordert außerdem einen ausgeprägten Sinn für Humor. Die folgende Top-Ten-Liste stammt von meiner geistreichen Freundin Vivian Saavedra:

Zehn Dinge, die man auf einer Hochzeit niemals zu einer Singlefrau sagen sollte:

1. Du bist die Nächste!
2. Warum bist du nicht verheiratet?
3. Vielleicht solltest du etwas abnehmen.
4. Wie wäre es mit [*hier Namen einfügen*]? Er ist ein netter Kerl.
5. Du bist die Nächste!
6. Vielleicht bist du dazu berufen, unverheiratet zu bleiben.
7. Könntest du heute Abend bei uns babysitten?
8. Hast du schon darüber nachgedacht, Missionarin zu werden?
9. Denk einfach gar nicht ans Heiraten und es wird passieren.
10. Du bist die Nächste!

»Warum bist du nicht verheiratet?« Eine häufige Frage. Oft wird sie von ganz neuen Bekannten gestellt. Ich möchte das Beste annehmen; daher gehe ich davon aus, dass diese Leute danach fragen, weil sie aufrichtig an meiner Situation interessiert sind. Aber weil mir auf dieses Mysterium meines eigenen Lebens oft die gute, schlagfertige Antwort fehlt, fühlt sich die Frage an wie das Verhör eines Reporters, der unbedingt aufdecken will, was mit mir nicht stimmt.

»Möchtest du überhaupt heiraten?« Kurz nach meinem vierzigsten Geburtstag fragte mich eine Freundin, die ich vom College kannte, ob es mir mit dem Heiraten eigentlich ernst sei. Sie wollte wissen, warum ich nicht mehr Initiative zeigte, um mein Ziel zu erreichen. Ob ich schon mal über Internet-Dating nachgedacht hätte? Ich könne schließlich nicht nur herumsitzen und darauf warten, dass es von selbst passiere. Sie versuchte, hilfreich zu sein und ihre Fürsorge zum Ausdruck zu bringen. Aber ihre Worte wirkten auf mich wie ein Feuer, das die Verzweiflung in mir langsam, aber sicher zum Kochen brachte.

»Wollen die Männer in deiner Gemeinde nicht heiraten?« Darauf passt nur die Gegenfrage: »Warum fragst du sie nicht selbst?«

Ich bin sicher, dass Menschen, die solche Fragen stellen, das nicht tun, um mich in Verlegenheit zu bringen. Trotzdem muss ich jedes Mal peinlich berührt nach einer passenden Antwort suchen.

Aber die Fragen anderer sind nichts im Vergleich zu denen, die in mir selbst aufsteigen. Zum Beispiel in einem einsamen Moment bei einer Hochzeit. Oder spät abends, wenn im Haus alles still ist, aber die Gefühle auf Hochtouren laufen. »Weiß Gott wirklich, was er tut? Hat er die Dinge wirklich im Griff? *Oder hat er mich vergessen?*«

Gottgemäße Antworten

Wenn dir diese Fragen auch schon gestellt wurden, hast du mein volles Mitgefühl – wenn du freundlich darauf geantwortet hast, verdienst du meinen Respekt. Gut gemacht! Solltest du allerdings dieses Buch in der Erwartung aufgeschlagen haben, eine konkrete Antwort auf deine spezielle Situation darin zu finden, dann lass mich dir zunächst ein Geheimnis zeigen:

> Drei sind es, die mir zu wunderbar sind,
> und vier, die ich nicht erkenne:
> Der Weg des Adlers am Himmel,
> der Weg einer Schlange auf dem Felsen,
> der Weg eines Schiffes im Herzen des Meeres
> und der Weg eines Mannes mit einem Mädchen.
>
> Sprüche 30,18-19

Diese Bibelstelle zeigt uns, dass es Dinge gibt, die zu erstaunlich und zu wunderbar sind, um sie zu begreifen. Selbst für einen sehr weisen Menschen. Vielleicht denkst du, dass die Wissenschaft zumindest die ersten drei Geheimnisse mittlerweile erklären kann. Aber was macht das? Geheimnis Nummer vier ist nach wie vor ungeklärt. Bis heute konnten auch noch so kluge Menschen das Mysterium der Anziehungskraft zwischen Mann und Frau und das Geheimnis der Liebe nicht ergründen. Wir wissen im Grunde genommen nicht, warum manche Beziehungen aufkeimen und blühen, aber andere nicht. Es erfordert Demut – ein nüchternes Anerkennen unseres Begrenztseins –, sich mit diesem Geheimnis abzufinden.

Hoffentlich bist du jetzt nicht versucht, dass Buch wegzulegen, denn ich habe eine gute Nachricht für dich: Es gibt einen, der es weiß.

Wir kennen die Wege des Herzens nicht, aber Gott kennt sie. Dinge, die uns zutiefst erstaunen, versteht er vollkommen. Er hat den Adler, die Schlange und die Ozeane erschaffen – und Mann und Frau. Er weiß, wie all das funktioniert, für ihn gibt es kein Geheimnis.

Aber es kommt noch besser: Er ist mit seiner Schöpfung in Liebe verbunden – mit den Adlern, den Schlangen, den Schiffen auf dem Meer und mit unseren arglistigen Herzen. Er hat uns nicht erschaffen, um sich danebenzustellen und herzlich zu lachen. Er ist der Herr über seine Schöpfung, der alles liebevoll regiert, um seinen Plan auszuführen, auch und insbesondere in Bezug auf die Herzensangelegenheiten. *Wie Wasserbäche ist das Herz eines Königs in der Hand des Herrn; wohin immer er will, neigt er es* (Sprüche 21,1).

Verstehst du, worauf ich hinaus will? Das bedeutet: Wenn der Herr das Herz eines absolutistischen Herrschers neigen kann, dann wird er auch in der Lage sein, die Zuneigung unseres zukünftigen Ehemannes auf uns zu lenken.

(Stille.)

(Räuspern.)

»Oh … heißt das, Gott enthält uns etwas vor?«

So könnte man es interpretieren. Aber nur, wenn du außer Acht lässt, wessen Herz er schon verändert hat: deins. Wenn du an den Herrn Jesus Christus glaubst – wenn dein Leben durch eine persönliche Beziehung mit ihm radikal verändert wurde –, dann weißt du, dass dies die Wahrheit ist. Er hat dein früher hartes, rebellisches Herz weich gemacht und dir Liebe zu seinem Wort und zu seinem Volk geschenkt. Vielleicht erinnerst du dich noch daran, wie du vor deiner Bekehrung warst. Ich weiß, wie ich war! Ich habe mich über Christen lustig gemacht. Ihr ganzes Leben schien mir vollkommen sinnlos.

Ich wusste nicht, dass ich einen Retter brauchte, aber für Gott war das kein Geheimnis. Ich wusste nicht, dass mein Herz verändert werden musste, aber auch das war für Gott weder ein Geheimnis, noch war es ihm unmöglich, es zu tun. Was sich unserer Kontrolle entzieht, was wir nicht annähernd begreifen, ist für ihn ganz offensichtlich. So schwer es manchmal ist, ein Single zu sein – setzt diese Erkenntnis nicht alles ins rechte Licht?

Liebe Freundinnen, die ganze Bibel bezeugt Gottes Treue zu uns, selbst angesichts unserer eigenen Treulosigkeit ihm gegenüber. Gott hat überhaupt nichts vergessen. Die freundlichen Worte meines Pastors C. J. Mahaney waren mir immer eine hilfreiche Ermahnung:

> Was du am meisten brauchst, ist nicht ein Partner. Das, was du am meisten brauchst, ist die Errettung vor dem Zorn Gottes. Und es ist für dich schon vollbracht durch den Tod und die Auferstehung Christi. Warum also daran zweifeln, dass Gott sich auch einer viel, viel kleineren Sache annehmen wird? Vertraue auf seine Souveränität und seine Weisheit; vertraue seiner Liebe![1]

Eine bessere Frage

Die berüchtigte Frage, warum wir nicht verheiratet sind, ist also verkehrt. Denn sie unterstellt einen Mangel. Doch unser himmlischer Vater hat gesagt, dass er seinen Kindern nichts Gutes vorenthalten wird (Psalm 84,12; Matthäus 7,11). Wir sollten uns besser fragen: *Was tut Gott mit und durch mein Singlesein?*

Vielleicht ist das für dich eine ganz neue Sichtweise. Wenn du nicht sicher bist, was ich meine, oder wenn du nicht genau weißt, was es mit dem Evangelium auf sich hat, möchte ich dir empfehlen, zuerst den Anhang zu lesen, bevor du hier weiterliest. Dort wird das Evangelium erklärt, und das ist das Fundament dieses Buches. Die weiteren Kapitel werden wesentlich verständlicher sein, wenn du das Evangelium kennst, das im Anhang erklärt wird.

Vielleicht verstehst du das Evangelium, aber dein Leben ist nicht davon geprägt. Du siehst nicht, dass Gott einen Plan für dein Singledasein haben könnte, und fragst dich, was du tun musst, um das »Privileg« der Ehe zu erlangen.

Vielleicht vertraust du nicht darauf, dass Gott dich segnen wird. Du schaust dir dein Leben an und fragst dich, in welchem Alter du die Hoffnung endgültig aufgeben und anfangen solltest, dir langfristige Ziele zu setzen für die bevorstehende Einzelhaft – ups, ich meine natürlich für das bevorstehende Singledasein.

Vielleicht *sagst* du zwar, dass du zufrieden bist, aber deine Handlungen und Entscheidungen offenbaren, dass deiner Meinung nach das Leben erst dann *wirklich* anfängt, wenn ein Mann dazukommt.

Vielleicht bist du noch jung und beschäftigst dich erst seit Kurzem mit der Frage, ob du heiraten wirst. Aber um dich herum siehst du viele ältere, unzufriedene Singlefrauen und erhoffst von diesem Buch die Hilfe, um nicht so zu enden wie sie.

Vielleicht gibst du ehrlich zu, dass genau diese Beschreibung – ältere, unzufriedene Singlefrau – auf dich zutrifft, und du weißt nicht, wie du daran etwas ändern kannst.

Vielleicht möchtest du auch einfach wissen, was Gott für deine Zukunft geplant hat, damit du dich entweder auf das Heiraten oder auf die Ehelosigkeit vorbereiten kannst (denn du würdest dich sicher nicht auf beides gleich vorbereiten, richtig?).

Oder vielleicht trifft nichts von alledem auf dich zu. Du liebst den Herrn und sein Evangelium und du möchtest einfach mehr darüber erfahren, wie du als Single sein Wort in deinem Alltag anwenden kannst.

Euch allen wünsche ich, dass ihr auf diesen Seiten einige Antworten und eine mitfühlende Freundin finden werdet. Für unsere gemeinsame Reise möchte ich mich dabei selbst nicht als Vorbild für ein »erfolgreiches« Singleleben präsentieren. Ich war in der glücklichen Lage, von sehr guter Lehre und vielen Predigten über die Gnade Gottes profitieren zu können, und das hatte einen tiefen Einfluss auf mein Leben. Diesen Lichtstrahl gesunder Lehre möchte ich gern durch das Prisma meines Singlelebens in aufgefächerter Schönheit weitergeben. Solltest du noch unverheiratet sein und demnächst ein Klassentreffen haben, hoffe ich, dass dir dieses Buch dabei helfen wird, mit aufrichtiger Freude hinzugehen – ohne dass dir peinlich ist, was Gott seit dem Schulabschluss in deinem Leben getan hat.

Stellen wir uns also die bessere Frage: Was tut Gott mit unserem und durch unser Singlesein? Wenn deine Antwort mit »Ähm ...« anfängt und darauf eine lange Pause folgt, bete ich, dass du weiterliest. Ich denke, dass eine Riesenermutigung auf dich wartet!

- Im folgenden Kapitel werden wir uns ansehen, warum Gott die Ehelosigkeit als eine »Gabe« bezeichnet. Wir werden ihre Definition, ihren Wert, ihren Zweck und den Zusammenhang, in dem diese Gabe steht, untersuchen.
- In Kapitel 3 werden wir erforschen, warum Gott unser Vertrauen verdient, wenn er souverän, weise und liebevoll darüber entscheidet, wem er welche Gabe schenkt und wann.
- In Kapitel 4 werden wir erkennen, dass wir nicht *jetzt* wissen müssen, ob wir jemals heiraten werden, um uns auf die Zukunft vorzubereiten. Die Bibel zeigt uns, dass es auf unsere *Weiblichkeit* ankommt, egal ob Single oder verheiratet, und dass die Vorbereitung für beides nahezu gleich ist.
- Kapitel 5 und 6 beschäftigen sich mit Herzensangelegenheiten und unserer Beziehung zu Männern.
- In den restlichen Kapiteln werden wir ein leuchtendes Beispiel untersuchen, das uns lehrt, wie wir auch in unserer Situation aus unserer Weiblichkeit das Beste machen können.

Mein Gebet für dich und deine Lektüre ist dasselbe wie für mich, als ich dieses Buch schrieb:

> Herr, bitte schenke mir deinen Trost, deine Ermutigung und deine Weisheit, während ich als alleinstehende Frau dein Wort erforsche. Präge in mein Herz ein, dass du mein volles Vertrauen verdienst und verändere mich, während ich dein Wort studiere und diese Wahrheiten über dich schreibe. Gebrauche bitte diese Worte, um meine Schwestern – deine Töchter – bei ihrer Lektüre zu inspirieren und zu erbauen. All das diene zum Preise deiner Herrlichkeit und dem Kommen deines Reiches. Das bete ich im barmherzigen und mächtigen Namen Jesu. Amen.

2

Die Gabe wertschätzen

Aber jeder hat seine eigene Gabe von Gott,
der eine so, der andere so.
1. Korinther 7,7

Meine Mutter pustete die einzige Kerze auf ihrem klumpigen, leicht schiefen Kuchen aus und lächelte uns alle an. Meine Schwestern und ich waren gerade alt genug, um zu Geburtstagsfeiern etwas beitragen zu können, und soweit ich mich erinnere, war dieser Kuchen eine unserer ersten eigenen Kreationen. Ich weiß nicht mehr, ob er geschmeckt hat, aber ich kann mich sehr genau daran erinnern, wie gut das Gefühl war, etwas Bedeutsames für Mama getan zu haben.

Meine Mutter hatte schon alle Geburtstagsgeschenke ausgepackt, als meine kleine Schwester plötzlich verkündete, dass noch ein Geschenk fehle. Sie rannte nach oben und kramte in ihrem Zimmer herum. Über uns hörten wir die hastigen Aktivitäten einer Vierjährigen, die in letzter Sekunde verzweifelt nach einem Geschenk sucht. Ein paar Minuten später kam Beth die Treppe runter, in den Händen eine Schachtel, verschlossen mit reichlich Klebeband und geschmückt mit einer ihrer Haarschleifen.

Offensichtlich zufrieden mit sich überreichte sie das Geschenk. Überrascht und freudig öffnete meine Mutter die Schachtel und fragte laut, was denn wohl darin sein mochte. Beths Lächeln wurde immer strahlender, als Mama den Inhalt der Schachtel untersuchte. Sie war gefüllt mit – Papierservietten. Keine benutzten Servietten, aber einige sorgfältig verpackte, saubere Stapel, die schon für den nächsten Ausflug mit den Kindern vorbereitet waren. Ich erinnere mich, dass meine Mutter dieses Geschenk entgegennahm, als wäre es das Beste, was ihr jemals geschenkt worden war. Ich erinnere mich auch daran, dass ich gekichert habe, wie es älteste Kinder mit ihrer altklugen Ich-verstehe-alles-Haltung oftmals tun. *Eine Schachtel mit Papierservietten?! Das ist doch kein richtiges Geschenk!* Ich sah nur auf den Wert des Geschenks, aber nicht auf die Motivation meiner Schwester.

Ein paar Monate später, kurz vor Weihnachten, hatte ich im Alter von acht Jahren genug Geld zusammengekratzt, um meinen Eltern die ersten »richtigen« Geschenke kaufen zu können. Ich machte mich bei unserem Schulfest auf die Suche, wo es für Kinder die Möglichkeit gab, günstig Geschenke für ihre Familien zu erstehen. Aus all den schönen Dingen, die dort angeboten wurden, suchte ich für meine Mutter ein »Dings« aus Acryl aus. Ich glaube nicht, dass es dafür irgendeinen anderen Namen gibt, denn für einen Gegenstand wie diesen gibt es einfach keine sinnvolle Verwendung. Dieses spezielle Dings bestand aus einem Sockel aus Acryl, aus dem etwa zehn schwarze, ungefähr zwanzig Zentimeter lange Drähte entsprangen. Am Ende jedes Drahtes prangte eine farbige Halbkugel aus Acryl. Ein buntes Gesteck aus Acrylkugeln, die sanft im Luftzug hin und her schaukelten. Kein Haushalt, der etwas auf sich hält, sollte auf so etwas verzichten.

Aufgrund meiner begrenzten Ressourcen war dieses seltsame Symbol meiner Zuneigung alles, was ich mir leisten konnte. Zur Verteidigung meiner Mutter muss ich sagen, dass sie sich über das Dings offenbar genau so gefreut hat wie über die Papierservietten-Schachtel.

Und mein Vater, ein Pilot, bekam ein Modellflugzeug, das aus irgendwelchem Kleinkram zusammengeschustert war. Sie beide haben diese Geschenke mit aufrichtiger Wertschätzung und überschwänglicher Dankbarkeit entgegengenommen. Wie ehrlich sie dabei waren, beweist die Tatsache, dass beide Geschenke bis heute im Zimmer meiner Eltern stehen.

In beiden Fällen waren wir als Schenkende in unseren Ressourcen, Fähigkeiten und auch in unserem Geschmack limitiert. Wir wollten etwas Extravagantes und machten stattdessen symbolische Geschenke.

Gottes Gabe der Ehelosigkeit

Etwa so stelle ich mir das Geschenk vor, von dem in 1. Korinther 7 die Rede ist. Dort wird die Ehelosigkeit als eine Gabe (oder »Geschenk«, das ist im Grundtext dasselbe Wort) bezeichnet. Dass *die Ehe* eine Gabe bzw. Geschenk ist, das verstehe ich. Über die Jahre versuchte ich, durch Betteln, Bestechen, Leihen oder Kaufen an diese Gabe zu kommen. Es hat nicht funktioniert. Mittlerweile bin ich davon überzeugt, dass ich einfach darauf warten muss, sie zu empfangen. Aber wie und wann habe ich eigentlich das *Geschenk der Ehelosigkeit* bekommen? Ich kann mich nicht erinnern, es auf meinen »Wunschzettel« geschrieben oder irgendjemanden darum gebeten zu haben. Ich erinnere mich auch nicht daran, es ausgepackt und gerufen zu haben: »Oooh, danke! Ehelosigkeit. Woher wusstest du das? Sie ist *perfekt!*«

Nein, die Ehelosigkeit habe ich immer folgendermaßen gesehen: Während andere zum Hochzeitsaltar schreiten, um das goldene Präsent der Ehe zu empfangen, stehe ich missmutig hinten in der Menge und halte mein nutzloses Dings der Ehelosigkeit in der Hand. Im Gegensatz zu meiner Mutter war ich nicht einmal dankbar dafür, es bekommen zu haben.

Wir stellen uns eine Gabe meistens auf eine selbstbezogene, menschliche Art vor. Wir beurteilen, ob wir eine Gabe oder ein Geschenk mögen oder ob wir es behalten wollen. Manchmal fragen wir uns, ob der Schenkende viel Geld ausgegeben oder sich große Mühe gemacht hat. Wir überlegen, ob wir es jemals brauchen werden. Die Ehelosigkeit ein Geschenk zu nennen, wirft zweifellos viele weitere Fragen auf. Berechtigte Fragen. Warum bezeichnet die Bibel sie als Gabe bzw. Geschenk? Werde ich diese Gabe für immer haben? Und welchen Sinn hat die Ehelosigkeit eigentlich?

Aufgrund der vielen Fragen beginnt dieses Buch mit einer Untersuchung der Gabe der Ehelosigkeit, so kontrovers dieses Thema auch scheinen mag. Ich wette, du bist daran gewöhnt, genau so von dir zu denken wie ich von mir: »Ich bin eine Singlefrau.« Das erste Wort, das dich beschreibt, ist also: Single. Das zweite: Frau. Ich glaube, dass die Bibel diese Reihenfolge umdrehen würde. Weil wir aber kulturell so sehr auf den Status »Single« getrimmt sind, fangen wir damit an.

Ehrlich gesagt hat dieses Kapitel es in sich. Wann immer ich mit Frauen über dieses Thema ins Gespräch komme, erlebe ich viel Nachdenklichkeit und den Wunsch nach einem intensiven Bibelstudium über diese Gabe. Ich habe echten Hunger erlebt, zu verstehen, was Gottes Wort darüber sagt. Also, Mädels, in diesem Kapitel werden wir uns fünf wichtige Aspekte der Ehelosigkeit ansehen:

- Der Kontext, in dem die Gabe steht.
- Die Definition der Gabe.
- Wer überreicht die Gabe?
- Der Zweck der Gabe.
- Das Timing für jede Gabe.

Ehelosigkeit im Kontext

Ist dir schon mal aufgefallen, dass die längste Bibelpassage über Ehelosigkeit von einem alleinstehenden Mann geschrieben wurde? Dort wird die Ehelosigkeit auch zum einzigen Mal in der Bibel als Gabe bezeichnet. Übrigens ist sie eine gute Gabe, was einige überraschen dürfte.

Sehen wir uns diese Schriftstelle in 1. Korinther 7 an. Bedenke beim Lesen, dass Paulus hier auf einige konkrete, uns nicht erhaltene Fragen antwortet, die die Gemeinde von Korinth ihm vorher zugeschickt hatte. Paulus wendet sich in Vers 1-5 an die Verheirateten. Genau genommen zitiert er zunächst eine Aussage der Korinther, um sie dann zu korrigieren: »Es ist gut für einen Mann, keine sexuelle Beziehung zu einer Frau zu haben.« Ab Vers 6 schreibt er über Ehelosigkeit:

> Dies aber sage ich als Zugeständnis, nicht als Befehl. Ich wünsche aber, alle Menschen wären wie ich; doch jeder hat seine eigene Gnadengabe von Gott, der eine so, der andere so. Ich sage aber den Unverheirateten und den Witwen: Es ist gut für

sie, wenn sie bleiben wie ich. Wenn sie sich aber nicht enthalten können, so sollen sie heiraten, denn es ist besser, zu heiraten, als vor Verlangen zu brennen. (1. Korinther 7,6-9)

Im folgenden Abschnitt richtet Paulus sich wieder an die Verheirateten und schreibt über die Gebote, die der Herr in Bezug auf die Ehe gegeben hat. Danach richtet er sich an diejenigen, die rechtmäßig heiraten wollen, deren Ehe aber noch nicht geschlossen wurde. Zur damaligen Zeit nannte man sie die »Verlobten« oder die »Jungfrauen«. Wenn du bist wie ich, könntest du versucht sein, diese lange Passage zu überspringen, aber ich hoffe, das tust du nicht. Denn Gottes Wort allein hat Kraft.

Über die Jungfrauen aber habe ich kein Gebot des Herrn; ich gebe aber eine Meinung als einer, der vom Herrn die Barmherzigkeit empfangen hat, vertrauenswürdig zu sein. Ich meine nun, dass dies um der gegenwärtigen Not willen gut ist, dass es für einen Menschen gut ist, so zu sein. Bist du an eine Frau gebunden, so suche nicht los zu werden; bist du frei von einer Frau, so suche keine Frau! Wenn du aber doch heiratest, so sündigst du nicht; und wenn die Jungfrau heiratet, so sündigt sie nicht; aber solche werden Bedrängnis für das Fleisch haben; ich aber möchte euch schonen.

Ich will aber, dass ihr ohne Sorge seid. Der Unverheiratete ist für die Sache des Herrn besorgt, wie er dem Herrn gefallen möge; der Verheiratete aber ist um die Dinge der Welt besorgt, wie er der Frau gefallen möge, und so ist er geteilt. Die unverheiratete Frau und die Jungfrau ist für die Sache des Herrn besorgt, damit sie heilig sei an Leib und Geist; die Verheiratete aber ist für die Sache der Welt besorgt, wie sie dem Mann gefallen möge. Dies aber sage ich zu eurem eigenen Nutzen, nicht, um euch eine Schlinge überzuwerfen, sondern damit ihr ehrbar und beständig ohne Ablenkung beim Herrn bleibt.

Wenn aber jemand denkt, er handle ungeziemend mit seiner Jungfrau, wenn er in der Vollkraft steht, und es muss so geschehen, so tue er, was er will; er sündigt nicht; sie sollen heiraten.

> Wer aber im Herzen feststeht und keine Not, sondern Macht hat über seinen eigenen Willen und dies in seinem Herzen beschlossen hat, seine Jungfrau zu bewahren, der handelt gut. Also, wer seine Jungfrau heiratet, handelt gut, und wer sie nicht heiratet, wird besser handeln. (1. Korinther 7,25-28; 32-38)

Warum sagt Paulus das? Zum Verständnis dieser Passage ist es hilfreich, sich den kulturellen Kontext anzusehen, in dem diese Gemeinde stand: das Korinth des 1. Jahrhunderts. Mit seinem großen Seehafen war Korinth eine wichtige und kulturell eine der facettenreichsten Städte des Römischen Reiches. Ursprünglich griechisch war sie zur Zeit des 1. Korintherbriefes bereits seit etwa einem Jahrhundert römische Kolonie. Korinth hatte Phasen des Wohlstands erlebt; historische Dokumente belegen jedoch, dass es zur Zeit der ersten Gemeinde dort eine Nahrungsmittelknappheit gab. Ein Bibelkommentar dazu:

> In allen Paulusbriefen ist dieser Abschnitt die längste Abhandlung über Sexualität und verwandte Themen. Der Abschnitt enthält wesentliche Informationen über Dinge, die sonst nirgends angesprochen werden. Weil oft falsch verstanden wurde, unter welchen Umständen die in 1. Korinther 7,1 und 7,25 angesprochenen Probleme aufkamen, wurde diese wertvolle Lehre über Ehelosigkeit und Ehe lange Zeit ignoriert.
>
> Ein Schlüssel zum Verständnis dieser Umstände findet sich im Brief selbst. In Vers 26 bezieht sich Paulus auf die »gegenwärtige Not«. Seither machten sich Christen aufgrund dieses Abschnittes oft Gedanken darüber, ob es überhaupt richtig war, dass verlobte Paare heirateten (7,25). Tatsächlich gibt es aber archäologisch und literarisch fundierte Hinweise darauf, dass es zu dieser Zeit in Korinth eine Nahrungsmittelknappheit gab, auf die Paulus sich bezieht. Tacitus berichtet außerdem von Erdbeben und Hungersnöten, die von vielen als schlechte Omen gewertet wurden. Paulus beantwortet hier nicht nur die dringlichen Fragen der Korinther, er gibt auch einen wichtigen Rahmen für die christliche Ehe vor.[1]

Paulus geht also nicht nur auf die unmittelbaren Sorgen ein, sondern auch auf die kulturell bedingt sehr unterschiedlichen Auffassungen von Sexualität und Ehe, die in dieser jungen Gemeinde aufeinanderprallten. Seine Antwort dürfte für das damalige Denken sowohl seiner jüdischen als auch der griechisch-römischen Leser eine echte Herausforderung gewesen sein. Im jüdischen Weltbild war die Ehe die obligatorische Norm. Ein Ehepartner und Kinder sicherten den Fortbestand der Familie und die Versorgung im Alter; Unfruchtbarkeit galt als Schande. Die griechische Kultur hingegen war zunehmend von der Vorstellung geprägt, die Ehe sei nachteilhaft und Sex außerhalb der Ehe sei akzeptabel, solange die sexuellen Wünsche nicht über die Emotionen herrschten. Außerdem erlaubte das damalige römische Gesetz die Prostitution und untersagte vor- oder außerehelichen Sex nur dann, wenn beide Partner von Geburt adelig waren.[2]

Es überrascht also nicht, dass die junge korinthische Gemeinde Anleitung brauchte.

Paulus' Antwort zeigt, wie gut er seine Leser kannte und wie geschickt er biblische Wahrheiten so erklärte, dass sie ganz praktisch auf die konkrete Situation angewendet werden konnten. In dieser Passage bestätigt er die Ehe, stellt die Vorteile des Ledigseins heraus, räumt ein, dass nicht jeder für die Ehelosigkeit geeignet ist, bestätigt die Realität sexueller Spannungen und menschlicher Leidenschaften und empfiehlt zwei Möglichkeiten: Ehelosigkeit unter sehr guter Selbstbeherrschung oder eine monogame Ehe mit nur kurzen Phasen der Enthaltsamkeit im gegenseitigen Einvernehmen. Seine größte Sorge in Bezug auf Ehe und Ehelosigkeit findet sich in Vers 35: »Dies aber sage ich zu eurem eigenen Nutzen, nicht, um euch eine Schlinge überzuwerfen, *sondern damit ihr ehrbar und beständig ohne Ablenkung beim Herrn bleibt.*«

Die Kraft einer Gabe

Vor diesem kulturellen Hintergrund nennt Paulus sowohl die Ehe als auch die Ehelosigkeit eine Gabe Gottes. Er spricht nicht von einem Zustand oder einer Aufgabe, sondern von einer Gabe. Das griechische Wort, das Paulus hier für »Gabe« benutzt, ist *charisma*. Mehrere griechische Wörter können mit »Gabe« übersetzt werden. Eins dieser Wörter bezeichnet ein Geschenk, das als Zeichen der Ehrerbietung überreicht wird; ein zweites bezieht sich auf eine Gabe, die aus einer Schuld oder Verpflichtung heraus abgetreten wird; ein drittes Wort bezeichnet im Neuen Testament geistliche oder übernatürliche Gaben, die als ein Geschenk der Gnade gegeben werden.[3] Dieses Wort benutzt Paulus in der zitierten Passage: *charisma*.

Das Wort *charisma* bedeutet mehr, als wir uns heute darunter vorstellen. Unser Verständnis dieses Wortes ist überlagert durch die Auffassung der Pfingst- und charismatischen Bewegung oder auch durch Tests zum Entdecken der eigenen Gaben, die in evangelikalen Kreisen beliebt sind. Aber die Tatsache, dass es sich um eine *Gnaden*gabe handelt, betont, dass es eine Gabe von Gott, dem Schöpfer, an Sünder ist. Eine solche Gabe ist eine Schenkung an die Gläubigen durch den Heiligen Geist.[4] Ein Theologe stellt fest, dass Paulus' Gebrauch des Wortes *charisma* in den Korintherbriefen nicht so sehr das Schenken betont, sondern vielmehr die Gnade:

> Obwohl es Paulus hier um konkrete Manifestationen der Gnade geht … und obwohl in 1. Korinther 12 diese konkreten Manifestationen als direkte Folge des Wirkens des Heiligen Geistes zu verstehen sind, gibt es keinen Grund, dieses Wort mit »Geistesgabe« zu übersetzen. Es sind eher »Gnadenerweise«, wobei die Betonung auf der Gnade liegt, die das Wesen der Erweisungen ausmacht. Zuweilen werden diese Erweisungen, wie hier in diesem Brief, als das gnädige Wirken des Heiligen Geistes in ihrer Mitte gesehen.[5]

Kannst du mir noch folgen?

Diese kleine Grammatiklektion ist wichtig, damit wir verstehen, über welche *Art* von Gabe wir sprechen, wenn wir die Gabe der Ehelosigkeit untersuchen. Es ist keine Gabe, die wir erkennen oder um die wir uns bemühen müssten. Wenn wir Single sind, haben wir die Gnadengabe der Ehelosigkeit; Singlesein ist gleich dem

Besitz dieser Gabe. Wie wir uns damit fühlen – »Mag ich es, Single zu sein? Möchte ich gern heiraten?« –, hat nichts damit zu tun, ob wir die Gabe haben oder nicht. Die Betonung liegt hier auf einem gnädigen Gott, der gute Gaben gibt, und diese zuteilt, wie er will. Es handelt sich auch nicht um eine »Geistesgabe« in dem Sinne, in dem dieser Begriff heute oft in Gemeinden verwendet wird. Es ist keine Aktivität und keine Rolle, sondern eine Segnung wie die »Gnadengabe (*charisma*) des ewigen Lebens« (Römer 5,15), die uns ohne jedes eigene Verdienst geschenkt wurde.

Und wie wird es in Zukunft weitergehen? Sinngemäß heißt es in Vers 17: »Doch wie der Herr einem jeden *(einer jeden)* zugeteilt hat, wie Gott einen jeden *(eine jede)* berufen hat, so wandle er *(sie)*; und so verordne ich es in allen Gemeinden« (1. Korinther 7,17). Möglicherweise ändert Gott deine Zuteilung und Berufung. Oder vielleicht stellst du fest, dass du mit den Jahren immer zufriedener damit wirst, Single zu sein. In beiden Fällen ist es eine Gnade, mit der jeweiligen Gabe beschenkt zu sein.

Gott teilt die Gabe zu

Diese Wahrheit kann uns helfen, damit zufrieden zu sein und darin zu ruhen, was Gott uns gegenwärtig für unser Leben zuteilt. Vielleicht fragst du dich, welche Absicht Gott hat, wenn er jemanden Single bleiben lässt. Paulus beantwortet diese Frage einige Kapitel später in demselben Brief:

> Es gibt aber Verschiedenheiten von Gnadengaben, aber es ist derselbe Geist; und es gibt Verschiedenheiten von Diensten, und es ist derselbe Herr; und es gibt Verschiedenheiten von Wirkungen, aber es ist derselbe Gott, der alles in allen wirkt. Jedem aber wird die Offenbarung des Geistes zum Nutzen gegeben. Denn dem einen wird durch den Geist das Wort der Weisheit gegeben; einem anderen aber das Wort der Erkenntnis nach demselben Geist; einem anderen aber Glauben in demselben Geist; einem anderen aber Gnadengaben der Heilungen in dem einen Geist; einem anderen aber Wunderwirkungen; einem an-

> deren aber Weissagung, einem anderen aber Unterscheidungen der Geister; einem anderen verschiedene Arten von Sprachen; einem anderen aber Auslegung der Sprachen. Dies alles aber wirkt ein und derselbe Geist und teilt jedem besonders aus, wie er will. (1. Korinther 12,4-11)

Auch hier verwendet Paulus das Wort *charisma* wie schon in 1. Korinther 7,7. Es geht Paulus nicht in erster Linie um die Liste der Gaben, sondern um Gott, der sie gibt:

> Vielfalt innerhalb der Einheit gehört zum Wesen Gottes. Obwohl es ein und derselbe Geist ist, ein Herr und ein Gott, ist jede Person der göttlichen Dreieinigkeit durch eine Vielfalt besonderer Gaben und Dienste charakterisiert (Verse 4-6). Diese Vielfalt drückt sich aus, so Paulus weiter, indem Gott die unterschiedlichen Manifestationen des Geistes zum Nutzen aller zuteilt. Dann zählt Paulus verschiedene dieser Gaben als Beispiele auf (Verse 7-11).[6]

Wir alle haben eine *Vielfalt* an Gaben empfangen. 1. Korinther 7,7 sagt mir, dass ich als Singlefrau das *charisma* der Ehelosigkeit empfangen habe. Im 1. Korinther 12,4-10 werden weitere Gaben aufgezählt, die ich möglicherweise auch habe. Und möglicherweise werde ich eines Tages auch die Gabe der Ehe empfangen. Aber wie dem auch sei, sind zwei Dinge im Zusammenhang mit jeder Geistesgabe wichtig:

- Dies alles aber wirkt ein und derselbe Geist und teilt jedem besonders aus, wie er will (1. Korinther 12,11).
- Jedem aber wird die Offenbarung des Geistes zum Nutzen gegeben (1. Korinther 12,7).

Schauen wir uns Punkt 1 näher an. Gott teilt Gaben nach seinem Ermessen und in seiner unendlichen und souveränen Weisheit zu. Paulus kommt hier wieder auf den Punkt zu sprechen, den er schon in Kapitel 7 erwähnt hat. Gott gibt uns unsere Zuteilung und beruft uns zu einer Aufgabe. Wir sehen hier, dass er jedem von uns Gaben zuteilt, um eine Bestimmung zu erfüllen.

Erkennst du, wie Gottes Wille hier wirkt? Letztendlich sind wir Singles, weil dies zur Zeit Gottes Wille für uns ist. Das ist der Grund. Es liegt nicht daran, dass wir zu alt sind, zu dick, zu dünn, zu groß, zu klein, zu ruhig, zu laut, zu klug, zu schlicht, zu fordernd oder zu sonst irgendetwas. Es hat ganz und gar nichts mit vergangenen Verfehlungen oder einer Neigung zur Sünde zu tun. Es liegt nicht daran, dass wir zu der einen Gattung gehören und die Männer um uns herum zu einer anderen. Es hat nichts damit zu tun, dass die Männer, die wir kennen, sich eher zu passiven Temperamenten hingezogen fühlen. Es liegt auch nicht daran, dass in der Singlegruppe mehr Frauen als Männer sind. Und es hat auch nichts damit zu tun, dass es in unserer Gemeinde noch nicht einmal eine Singlegruppe gibt. Obwohl all das scheinbar gute Gründe sind, übertrumpfen sie nicht den Willen Gottes. Ein einziger Blick auf die Ehen, die wir kennen, oder die, die in den Zeitungen bekanntgegeben werden, macht deutlich: All diese Dinge spielen im Leben vieler Menschen eine Rolle – und dennoch heiraten sie. Wir sind *heute* Singles, weil Gott uns *heute* diese Gabe zugeteilt hat.

Ein weiterer Gedanke: Ich habe oft Verheiratete zu Singles sagen hören, dass diese nicht heiraten würden, bis sie gelernt hätten, mit ihrem Singleleben wirklich zufrieden zu sein. In aller Demut möchte ich behaupten, dass dies ein Irrtum ist. Ich bin mir sicher, dass diese Paare es gut meinen und wünschen, dass ihre unverheirateten Freunde froh und glücklich so leben können, wie Gott es vorgesehen hat. Aber solche Worte produzieren in Sachen Gaben eine Einstellung, die auf eigenen Werken basiert, was wiederum zu einem Gefühl der Verurteilung führen kann. Der Herr fordert nicht, einen bestimmten Status zu erreichen, bevor er eine Gabe gewährt. Wir können eine bestimmte Geistesgabe ebenso wenig verdienen wie unsere Errettung. Alles ist aus Gnade, nicht aus Werken. Dennoch sollten wir so demütig sein, auf unsere Freunde zu hören und anzunehmen, was sie uns über Zufriedenheit sagen, wir sollten es nur nicht in Zusammenhang mit dem Empfangen einer Gabe bringen.

Falls du erneut Single geworden bist, aufgrund einer Scheidung oder eines Todesfalls, kann ich sehr gut verstehen, dass es dir möglicherweise schwer fällt, deine Erfahrung als eine Gabe zu betrachten, die Gott zugelassen oder sogar gewollt hat. Aber so sagt es die Bibel. Ich vertraue darauf, dass unsere Definition einer »Gabe« dir helfen wird, deine gegenwärtige Situation besser zu verstehen. Und ich hoffe sehr, dass du mir weiter folgen wirst, wenn wir diesen Gedanken im nächsten Kapitel weiterentwickeln.

Gaben zum Wohle aller

Sehen wir uns den zweiten Punkt an: Geistesgaben sind zum Wohle aller gegeben. Die gute Nachricht ist also, dass es bei der Ehelosigkeit nicht allein um dich geht – weder um deine guten Seiten noch um die sündigen. Du besitzt eine Gnadengabe zum Wohle aller deiner Mitmenschen. Wenn dich also das nächste Mal jemand fragt, warum du noch Single bist, kannst du einfach antworten: »Das bin ich zu deinem Wohle!«

Um noch weiter zu vertiefen, was Paulus meint, schauen wir uns 1. Petrus 4,10 an: »Wie jeder eine Gnadengabe *(charisma)* empfangen hat, so dient damit einander als gute Verwalter der verschiedenartigen Gnade Gottes!« Die New International Version übersetzt hier: »...als solche, die Gottes Gnade in ihren unterschiedlichen Formen treu verwalten.« Eine Dienerin ist eine gute Verwalterin. Sie kennt ihre Bestimmung, setzt ihre Ressourcen ein und bringt gute Resultate hervor.

Ein Theologe schreibt, dass das hier mit »verschiedenartig« übersetzte Wort das griechische *poikilos* ist. Es bedeutet: »Über viele Facetten oder Aspekte verfügen; eine große Vielfalt aufweisen.«[7] Nicht alle bekommen dieselben Gaben, aber die, die wir erhalten haben, sollen die vielen unterschiedlichen Facetten widerspiegeln, die Gottes Charakter ausmachen. Die Gabe der Ehelosigkeit ist kein *Charisma*, das sich durch eine besondere Aktivität oder eine offensichtliche Rolle definieren lässt, wie es bei anderen Gaben der Fall ist. Dennoch ist sie zum Nutzen aller gegeben, was bedeutet: zum Wohle der Gemeinde.

Wir sollten hier innehalten und uns fragen, ob es uns wichtig ist, eine Gabe zum Wohle der Gemeinde erhalten zu haben. 1. Korinther 12 zeigt uns über die Ehelosigkeit: Sie steht in einem *Kontext* zu weiteren Geistesgaben, die wir womöglich haben, und sie ist eine *Ressource*, die wir treu verwalten sollen. Das werden wir uns in Kapitel 4 bis 13 noch näher ansehen. Außerdem nennt uns dieser Bibeltext auch einen *Ort*, an dem wir unsere Gaben ausüben sollen: die Gemeinde. Die Verse 14-26 beschreiben die Gemeinde als Leib mit verschiedenen Gliedern. Dieses Bild betont die gegenseitige Abhängigkeit der Glieder: »Wenn der Fuß spräche: Weil ich nicht Hand bin, gehöre ich nicht zum Leib; gehört er deswegen nicht zum Leib?« (Vers 15). Verhalten wir uns manchmal wie dieser Fuß? Sagen wir in Worten, Gedanken oder Taten: »Weil ich keinen Partner habe, gehöre ich nicht zum Leib«? Wir *sind* Teil des Leibes und wir haben eine lebenswichtige Funktion in unserer Gemeinde. Die anderen Glieder brauchen uns und wir brauchen sie.

Je älter ich werde, desto dankbarer bin ich für meine Gemeinde. Oft habe ich mich im Sonntagsgottesdienst umgesehen oder meine Freunde im Hauskreis betrachtet und Gott im Stillen für die Gemeinschaft gedankt, die ich dort habe. Ich bin nicht nur dankbar für die reichen Beziehungen, sondern auch für die große Vision, die vor mir liegt. Wenn ich daran denke, wie sehr Christus seine Braut, die Gemeinde, liebt, und dass er mich in seiner barmherzigen Güte gerettet und in seinen Leib eingegliedert hat, dann empfinde ich noch größere Dankbarkeit für meine Bestimmung innerhalb der Gemeinde.

Ohne den Kontext und das Wissen um die Bestimmung der Gemeinde kann sich Ehelosigkeit anfühlen wie eine Art Wartezimmer für das Erwachsenenleben. *Innerhalb* dieses Kontextes und der ewigen Bestimmung der Gemeinde aber ist die Ehelosigkeit eine Gabe zum Wohle anderer. Wir können der Braut Christi unsere Liebe zeigen, indem wir fröhlich die besten »Erstlingsfrüchte« unserer Ressourcen, unserer Zuneigung und unserer Zeit der Gemeinde schenken. In den folgenden Kapiteln werden wir uns anhand konkreter Beispiele ansehen, wie man diese Gabe für den Leib Christi einsetzen kann.

Aber was ist jetzt mit dem Heiraten?

Ich hoffe, dieses Kapitel wird dich ermutigen und dir helfen, die liebevolle Bestimmung zu erkennen, die Gott mit den Gaben, die er gibt, verbindet. Vielleicht fragst du dich, ob es dennoch in Ordnung ist, dir eine Ehe und Familie zu wünschen. Die Antwort lautet: ja! Auch das sind gute Gaben Gottes. Es ist nicht verkehrt, sich die Ehe zu wünschen und Gott darum zu bitten. Zum Problem kann es nur dann werden, wenn wir den Willen Gottes für unser Leben *zum jetzigen Zeitpunkt* nicht demütig und bereitwillig akzeptieren.

Paulus beginnt 1. Korinther 12 mit den Worten: »Was aber die geistlichen Gaben betrifft, Brüder, so will ich nicht, dass ihr ohne Kenntnis seid. Ihr wisst, dass ihr, als ihr zu den Heiden gehörtet, zu den stummen Götzenbildern hingezogen, ja, fortgerissen wurdet« (1. Korinther 12,1-2). Ich kenne viele Singles, die wie ich erst als Erwachsene Christen geworden sind. Ich kann mich sehr genau daran erinnern, vorher »zu den stummen Götzenbildern hingezogen« gewesen zu sein. Es waren keine Holz- oder Metallfiguren, aber trotzdem habe ich sie angebetet, weil ich dachte, dass sie mir Privilegien bescheren könnten. Am stärksten war der »Selbst-Götze«: Selbstliebe, Selbsterfüllung, selbstsüchtiges Vergnügen, selbstsüchtige Freiheit. Obwohl ich in einer Gemeinde aufgewachsen war und den christlichen Glauben kannte, hatte ich noch nicht wirklich Buße getan und mich noch nicht Jesus als meinem persönlichen Retter anvertraut – ich war ungläubig. Als Twen war ich in unterschiedliche Sünden verstrickt. Ich erinnere mich, dass ich über die »altmodischen Vorstellungen« meiner wenigen christlichen Freundinnen lachte – vor allem über ihre Bereitschaft, bis zur Ehe auf Sex zu verzichten. Ich war blind gegenüber dem Egoismus der Männer, mit denen ich zusammen war, und ich war durch meine eigene Begierde betrogen. Ich glaubte, dass ich irgendwann heiraten würde, hatte von der Ehe aber keine klare Vorstellung.

Das änderte sich, als ich mit dreißig Jahren eine echte, gläubige Christin wurde. Meine Pastoren belehrten unsere Gemeinde sehr gut über Gottes Bestimmung für Ehe und Familie. Was für mich einmal ein verschwommenes, richtungsloses Konzept gewesen war, nahm jetzt Konturen an, und es enthielt Nuancen, mit denen ich niemals gerechnet hatte. Ich wollte es. *Und zwar sehr.* Ein neuer Götze war erschaffen: der Ehemann meiner Träume. Die Belohnung für meinen neuen Gehorsam in der Enthaltsamkeit. Als sich dieser wundervolle Ehemann allerdings nicht augenblicklich materialisierte, ertappte ich mich dabei, wie ich meine winzige Faust gegen den Herrn des Universums ausstreckte, weil ich mit seiner Führung und Fügung so unzufrieden war.

Auch ich, eine Christin, in der der Heilige Geist wohnt, betreibe also in meinem Herzen eine »Götzenwerkstatt«, wie es der Reformator Johannes Calvin einmal ausgedrückt hat (in seiner *Institutio* 1.11.8). Selbst gute Gaben können zu Götzen werden. »Das Böse unseres Verlangens liegt typischerweise nicht in dem, was wir wollen, sondern darin, dass wir es zu sehr wollen«, sagte Calvin. Unsere Wünsche verwandeln sich schnell in Forderungen, und wenn diesen Forderungen nicht nachgekommen wird, kommen wir in Versuchung, uns weitere »stumme Götzenbilder« zu erschaffen, damit diese uns bringen, was wir wollen. Wenn ich beobachte, wie jüngere, schlankere oder zurückhaltendere Frauen umworben und geheiratet werden, komme ich schnell in Versuchung zu denken, dass diese Eigenschaften der Schlüssel zur Ehe sind. Wenn es in einer anderen Gemeinde mehr Verlobungen gibt als in meiner eigenen, denke ich vielleicht, dass die Pastoren es dort offensichtlich besser verstehen, die Männer anzuspornen. Wenn ich bemerke, dass ein Mann »Typ A« öfter heiratet als ein »Typ B«, könnte ich versucht sein, die Männer in meiner Umgebung geringzuschätzen, wenn sie nicht »Typ A« entsprechen. Diese Denkmuster zeigen, dass ich mein Vertrauen auf die falschen Dinge setze. *Wenn ich versucht bin zu glauben, dass irgendjemand oder irgendetwas anderes die Macht hat, Segen und Erfüllung zu bieten, als allein Gott, dann ist das Götzendienst.*

Zehn Jahre nach meiner Bekehrung war ich immer noch Single. Mir war bewusst, dass eine Ehe und Kinder zwar noch möglich, aber unwahrscheinlich waren. Ich scherze oft mit Freundinnen darüber, dass ich mich allmählich in guter Gesellschaft mit Sara, Rebekka, Hanna, Elisabeth und anderen Heldinnen der Bibel befinde, die sich allein auf den Gott, dem nichts unmöglich ist, verlassen mussten. Wenn ich an meine Zukunft denke, ist sie eigentlich komplett unsicher und – nun ja – einsam. Nach dem gängigen Klischee zu urteilen, sieht meine Zukunft verdächtig nach einem Single-Appartement mit zwei Katzen namens »Bitterkeit« und »Groll« aus. Aber ich mache mir immer wieder bewusst, dass dies keine biblische, sondern eine kulturell bedingte Sichtweise ist.

Ein Blick in die Zukunft

Werde ich für immer Single bleiben? Ich weiß es nicht. Was ich weiß, ist, dass die Ehelosigkeit eine Gabe ist, die zu irgendeinem Zeitpunkt im Leben *jeder* hat. Die Ehe wird den meisten gegeben, aber sie ist eine Gabe allein für diese Welt. Jesus machte das deutlich, als er sagte: »Denn in der Auferstehung heiraten sie nicht, noch werden sie verheiratet, sondern sie sind wie Engel im Himmel« (Matthäus 22,30).

Ich weiß, dass ich Gott vertrauen kann, was meinen Wunsch zu heiraten betrifft. Dieselbe Gnade, die Paulus gewährt wurde, nachdem er Gott dreimal angerufen hatte, damit dieser seinen »Dorn für das Fleisch« entfernen möge, ist heute auch für mich da. Paulus schrieb: »Um dessentwillen habe ich dreimal den Herrn angerufen, dass er von mir ablassen möge. Und er hat zu mir gesagt: Meine Gnade genügt dir, denn meine Kraft kommt in Schwachheit zur Vollendung. Sehr gerne will ich mich nun vielmehr meiner Schwachheiten rühmen, damit die Kraft Christi bei mir wohne« (2. Korinther 12,8-9). Ich kann es nicht beweisen, aber ich vermute, dass dies nicht durch drei schnell nacheinander aufgesagte Gebete geschehen ist, sondern ich nehme an, dass Paulus die Realität der ihm genügenden Gnade Gottes über einen längeren Zeitraum hinweg allmählich erkannt hat.

Bin ich zum Singleleben »berufen«? Diese Frage ist mir mehrmals gestellt worden, allerdings wurde ich das nie gefragt, bevor ich etwa Ende dreißig war. Und ich weiß immer noch nicht, wie ich darauf antworten soll. Ehrlich gesagt, bin ich nicht sicher, ob man den Begriff einer »Berufung« auf das Singlesein anwenden kann. Wir werden alle als Singles geboren. Müssten wir also nicht berufen werden, um etwas anderes zu werden als das, was wir immer schon waren? Meiner Meinung nach lautet die Frage nicht, ob wir zum Singlesein, sondern ob wir zur Ehe berufen sind. Sowohl in der Bibel als auch in dem, was wir in unserer Umgebung beobachten können, deutet vieles darauf hin, dass die meisten Menschen zur Ehe berufen sind. Aber persönliche Gewissheit gibt es diesbezüglich nur, wenn man die Gabe der Ehe empfängt. Bis dahin ist alles andere Spekulation und subjektiv. Anekdotenhafte Beweise für die Existenz dieser Berufung sind für mich die vielen Zeugnisse von Männern, die mittlerweile verheiratet sind, aber nach ihrer Bekehrung zunächst überzeugt waren, »bis zur Entrückung Junggeselle« zu bleiben. Sie fühlten sich »berufen«, Single zu bleiben, aber offensichtlich hatte Gott andere Pläne.

Manchmal frage ich mich, ob das Singlesein einen besonderen Lebensstil erfordert, der sich von dem verheirateter christlicher Frauen unterscheidet. Früher dachte ich so. Ich fragte mich sogar, wann ich endgültig dazu übergehen sollte, als Dauer-Single zu leben. Mittlerweile vermute ich, dass dieses Konzept der unterschiedlichen Lebensstile weltliche Wurzeln hat, die im späten 19. Jahrhundert entstanden. Damals hinterfragten viele Frauen sowohl die Institution der Ehe als auch die Autorität Gottes, um einen von Männern und Religion unabhängigen Lebensstil zu entwickeln. Ich bin dankbar dafür, dass diese Frauen Gesetzesänderungen einforderten, von denen ich heute profitiere, wie beispielsweise das Wahlrecht für Frauen. Gleichzeitig führten sie aber auch den Lebensentwurf des lebenslangen Singleseins ein, der alle Aspekte traditioneller Weiblichkeit verachtet.

Wir sollten dem biblischen Modell nacheifern. Das bedeutet zunächst, dass wir von uns nicht als *Singlefrauen* denken, sondern als *Frauen, die single sind.* Die Betonung der Schrift liegt zuerst auf unserer Weiblichkeit. Die Bibel gibt uns eine nahtlose Beschreibung von Weiblichkeit. Es gibt kein ruckartiges Umschalten beim Übergang vom Singleleben zur Ehe – auch wenn beide Lebenssituationen kaum verschiedener sein könnten. Offensichtlich gibt es aber unterschiedliche Rollen für die verschiedenen Phasen unseres Lebens. Doch alle Rollen ruhen auf demselben Fels, womit wir uns ab Kapitel 4 näher beschäftigen werden.

Mir gefällt der Blickwinkel von Elisabeth Elliot:

> Wenn du heute Single bist, ist das, was dir heute zugeteilt ist, das Singlesein. Es ist Gottes Gabe. Ehelosigkeit sollte nicht als Problem angesehen werden; ebenso wenig sollte die Ehe als ein Recht betrachtet werden. Gott gewährt beides in seiner Weisheit als Geschenk. Eine unverheiratete Person besitzt die Gabe der Ehelosigkeit, die nicht verwechselt werden darf mit der Gabe der Keuschheit. Die »Gabe der Keuschheit« wird normalerweise im Zusammenhang mit einer Person verwendet, die sich durch ein Gelübde verpflichtet hat, nicht zu heiraten. Wenn du nicht an ein solches Gelübde gebunden bist, solltest du dich heute nicht darum kümmern, was morgen sein wird. Worum du dich kümmern solltest, ist, dem lebendigen Gott zu vertrauen, der täglich aufs Neue jedem präzise sein Teil zumisst.[8]

Worum ich mich heute kümmere und was für mich feststeht, ist, dass ich Single und dazu berufen bin, etwas mit dieser Gabe zum Wohle aller und zur Ehre Gottes zu tun. Wenn Gott mir eines Tages die Ehe schenken möchte, wird er das auch zustande bringen. In der Zwischenzeit möchte ich in der Fülle dieser gnädigen Gabe der Ehelosigkeit leben, die Gott seiner Gemeinde gibt – an seine Erlösten, die er liebt.

Zum vertiefenden Studium

- Wenn du mit Furcht zu kämpfen hast vor dem, was andere Leute über dich denken könnten, weil du Single bist, empfehle ich das Buch *Befreit leben – von Menschenfurcht zur Gottesfurcht* von Edward T. Welsh. Dieses Buch empfehle ich jedem, aber für Singlefrauen ist es quasi Pflichtlektüre.

3

Gottes stille Fürsorge

Ja, ich habe es geredet, ja, ich werde es auch kommen lassen.
Ich habe es gebildet, ja, ich führe es auch aus.
Jesaja 46,11b

Obwohl es noch Sommer war, glich meine Seele längst trockenem Herbstlaub. Ich fühlte mich so spröde und zerbrechlich wie ein abgefallenes Blatt mit eingerollten Rändern, das ohne Wasserzufuhr kläglich verdorrte. Ich wusste, dass ich Erholung und Erfrischung brauchte und eine Zeit des Rückzugs allein mit Gott einplanen musste.

An einem Nachmittag Ende August fuhr ich mit offenen Autofenstern zum Einkehrzentrum und genoss die verlockende, für die Jahreszeit untypische Kühle, die in der Luft lag. Ich verließ den Highway und fuhr einen Umweg über kurvige Landstraßen. Während meiner Fahrt sank die Sonne träge zum Horizont und färbte den Himmel in pfirsich- und babypinkfarbene Schattierungen, die sich lange am Abendhimmel hielten. Ich unterbrach das Dämmerungskonzert der Grillen, indem ich eine Predigt-CD einlegte. Es war eine Botschaft des bekannten Autoren und Predigers Mark Dever, die er einen Monat zuvor auf einer Konferenz gehalten hatte. Der Titel lautete: »Die Freundlichkeit Gottes im Buch Rut.« Eigentlich hatte ich nicht vor, während meiner Einkehrzeit das Buch Rut zu studieren, aber der Titel machte mich neugierig.

Etwa die Hälfte der Predigt war vorbei, als ich einen fürchterlichen Schrecken bekam. Was ich gerade hörte, war eine klare Diagnose meines persönlichen geistlichen Zustands. Ich spulte zurück und hörte es mir noch einmal an – fassungslos. Ich spulte noch einmal zurück und dachte über die gehörten Worte nach. Und noch einmal – ja, es stimmte! Warum war mir das nicht schon früher aufgefallen? Obwohl Mark Dever nur einige wenige Sätze zu diesem Punkt sagte, um dann mit seiner Predigt fortzufahren, war ich wie versteinert. Ich stoppte die Predigt und dachte über die Szene nach, die sich gerade vor meinem inneren Auge entfaltete.

Umstände und Schlussfolgerungen

Noomi, die Schwiegermutter Ruts, kannte das Gefühl nagender Leere durch den Hunger. Nach Missernten und Hungersnöten hatte ihr Mann Elimelech zehn Jahre zuvor beschlossen, das Gelobte Land Israel, wo Gott Milch und Honig verheißen hatte, zu verlassen, um Zuflucht in einem anderen Land zu suchen, in dem langjährige Feinde Israels zu Hause waren. Von ihrer früheren Heimatstadt Bethlehem aus, was ironischerweise »Haus des Brotes« bedeutet, konnte die Familie im Osten, auf der anderen Seite des Toten Meeres, die Hügel von Moab sehen. Elimelech hatte das Risiko abgewogen und entschieden, seine Frau und seine beiden Söhne auf eine über 150 Kilometer lange strapaziöse Reise mitzunehmen, in ein feindliches Land, das von fremden Göttern beherrscht war. Das wäre die bessere Alternative, meinte er, als in Bethlehem zu verhungern.

Aber jetzt war nicht nur Elimelech tot, sondern auch seine beiden erwachsenen Söhne. Noomi war eine kinderlose Witwe. Ohne Rechte, ohne Einkommen oder irgendjemanden, der sich im Alter um sie kümmern würde. Schlimmer noch: Sie hatte zwei weitere abhängige Frauen bei sich, ihre beiden Schwiegertöchter Rut und Orpa. Eines Tages hörte sie zufällig einige Feldarbeiter darüber reden, dass die Hungersnot in Israel vorbei sei, und ein Funken Hoffnung stieg in ihr auf. Vielleicht konnte sie in ihre alte Heimat zurückkehren und dort jemanden finden, der für sie sorgte.

Also packte das Witwentrio den mageren Besitz zusammen und machte sich noch vor Sonnenaufgang auf den Weg. Doch während sie gingen, änderte Noomi ihre Meinung. Sie war plötzlich nicht mehr überzeugt davon, dass es klug gewesen war, Rut und Orpa mit sich zu nehmen. Im goldenen Schein der Spätnachmittagssonne sah Noomi sich die beiden Frauen sehr genau an. Welche Zukunft konnte sie ihnen bieten? Ihr Leben war einmal vielversprechend gewesen, aber jetzt würde sie sich auf die ungewisse Hoffnung auf Fürsorge durch einen Verwandten verlassen müssen. Würde ihre alte Familie sich auch diesen fremden Frauen gegenüber verpflichtet fühlen?

Da platzte es aus ihr heraus: »Geht, kehrt um, jede in das Haus ihrer Mutter! Der HERR erweise euch Gnade, so wie ihr sie den Verstorbenen und mir erwiesen habt! Der HERR gebe es euch, dass ihr Ruhe findet, eine jede in dem Haus ihres Mannes!« (Rut 1,8-9).

Dann küsste sie sie zum Abschied. Aber Rut und Orpa weinten laut und weigerten sich, sie zu verlassen. Noomi musste deutlicher werden: »Kehrt nur um, meine Töchter! Wozu wollt ihr mit mir gehen? Habe ich etwa noch Söhne in meinem Leib, dass sie eure Männer werden könnten? Kehrt um, meine Töchter, geht! Ich bin ja zu alt, um eines Mannes Frau zu werden. Selbst wenn ich spräche: Ich habe noch Hoffnung! – wenn ich gar diese Nacht eines Mannes Frau werden würde und sogar Söhne gebären sollte, wolltet ihr deshalb warten, bis sie groß würden? Wolltet ihr euch deshalb abgeschlossen halten, ohne eines Mannes Frau zu werden? Nicht doch, meine Töchter! Denn das bittere Leid, das mir geschah, ist zu schwer für euch. Ist doch die Hand des HERRN gegen mich ausgegangen« (1,11-13).

Orpa verstand und kehrte zu ihrer Familie in Moab zurück. Aber Rut ließ sich nicht von ihrem Vorhaben abbringen. Sie hängte sich an Noomi und gelobte, sie nicht zu verlassen: »Wohin du gehst, dahin will auch ich gehen, und wo du bleibst, da bleibe auch ich. Dein Volk ist mein Volk, und dein Gott ist mein Gott« (1,16). Also reisten die beiden Frauen gemeinsam weiter.

Als Noomi und Rut in Bethlehem ankamen, wurden sie von den dortigen Frauen begrüßt. Alle staunten sehr, dass Noomi zurückgekehrt war. Aber für Noomi, die voll Selbstmitleids war, klangen diese Begrüßungen leer. »Nennt mich nicht Noomi [*liebenswürdig*]«, sagte sie, »nennt mich Mara [*bitter*], denn der Allmächtige hat mir sehr bitteres Leid zugefügt. Voll bin ich gegangen, und leer hat mich der HERR zurückkehren lassen. Warum nennt ihr mich

Noomi, da der HERR gegen mich ausgesagt und der Allmächtige mir Böses getan hat?« (1,20-21).

Noomi hatte ihre Umstände analysiert und geschlussfolgert, dass der Herr keine weiteren Segnungen für sie bereithalten könne. Doch *Gott* war noch nicht am Ende. Direkt neben Noomi stand die personifizierte Fürsorge des Herrn: Rut. Und gleich hinter Rut reifte die Gerstenernte auf den Feldern Boas, eines entfernten Verwandten. Gottes stille Fürsorge hatte schon alles bereitet, aber Noomi konnte es noch nicht erkennen.

Erwartungslose Apathie

Sogar Goethe äußerte sich sehr lobend über das Buch »Ruth, welches bei seinem hohen Zweck, einem Könige von Israel anständige, interessante Voreltern zu verschaffen, zugleich als das lieblichste kleine Ganze betrachtet werden kann, das uns episch und idyllisch überliefert worden ist«.[1] Obwohl Gott darin gar nicht besonders oft erwähnt wird, betont es durchgehend seine Güte und Freundlichkeit. Die meisten Singlefrauen kennen das Buch Rut sehr gut, weil das Thema Eheanbahnung darin so schön behandelt wird. Aber nur wenige halten bei Rut 1 inne und denken darüber nach, welche Bedeutung Noomis Worte auch für unser Leben haben. Wir lesen von zwei Singlefrauen, von denen eine ihren unglückseligen Zustand ansah und schlussfolgerte, dass Gott ihr von nun an nur noch bitteres Leid tun würde. Noomi war überzeugt, dass ihre Zukunft genau so leer sein würde, wie sie sich innerlich fühlte. Aber das stimmte nicht. Selbst nachdem sie ihre Klage ausgesprochen hatte, bereitete Gott weiterhin still die Umstände vor, durch die nicht allein Noomis Erblinie und Eigentum gerettet werden sollten, sondern auch die Herkunft Jesu Christi – denn Rut wurde eine Vorfahrin des Messias (Matthäus 1,5).

Diese Aussage war es, zu der ich immer wieder zurückspulte. Ich weiß, dass ich wie Noomi war. Ich hatte meine Umstände betrachtet und geschlussfolgert, dass Gott mich »verlassen« und dem ungewollten Singledasein übergeben haben musste. Ich habe mich darüber beklagt. Ich habe sarkastische Bemerkungen gemacht. Ich wurde bitter, wenn andere Segnungen empfingen, die ich mir für mich selbst wünschte. Ich war regelrecht böse auf Gott, wenn er meine Forderungen nicht nach meinem Zeitplan erfüllte.

Allerdings hatte ich zum damaligen Zeitpunkt auch geglaubt, aus all dem längst herausgewachsen zu sein.

Vor meiner Fahrt zum Einkehrzentrum hatte ich tatsächlich angenommen, dass eigentlich alles ganz gut lief. Aber was Gott mir zeigte, war eine unbemerkte Form des Unglaubens. Wenn unsere Gebete scheinbar nicht erhört werden, kann es passieren, dass wir in eine Art erwartungslose Apathie verfallen. Wir gehen unserem Trott nach, sind aber nicht davon überzeugt, dass Gott uns segnen wird. Letztendlich steckt eine unangenehme Wahrheit dahinter: Wir trauen Gott nicht wirklich. Und das ist keine Kleinigkeit. Der Theologe Jerry Bridges schreibt: »Für Gott ist unser Mangel an Vertrauen genau so schlimm wie Mangel an Gehorsam.«[2]

Gottes Souveränität auskosten

Wie können wir uns ändern? Wie können wir im Vertrauen auf Gott wachsen? Ich werde einige simple Vorschläge machen. Eine Möglichkeit, uns zu ändern, besteht darin, innerlich in die Bibelstellen einzutauchen, die Gottes Zusage hervorheben, dass er alles ausführen wird, was *er* geplant hat. Wenn wir das Auf und Ab unseres Lebens überstehen wollen, müssen wir über diese Wahrheiten nachsinnen. (Das gilt nicht nur für Singles. Ich weiß von verheirateten Frauen, dass sie diese Disziplin mehr denn je beherrschen müssen, wenn sie Gott auch darin vertrauen müssen, dass er ihren Mann und ihre Kinder beschützt, erfolgreich sein lässt und zu geistlichen Zielen führt.) Wenn die Wogen aus Zweifel und Verzweiflung drohen, unseren Glauben zum Kentern zu bringen, müssen wir mit den Augen des Glaubens auf die besonderen Offenbarungen von Gottes liebevoller und weiser Souveränität schauen. Genau genommen müssen wir sie auskosten und uns daran förmlich laben.

Die deutlichsten Aussagen über Gottes Fähigkeit, all das auszuführen, was er geplant hat, finden sich im Buch Jesaja. Der Prophet

Jesaja lebte in einer unruhigen, blutigen Zeit. Die Großmacht Assyrien hatte das Nordreich Israels besiegt und belagerte Jerusalem, die Hauptstadt des Südreichs Juda. Die Israeliten hätten aus gutem Grund den Eindruck bekommen können, dass Gott die Kontrolle entglitten sei. Aber zu Jesaja sagte Gott etwas anderes:

> Gedenket des Früheren von der Urzeit her, dass ich Gott bin. Es gibt keinen sonst, keinen Gott gleich mir, der ich von Anfang an den Ausgang verkünde und von alters her, was noch nicht geschehen ist, – der ich spreche: Mein Ratschluss soll zustande kommen, und alles, was mir gefällt, führe ich aus, der ich den Raubvogel rufe von Osten her, aus fernem Land den Mann meines Ratschlusses. Ja, ich habe es geredet, ja, ich werde es auch kommen lassen. Ich habe es gebildet, ja, ich führe es auch aus. (Jesaja 46,9-11)

Alles, was mir gefällt, führe ich aus. Immer wieder lesen wir im Buch Jesaja von Gottes Zusicherung an sein Volk, dass er alles fest im Griff und einen Plan hatte, durch den sein Name verherrlicht und sein Volk gesegnet werden würde. Tatsächlich beziehen sich diese Prophetien nicht nur auf die damaligen und zukünftigen Ereignisse in Israel. Sie weisen auch auf das Kommen des Messias hin und sogar auf die neue Schöpfung, in der Christus als König regieren wird. Solche Zusagen lässt man sich doch wirklich gern auf der Zunge zergehen.

Eine zweite Möglichkeit, uns zu verändern, besteht darin, es dem Beispiel für Vertrauen aus Psalm 131 gleichzutun. Ich habe diesen kurzen Psalm auswendig gelernt, um die darin enthaltenen Wahrheiten in die Praxis umzusetzen:

> HERR! Mein Herz will nicht hoch hinaus,
> meine Augen sind nicht hochmütig.
> Ich gehe nicht mit Dingen um,
> die zu groß und zu wunderbar für mich sind.
> Habe ich meine Seele nicht beschwichtigt und beruhigt?
> Wie ein entwöhntes Kind bei seiner Mutter,

wie ein entwöhntes Kind ist meine Seele in mir.
Harre, Israel, auf den HERRN,
von nun an bis in Ewigkeit!

Dieses Bild zeigt uns, wie wir die Souveränität Gottes auskosten können. Der Psalm macht drei Prinzipien deutlich. Als Erstes sollten wir uns demütigen und nicht zu hoch von uns selbst denken. Unseren Verstand sollten wir von Spekulationen freihalten und nicht voreingenommen sein durch Dinge, die »zu groß und zu wunderbar« für begrenzte Geschöpfe wie uns sind. Zweitens müssen wir unsere Seele beschwichtigen und beruhigen. Ein entwöhntes Kind weiß aus Erfahrung, dass die Mutter es füttern wird. Es muss nicht jedes Mal weinen, wenn es Hunger bekommt. Es vertraut darauf, dass seine Mutter es versorgen wird. Drittens: Wenn wir wissen, dass wir unsere Umstände nur aus unserer kleinen Froschperspektive sehen können und die Erfahrung uns gelehrt hat, dass Gott uns versorgen wird, dann können wir uns dazu entscheiden, inmitten unserer anscheinend trostlosen Umstände unsere Hoffnung und unser Vertrauen auf Gott zu setzen und still zu warten.

Ein Detail könnte dir noch entgangen sein. Der Psalmist wendet sich nicht an ein Individuum, sondern an die Gemeinschaft. »Harre, Israel, auf den HERRN.« Warum? Gehen wir noch einmal zurück zu Rut, um es herauszufinden.

Gott sieht den großen Zusammenhang

Noomis Erlebnisse offenbaren Gottes treue Versorgung für sie als Individuum. Aber diese biblische Geschichte beleuchtet noch einen weiteren Aspekt der liebevollen und weisen Souveränität Gottes: Gottes Blick und Wirkungskreis ist viel größer als unser individuelles Leben.

Ich habe mir oft ausgemalt, wie ich eines Tages bei meiner Hochzeit ein Zeugnis geben könnte. Ich träumte davon, aufzustehen und zu sagen, dass das lange Warten auf meinen Ehemann sich gelohnt hat. Ich wollte sagen, dass Gott vollkommen vertrauenswürdig ist. Gott würde mir die Gabe der Ehe schenken und ich würde ihm alle Ehre geben. Es würde sein, als ob ich es nach einem zermürbenden Rennen endlich doch noch über die Ziellinie der Heirat geschafft hätte, um dann im Kreis der Sieger zu stehen und eine inspirierende Geschichte über die Gründe für die Verspätung zum Besten zu geben.

Solche Träume sind nicht falsch. Aber sie sind mickrig. Sie beginnen und enden mit meinem persönlichen Segen. Ich träume selten davon, wie Gott mein Leben einsetzen wird – als Single oder verheiratet –, damit sein viel größerer Plan für viele Menschen erfüllt wird. Ein begrenztes Geschöpf macht begrenzte Pläne. Aber unser unendlicher Gott hat unendliche Pläne, um seinen Heilsratschluss in unserer Generation und darüber hinaus auszuführen. Das Buch Rut zeigt uns dieses größere Ziel auf.

Am Anfang der Geschichte sehen wir Rut bei ihrer Ankunft in Bethlehem. Ihre Aussichten waren nicht gerade rosig. Rut war eine Moabiterin. Sie stammte aus einem Volk, das historisch mit Israel verfeindet war. Sie musste von Noomi genug über Israels Geschichte und Bräuche erfahren haben, um zu wissen, dass man sie dort vermutlich verachten würde. Ihre Chancen auf eine erneute Heirat waren gering, denn die Israeliten waren im Verlauf ihrer Geschichte immer gewarnt worden, Ausländerinnen zu heiraten. Sie kam außerdem in der Epoche der Richter nach Bethlehem, einer Zeit der Instabilität, bevor es Könige in Israel gab, die für Einheit und Stabilität hätten sorgen können. Das Buch der Richter schließt mit folgendem beunruhigenden Vers: »In jenen Tagen war kein König in Israel. Jeder tat, was recht war in seinen Augen« (Richter 21,25). Und nicht zu vergessen ist, dass Rut vollkommen mittellos war.

Rut war mit Noomis älterem Sohn Machlon verheiratet gewesen. Dessen Name bedeutet »der Gebrechliche« oder »der Kränkliche«. Möglicherweise haben diese Ehe und die darauf folgende Verwitwung Ruts Charakter reifen lassen. Zu dem Zeitpunkt, an dem wir ihr in der Bibel begegnen, ist sie offensichtlich eine tüchtige Frau. In Israel angekommen, geht sie sofort an die Arbeit, um den Lebensunterhalt für Noomi und sich zu besorgen. Nach dem jüdischen Gesetz hatte sie das Recht, auf jedem Feld aufzulesen, aber unter Gottes stiller Fürsorge ging sie auf das Feld von Boas, der ihr Verwandter und Löser war. Die Bibel sagt: »Und sie traf zufällig das Feldstück des Boas, der aus der Sippe Elimelechs war« (Rut 2,3b). Wie Jerry Bridges feststellt, war das kein reiner Zufall:

> Rut muss zunächst Boas' Aufmerksamkeit und Gunst gewinnen. Zweifellos kamen viele Arme auf das Feld von Boas, denn das Stehenlassen der Nachlese war Teil des mosaischen Gesetzes (3. Mose 19,9) und daher im damaligen Israel allgemein üblich. Es ist anzunehmen, dass einem Landbesitzer wie Boas normalerweise keine dieser armen, Getreide lesenden Frauen aufgefallen wäre. Aber Boas bemerkt Rut: »Und Boas sagte zu seinem Knecht, der über die Schnitter eingesetzt war: Wem gehört dieses Mädchen da?« (Rut 2,5). Schließlich erweist Boas ihr große Gunst (2,8-10).
>
> Der richtige Ort, der richtige Zeitpunkt sowie Boas' Aufmerksamkeit und Gunst, all das waren wichtige Glieder in der Kette der Ereignisse, aus denen schließlich Ruts Heirat mit Boas resultierte. Keines dieser Ereignisse war außergewöhnlich, alle geschahen »wie zufällig« und schienen nichts anderes zu sein als glückliche Fügungen in einer romantischen Geschichte. Aber wer die Bibel ehrfürchtig liest, dem wird die souveräne Hand Gottes nicht entgehen. Er hat diese gewöhnlichen Umstände arrangiert, um seinen Plan auszuführen.[3]

Da diese Nachlese des Getreides nur eine antike Praxis war, kommt es uns vielleicht für uns heute bedeutungslos vor, dass Rut im Feld eines Lösers aufgelesen hat. In einem Bibelkommentar dazu heißt es jedoch:

> Aufgrund der starken Familienbande in Israel war das Verb »lösen« sehr gebräuchlich. Es gehörte in den Bereich des Familienrechts. Jedes Mitglied einer Familie oder eines Stammes hatte die Pflicht, einen Angehörigen seiner Gruppe stets zu verteidigen oder zu versorgen, wenn dieser Not litt oder ein Opfer von

> Ungerechtigkeit geworden war … Das Buch Rut beschreibt seine Pflicht, einem männlichen Verwandten, der kinderlos gestorben war, einen Erben zu garantieren. Üblicherweise fiel diese Pflicht einem Bruder des Verstorbenen zu (5. Mose 25,5-10), aber in Ruts Fall wurde erwartet, dass ein entfernterer Verwandter sie heiratete, da ihr verstorbener Mann keine Brüder hatte, wie Noomi erklärt (Rut 2).[4]

Weil es damals üblich war, dass Eltern die Hochzeiten ihrer Kinder arrangierten, fühlte Noomi sich möglicherweise verpflichtet, dasselbe für Rut zu tun. Sie schickte Rut zu Boas und initiierte dadurch Ruts Recht als Witwe: das Lösen durch einen Verwandten. Es ist auch von Bedeutung, dass Noomi Rut sagte, was sie als nächstes tun sollte. Entgegen unserer modernen Auffassung handelte Rut nicht eigennützig. Sie bat Boas, den Saum seines Gewandes über sie auszubreiten, und somit gebrauchte sie »einen lebhaften Ausdruck für das Gewähren von Schutz, Wärme und Gemeinschaft. Dieser Ausdruck beschreibt sehr eloquent die Heiratsabsicht«.[5] Weil Rut nach einem Ehemann suchte, der ein Löser war und auch für Noomi sorgen konnte – anstatt auf einen jüngeren Ehemann zu hoffen –, handelte sie selbstlos. Boas erkannte das und segnete sie dafür. Sein großzügiges Wesen zeigte sich auch darin, dass er bereit war, Noomis Feldstück zu lösen und Rut zu heiraten:

> Ruts Schwiegervater Elimelech hatte das Recht auf einen Erben. Rut, die Moabiterin, lebte noch, und der Mann, der das Feld kaufte, hatte die Pflicht, durch sie einen Erben für den Verstorbenen großzuziehen. Sollte ein Sohn geboren werden, würde das Land diesem zufallen und Elimelechs Besitz in seiner Familie bleiben. In diesem Fall würde der Löser verlieren, was er gekauft hat, und gleichzeitig für eine weitere Familie sorgen müssen … Boas' Großzügigkeit wird durch die Tatsache, dass er diesen finanziellen Verlust akzeptierte, umso deutlicher.[6]

Tatsächlich ist genau das geschehen. Beachten wir, was die Frauen von Bethlehem nach der Geburt von Ruts Sohn zu Noomi sagten:

> So nahm Boas die Rut, und sie wurde seine Frau, und er ging zu ihr ein. Und der HERR schenkte ihr Schwangerschaft, und sie gebar einen Sohn. Da sagten die Frauen zu Noomi: Gepriesen sei der HERR, der es dir heute nicht an einem Löser hat fehlen lassen! Sein Name werde gerühmt in Israel! Und er wird dir ein Erquicker der Seele sein und ein Versorger deines Alters! Denn deine Schwiegertochter, die dich liebt, hat ihn geboren, sie, die dir mehr wert ist als sieben Söhne. Und Noomi nahm das Kind und legte es auf ihren Schoß und wurde seine Betreuerin. (Rut 4,13-16)

Ich bin mir sicher, dass Noomi eingestimmt hat, als diese Frauen den HERRN dafür priesen, dass er ihre finanziellen und familiären Verluste in Gewinn umgekehrt hat. Gott hat gegen enorme Widrigkeiten und mit großer Güte für diese beiden mittellosen Witwen gesorgt. Das allein wäre bemerkenswert genug. Doch den großen Zusammenhang, das »Big Picture«, konnten diese beiden Frauen damals nicht erkennen. Denn dieses Kind war Obed, der Großvater König Davids und ein Vorfahre Jesu Christi. Boas und Rut sind beide im Stammbaum Jesu in Matthäus 1,5 verzeichnet, womit sich die Worte der Frauen von Bethlehem erfüllten: »Sein (Boas') Name werde gerühmt in Israel!«

Zweifellos wurden Noomi und Rut ermutigt durch das, was der Herr in ihren Leben tat. Aber ich vermute, sie wären schockiert gewesen, wenn sie gewusst hätten, wie Gott darüber hinaus durch sie wirkte, um seinen glorreichen Plan der Errettung und Erlösung zu vollbringen.

Gott ist noch nicht am Ende

Ich werde immer dankbar dafür sein, dass ich auf meinem Weg zum Einkehrzentrum diese Predigt von Mark Dever gehört habe. Das damalige Wochenende begann ich in der Erkenntnis, dass meine erwartungslose Apathie in Wahrheit sündiger Unglaube war. Er erneuerte meine Entschlossenheit, mir immer der Tatsache bewusst zu sein, dass von uns beiden *nur* Gott das allwissende Wesen ist. Ich kann das große Bild einfach nicht überblicken, auch wenn mein Stolz mich versucht, das zu glauben. Später sprach ich mit einer Freundin über diese Lektion aus dem Buch Rut und sie bemerkte ein kostbares Detail, das ich übersehen hatte: Der Same für die Gerstenernte wurde bereits gesät, als Noomi und Rut noch in *Moab* waren! Die Ernte war schon lange Zeit zuvor für Noomis Ankunft bereitet worden.

Seit diesem Einkehr-Wochenende achte ich darauf, mich sehr genau umzusehen, wenn ich merke, dass ich Gott anklage. Wenn ich auf die Gerstenernte meines eigenen Lebens schaue, entdecke ich vieles, für das ich dankbar sein kann. Es mag sein, dass ich die Beziehung zu einem Ehemann vermisse, aber neben mir stehen liebe Familienmitglieder, gute Freunde und die großartige Gemeinschaft meiner Gemeinde. Ich mag mich nach dem freudigen Gefühl sehnen, Objekt einer männlichen Eroberungsjagd zu sein, aber neben mir stehen gläubige Männer, die treue Brüder und Freunde geworden sind. Es gibt in meinem Leben Segnungen, um die ich Gott gar nicht gebeten habe, andere wiederum habe ich als selbstverständlich hingenommen.

Gott wirkt immer noch. Das sollten wir nie vergessen. Es gibt noch mehr als unsere eigenen kleinen Lebensumstände. Ob wir Single sind oder verheiratet, Gott wirkt, um sich durch diese Umstände zu verherrlichen und nur er allein kennt den besten Weg, seine Pläne auszuführen. Wir können nicht zu jeder beliebigen Zeit das große Panorama seiner Gnade erkennen. Aber wir können sicher und gewiss in der Verheißung ruhen, die bis heute durch alle Zeiten hindurch klingt: »Mein Ratschluss soll zustande kommen, und alles, was mir gefällt, führe ich aus, der ich den Raubvogel rufe von Osten her, aus fernem Land den Mann meines Ratschlusses. Ja, ich habe es geredet, ja, ich werde es auch kommen lassen. Ich habe es gebildet, ja, ich führe es auch aus« (Jesaja 46,10b-11).

Zum vertiefenden Studium

- *Gott vertrauen* von Jerry Bridges ist eine weitere Pflichtlektüre. In den Kapitel 4 (*Gottes Souveränität über Menschen*), 11

(*Selbstannahme und Gottvertrauen*) und 13 (*Die Entscheidung treffen, Gott zu vertrauen*) wirst du deinen Textmarker wahrscheinlich aufbrauchen.

- Lies Jesaja 40-49 und markiere alle Stellen, wo Gott von seiner Absicht und seinem Plan spricht. Nimm dir mindestens eine Woche Zeit, bei deinen täglichen Andachten über die markierten Textstellen nachzudenken. Bete über diese Schriftstellen und danke Gott für seine Souveränität in deinem Leben, bevor du deine Bitten an ihn richtest.
- Schreibe alle Erweisungen von Gottes Treue, an die du dich erinnerst, auf eine Liste, und denke oft daran. »Ich will die Gnadenerweise des HERRN bekennen, die Ruhmestaten des HERRN, nach allem, was der HERR uns erwiesen hat« (Jesaja 63,7).
- Nachdem ich dieses Kapitel geschrieben habe, hielt Mark Dever seine Predigt noch einmal vor alleinstehenden Erwachsenen und machte damit aus einer zuvor schon herausragenden Botschaft eine absolut brillante. Du solltest dir diese Predigt anhören. Sie wurde 2004 auf der *New Attitude Conference* gehalten. Der Titel ist: »Ruth: God's Providence in a Single Woman's Life«. Den kostenlosen MP3-Download in englischer Sprache gibt es unter http://www.sovereigngracestore.com

TEIL 2

DIE FRAU AUS SPRÜCHE 31 ALS VORBILD FÜR BEZIEHUNGEN

4

Eine tüchtige Frau

Eine tüchtige Frau – wer findet sie?
Weit über Korallen geht ihr Wert.
Sprüche 31,10

»Ich hatte immer geglaubt, in meinem jetzigen Alter längst verheiratet zu sein«, sagte Kristi mit gesenkten Augen und drehte gedankenverloren den Löffel in ihrem Kaffee herum.

Ich nickte und wartete. Diese Art von Unterhaltung ist mir sehr vertraut.

»In letzter Zeit kommt mir manchmal der Gedanke, dass ich für den Rest meines Lebens Single bleiben könnte.« Kristi sprach halb flüsternd, kaum hörbar, weil die Kaffeemaschine so laut zischte und fauchte. Als sie den Kopf hob, schimmerten Tränen der Enttäuschung in ihren Augen, die ihre Wangen mit schwarzem Mascara zu überschwemmen drohten.

»Wenn Gott mir die Ehe nicht schenkt, muss ich mir Gedanken darüber machen, was ich mit meiner Zukunft anfangen soll«, fuhr sie fort. »Ich fühle mich wie in der Warteschleife. Als ob ich mich nur herumdrücke, bis ich endlich herausfinde, was der Plan ist.«

»Was hättest du anders gemacht, wenn du das gewusst hättest?«, fragte ich vorsichtig.

»Genau das ist es. Ich weiß es nicht«, sagte sie. »Vermutlich hätte ich meinen Beruf ernster genommen. Oder ich hätte mich weitergebildet, damit ich einen besseren Job bekomme. Vielleicht hätte ich auch etwas ganz Radikales gemacht, wie nach Afrika ziehen und in einem Waisenhaus arbeiten. Ich habe einfach nicht geplant, so lange Single zu bleiben. Und ich glaube, für diesen Umweg brauche ich eine Landkarte.«

Kristis Worte blieben mir noch lange nach unserer Unterhaltung im Kopf. Mit 29 Jahren war für sie die innere Frist für eine Heirat schon abgelaufen. Die meisten ihrer Kindheits- und Jugendfreunde und alle ihre Geschwister waren verheiratet. Dabei war sie eine gläubige Frau, die ihre Gemeinde aktiv unterstützte. Ihr fehlte es nicht an geistlicher Bildung oder Reife und sie war auch nicht bitter. Sie hatte einfach keinen *Plan*, um in einem langfristigen oder sogar lebenslangen Singledasein aufzublühen.

Ich konnte das gut nachfühlen. Oft hatte ich selbst ganz ähnliche Fragen gestellt oder von anderen Frauen gehört. Aber dann zeigte mir Gott in seiner Gnade in der Bibel ein Beispiel für ein erfolgreiches Singleleben. Es war Plan, dem ich folgen konnte. Ich besaß eine Landkarte – und sie zeigte mir *keinen* Umweg.

Ein persönliches Vorbild

Wie man es von Gott erwarten würde – da er ja selbst Mensch geworden ist –, handelt es sich bei der Landkarte um ein persönliches Vorbild. Wir finden es am Ende der Sprüche: die berühmte Frau aus Sprüche 31. Dieser Epilog des Sprüchebuches ist ein so genanntes Akrostichon aus 22 Versen. Akrostichon heißt, dass die Verse der Reihe nach jeweils mit dem ersten, zweiten usw. fortlaufenden Buchstaben des hebräischen Alphabets beginnen. Das Kapitel stammt von der Mutter König Lemuels, die ihren kleinen Sohn mit diesem Gedächtnisspiel das hebräische Alphabet und gleichzeitig die Qualitäten einer tugendhaften Frau beibrachte. Anders ausgedrückt: Sie wollte, dass der zukünftige Herrscher auswendig verinnerlichte, wonach er bei alleinstehenden Frauen Ausschau halten sollte. So konnte sie dafür sorgen, dass er eine exzellente Ehefrau finden würde.[1]

Als ich das erste Mal darüber nachdachte, lachte ich laut los. Gerade das Kapitel, das ich so oft übersprungen hatte, weil es von einer exzellenten *Ehe*frau handelt, war der Schlüssel, durch den ich mein Singlesein verstehen konnte. Hier war es: das Beispiel, das ich brauchte, um zu verstehen, wie ich meine Gabe der Ehelosigkeit in der Gemeinde einbringen konnte. Als ich diese Frau studierte, kamen die Prioritäten meines Lebens in den Fokus. Die *Rolle*, die in diesem Kapitel beschrieben wird, ist die einer Ehefrau. Aber ihr gottesfürchtiger, edler Charakter ist etwas, das alle Frauen anstreben sollten. Dieses Vorbild wird uns in jeder Phase unseres Lebens dienlich sein. Ein Autor schreibt:

> Die Zeit als Single sollte eine Zeit sein, in der man sich auf die Ehe vorbereitet. Das ist wichtig, auch wenn man nie heiraten sollte. Der Grund dafür ist einfach: Biblische Vorbereitung auf die Ehe ist nichts anderes, als zu lernen, Jesus Christus nachzufolgen und den Nächsten zu lieben. Mit anderen Worten: Die Vorbereitung auf eine christliche Ehe ist dieselbe wie die Vorbereitung auf ein christliches Leben. Christen sollten sich auf die Ehe vorbereiten, indem sie lernen, sich selbst zu verleugnen, ihren Stolz zu beherrschen und den Nächsten an erste Stelle zu setzen.[2]

Sind das nicht großartige Neuigkeiten? Wenn wir mit unserem Singlesein hadern und uns fragen, was unsere Aufgabe ist, finden wir alles in dieser Passage. Wir müssen nicht wissen, was Gott für unsere gesamte Zukunft geplant hat, wir müssen nur den nächsten Schritt tun. Alles ist schon da für uns. Die Frau aus Sprüche 31 ist das konkrete Beispiel für die geistliche Reife, die andere in den Mittelpunkt stellt – eine Reife, die jede christliche Frau anstreben sollte. In den meisten Übersetzungen wird sie als »Ehefrau« bezeichnet, aber das hebräische Wort im Urtext ist *ischa* und bedeutet einfach Frau.[3] In Vers 10 wird sie als »tugendhafte « oder »tüchtige« Frau bezeichnet, was auch als »exzellente Frau« oder »Frau von edlem Charakter« übersetzt werden kann. Das gilt ganz unabhängig von ihrem Status. In Vers 30 wird sie empfohlen als »eine Frau, die den Herrn fürchtet«. Das sind Tugenden für alle christlichen Frauen, unabhängig von ihrem Familienstand.

Wie wir in Kapitel 3 gesehen haben, können wir Gott zutrauen, dass er uns einen Ehemann gibt, wenn es sein Wille ist. Nicht wir müssen uns einen Mann schnappen. Unsere Aufgabe ist es, eine Frau von edlem Charakter zu werden. Vom Vorbild der Frau aus

Sprüche 31 können wir vieles lernen. Deshalb werden wir nun einige ihrer hervorragenden Charaktereigenschaften untersuchen.

Tauchen wir also ein in die erste Tugend unseres wunderbaren Vorbilds.

Die richtige Frau sein

In diesem Kapitel werden wir uns auf Vers 10 konzentrieren: »Eine tüchtige Frau – wer findet sie? Weit über Korallen geht ihr Wert« (Sprüche 31,10). Dieser Vers enthält drei wichtige Bestandteile. Der erste ist: *ischa*, die Frau. Der zweite: ihr edler Charakter (hier übersetzt mit »tüchtig«). Der dritte: ihr Wert.

Ob du es glaubst oder nicht – ich habe festgestellt, dass auch das ganz Offensichtliche ausgesprochen werden muss: *Wir sind Frauen*. Der Herr hat nur zwei Sorten von Geschöpfen in seinem Ebenbild gemacht: Männer und Frauen. Er hat keine Mischformen erschaffen. Ich weiß, dass einige von uns versucht sind, zu glauben, dass sie durch das Singleleben zu einer Art Neutrum mutiert sind. Aber das ist nicht der Fall. Der Herr hat Eva als Frau erschaffen, *bevor* er sie zu Adam gebracht hat. Es muss noch einmal wiederholt werden: Eva war vollkommen feminin, bevor Adam sie entzückt als »Bein von seinem Bein und Fleisch von seinem Fleisch« bezeichnete.

Es ist für uns Singlefrauen enorm wichtig zu erkennen, dass unsere Weiblichkeit auf Gottes Handeln und Schöpfung basiert. Wir sind nicht weiblicher, wenn uns ein Mann nachläuft. Wir sind nicht weniger weiblich, wenn uns kein Mann nachläuft. Unsere Weiblichkeit braucht keine Ehe und keine Mutterschaft, um zur vollen Entfaltung zu gelangen. Wir sind weiblich vom Moment unserer Empfängnis an, weil Gott es so vorgesehen hat. Er hat eine Bestimmung für unsere Weiblichkeit während aller Phasen unseres Lebens. (Und in diesem Buch geht es um die Frage, wie diese Bestimmung aussieht, wenn wir Single sind.)

Der zweite Gedanke in Vers 10 ist *die Bedeutung bzw. der Einfluss* des Charakters. Heute hört man oft Bemerkungen wie: »Sie ist nur Ehefrau« oder: »Ich möchte nicht nur die Frau von irgendwem sein«, so als hätte diese Rolle wenig Wert oder keine Bedeutung.

Die Bibel spricht sehr klar über den Einfluss einer Ehefrau, sei es zum Guten oder zum Schlechten. Eine Anklage gegen eine Frau findet sich in 2. Könige 8,18 im Zusammenhang mit Joram, dem König von Juda. Trotz des Einflusses seines Vaters Joschafat, der »tat, was recht war in den Augen des HERRN« (1. Könige 22,43), berichtet die Bibel über Joram: »Und er ging auf dem Weg der Könige von Israel, wie es das Haus Ahabs tat, denn er hatte eine Tochter Ahabs zur Frau. Und er tat, was böse war in den Augen des HERRN« (2. Könige 8,18). Warum verwarf Joram die Erziehung und das Vorbild seines Vaters? Wegen seiner Frau, der Tochter des berüchtigten israelitischen Königs Ahab, der sich mit Elia am Berg Karmel gemessen und verloren hatte. Ahab hatte falsche Götter angebetet und seine Tochter tat das Gleiche.

Über mögliche Schwierigkeiten, eine Ehefrau zu finden, scheint sich die Bibel keinerlei Sorgen zu machen. Voll ist sie hingegen mit Ermahnungen, die *richtige* Frau zu finden (z. B. Sprüche 12,4; 19,14; 31,10). Wir sollten nicht einfach die Frau von jemandem werden wollen, sondern uns danach sehnen, als Frau mit edlem Charakter bekannt zu sein, die ein Segen und ein guter Einfluss für jede Beziehung ist.

Der dritte Gedanke in Vers 10 ist der *Wert* einer Frau mit edlem Charakter. Das hebräische Wort, das den edlen Charakter beschreibt, ist *chaijl.* Dieses Wort bedeutet auch »Reichtum an Ressourcen« wie Mut, Fähigkeit, Stärke und Vermögen, und davon eine Menge, eine ganze Armee.[4] Der Wert einer solchen Frau übersteigt den eines kostbaren und seltenen Juwels. Das hebräische Wort *pnijn* wurde oft mit »Rubine«, »Perlen« oder »Korallen« übersetzt; die genaue Bedeutung ist nicht völlig klar.[5] Entscheidend ist aber nicht, um welche Art Edelstein es sich handelt, der Punkt ist, dass eine solche Frau unbezahlbar ist.

Ungewöhnlich sein

In der Geschichte wimmelt es nur so von blutrünstigen Königen, selbstsüchtigen Königinnen, korrupten Prinzen und rachsüchtigen Rittern. Leider heißt adlig von Geburt nicht automatisch edel von Charakter, auch wenn die Worte *Adel* und *edel* eng verwandt sind. Gemeinsam ist dem Adligen und dem Edlen, dass beide etwas Besonderes sind und keine Null-acht-fünfzehn-Bürger. Ein edler Charakter ist etwas sehr Ungewöhnliches. Ein Mensch mit edlem Charakter hat Würde und steht über allem, was niedrig, gemein, menschenunwürdig oder unehrenhaft ist. Wenn eine Frau sehr fordernd oder anspruchsvoll ist, sagen wir oft im Scherz, dass sie eine Prinzessin ist. Aber das basiert auf einem verzerrten Bild von Adel- und Edelhaftigkeit. Die wahren Prinzessinnen sind freundlich, freigebig, hilfsbereit und aufmunternd. Sie kneifen nicht ihre Stirnfalten in Bitterkeit und Unzufriedenheit zu einem griesgrämigen Blick zusammen, sondern sind gelassen und heiter.

Einer der ersten Menschen, die ich als junge Christin in meiner Gemeinde kennenlernte, war eine alleinstehende Frau, die auf die Vierzig zuging. Sie hatte über lange Zeit viel gute Frucht in der Gemeinde bewirkt, aber mit zunehmendem Alter wurde sie wegen ihres Singleseins bitter. Sie begann, Einladungen zu Hochzeiten oder Babypartys abzulehnen und zog sich aus Kleingruppenaktivitäten mit verheirateten Frauen zurück. Man musste nur wenige Worte mit ihr wechseln, um zu hören zu bekommen, wie unzufrieden sie damit war, immer noch Single zu sein.

Ich gelobte innerlich, ihrem Beispiel nicht zu folgen. Ob ich Single war oder nicht, stand nicht in meiner Macht, wohl aber hatte ich Kontrolle über meine Einstellung dazu. Gleichzeitig urteilte ich leider auch von oben herab über diese Frau und hielt mich von ihr fern, um nicht mit einer »traurigen Übriggebliebenen« in Verbindung gebracht zu werden. Jetzt, zehn Jahre später, verstehe ich ihre Gefühle besser und ich bereue meine damalige Einstellung. Diese Frau verließ die Gemeinde und ich weiß nicht, was aus ihr geworden ist. Aber ich bin sicher, dass Gott ihr geholfen hat, sich zu verändern, denn das tat er auch für mich. Als ich jünger war, urteilte ich ungerecht über Singlefrauen, die so alt waren, wie ich jetzt bin. Aber die Zeit demütigte mich. Ich möchte immer noch keine »traurige Übriggebliebene« sein. Aber heute verstehe ich, dass es keine Übriggebliebenen gibt, denn Gott ist souverän und hat für unsere Zukunft eine Absicht und einen Plan und gibt uns gute Gaben – wie die Ehelosigkeit. Nachdem ich das begriffen hatte, wurde es einfacher, chronisches Unglücklichsein zu vermeiden.

Mir sind fünf Charaktereigenschaften aufgefallen, die dabei helfen, den häufigsten Versuchungen des Singlelebens nicht nachzugeben und stattdessen einen edlen Charakter zu entwickeln:

- Vertrauen auf Gott, wenn Hoffnungen sich nicht schnell erfüllen.
- Zufriedenheit während des Wartens.
- Treue im Säen für die Zukunft, auch unter Tränen.
- Wohlwollen statt Neid, wenn andere bekommen, was man für sich selbst ersehnt.
- Demut im Gebet, mehr ein Segen zu sein als Segen zu bekommen.

Diese Liste ist natürlich nicht vollständig, aber ich glaube, wenn wir uns auf diese Eigenschaften hin prüfen, werden wir in unserem Singlesein einige Möglichkeiten entdecken, Gott durch unser Leben in der Welt zu ehren.

Gottvertrauen auch bei hingezogener Hoffnung

Ich habe einmal gelesen, dass das Gegenteil von Angst nicht Mut ist, sondern Liebe. Wenn man jemanden liebt, schaut man normalerweise zuerst auf seine guten Seiten, und wenn er etwas tut, was wir nicht verstehen, legen wir das im Zweifelsfall möglichst positiv für ihn aus. Wenn wir aber vor jemanden Angst haben, misstrauen wir seinen Motiven, Taten und Worten. Für so jemanden würden wir ganz sicher nicht die zweite Meile gehen.

Diese Situation hat Jesus im Gleichnis der Talente beschrieben (Matthäus 25,14-30). Drei Diener bekamen jeweils eine große Menge Geld. Einer bekam fünf Talente, ein zweiter Diener zwei, ein dritter ein Talent. Die Bibel sagt, der Herr gab »einem jeden nach seiner eigenen Fähigkeit«. Ein Talent entsprach in etwa dem Lohn, den ein Arbeiter für zwanzig Jahre Arbeit bekam.[6] Dieser Herr war also sehr großzügig zu allen. Aber in den Augen des dritten Dieners war dieser Herr dennoch ein harter Auftraggeber. Er versteckte sein

Talent in der Erde. Als der Herr zurückgekehrt war, drückte dieser Mann sein tiefes Misstrauen aus: »Herr, ich kannte dich, dass du ein harter Mann bist; du erntest, wo du nicht gesät, und sammelst, wo du nicht ausgestreut hast; und ich fürchtete mich und ging hin und verbarg dein Talent in der Erde; siehe, da hast du das Deine« (Matthäus 25,24b-25).

Dieser dritte Diener hatte eine sehr geringe Meinung von seinem Herrn – und vielleicht auch von dem, was er bekommen hatte. Also unternahm er keine Anstrengungen, um sein Talent zu vervielfachen. Eine längere Zeit als Single kann eine ganz ähnliche Versuchung zur Folge haben. Vielleicht denken wir, Gott hätte uns nur sehr wenig gegeben. Also tun wir nichts damit. Wir verachten das eine Talent des Singleseins. Wir investieren nichts davon, um etwas vorweisen zu können, wenn er kommt. Wir versuchen nicht, aus dem, was er uns zugeteilt hat, das Beste und Meiste zu machen, sondern verstecken es undankbar in der Erde und setzen uns hin, um uns selbst zu bemitleiden.

Unser Mangel an Vertrauen zeigt sich in unserem Mangel an Investition in den Leib Christi, seine Gemeinde. Wenn wir Gott als einen großzügigen Herrn ansehen – der er tatsächlich ist –, werden wir das, was er uns gegeben hat, mit Freude annehmen und uns darauf freuen, ihm Rechenschaft darüber abzulegen, was wir mit seiner Gabe getan haben. Wir werden ihm berichten, auf welch vielfältige Art wir in die Gemeinde investiert und von ihr etwas zurückbekommen haben. Wir werden ihm von den Kinderstunden berichten, die wir gehalten und von den Zehnten und Opfern, die wir gegeben haben. Wir werden ihm von den vielen Gebeten für die Kranken berichten und von all den Hauskreisteilnehmern, denen wir geholfen haben. Wir werden ihm von den Veranstaltungen berichten, die wir organisiert haben und von evangelistischen Aktionen, um die Nachbarschaft zu erreichen. Nichts davon wird ihm neu sein, aber welch ein glückliches Rechenschaftgeben wird das sein, *wenn wir ihm vertrauen!*

Das Gleichnis von den Talenten zeigt uns auch, welch traurige Konsequenzen es haben wird, wenn wir Gott nicht vertrauen, obwohl er so großzügig zu uns gewesen ist. Gerade weil der Herr aber kein »harter Auftraggeber« ist, versteht er sehr gut, dass ein Leben mit hingezogener Hoffnung Leiden bedeutet. Wir lesen von seiner Barmherzigkeit in Sprüche 13,12: »Hingezogene Hoffnung macht das Herz krank, aber ein eingetroffener Wunsch ist ein Baum des Lebens.« Gottes Wort erkennt an, wie schwer es ist, mit unerfüllten Erwartungen zu leben. Dieser Spruch drückt zunächst das Offensichtliche aus. Abhilfe für unser krankes Herz finden wir in der sogenannten »Kette der Hoffnung« in Römer 5,3-6: »Nicht allein aber das, sondern wir rühmen uns auch in den Bedrängnissen, da wir wissen, dass die Bedrängnis Ausharren bewirkt, das Ausharren aber Bewährung, die Bewährung aber Hoffnung; die *Hoffnung aber lässt nicht zuschanden [o. nicht enttäuscht] werden*, denn die Liebe Gottes ist ausgegossen in unsere Herzen durch den Heiligen Geist, der uns gegeben worden ist. Denn Christus ist, als wir noch kraftlos waren, zur bestimmten Zeit für Gottlose gestorben.«

Wenn wir ausharrend Gutes tun, finden wir die Kraft dazu durch die Gnade Gottes. Dieses Ausharren entwickelt in uns den edlen Charakter, und ein edler Charakter bewirkt Hoffnung. In dieser Hoffnung werden wir nicht enttäuscht oder beschämt (»zuschanden«) werden, weil wir auf einen Gott hoffen, der sein Blut für uns vergossen und seine Liebe in unsere Herzen gegeben hat.

Der Römerbrief sagt uns also: Die Jahre des Wartens auf Gott sollten die Hoffnung nicht kleiner werden lassen, sondern größer. Erscheint dir dieser Gedanke wie auf den Kopf gestellt? Er entspricht sicher nicht der Art, in der wir rational über Hoffnung denken, doch das Warten auf Gott verändert oft den *Inhalt* unserer Hoffnung. Während wir warten, erleben wir auf vielfache Weise seine Treue. Angefangen mit dem Kreuz reicht sie über all die vielen Gnadenerweise unseres Lebens bis zur Verheißung des Himmels. Diese Perspektive auf die Gnade muss unsere so dringliche Bitte zwangsläufig in den Schatten stellen.

Ich möchte hier ein wenig persönlicher werden. Jetzt mit vierzig Jahren und immer noch Single erlebe ich, dass ich an hingezogener Hoffnung nicht gestorben bin. Eigentlich ist das Leben sogar ziemlich gut. Ich würde immer noch gerne heiraten, aber diese Hoffnung verzehrt mich nicht mehr so wie früher. Ich vertraue darauf, dass ich im Himmel, wenn ich den großen Zusammenhang aus Gottes Perspektive sehe, erkennen werde, dass Gottes Plan für mein Leben der beste war und dass meine Single-Jahre es wert waren, weil Gott mich auf seine Weise gebraucht hat. Wenn Singlesein bedeutet, dass Gott mich braucht, um viele Menschen zu erreichen, werde ich nicht eines Tages im Himmel stehen und ihm seine Entscheidung verübeln. Als ich Anfang dreißig war, gab es eine Zeit, in der man mich niemals davon hätte überzeugen können, dass ich einmal so denken würde wie heute. Ich erinnere mich an ein Gespräch mit einer Singlefrau in den Vierzigern, die mir erklärte, es sei gar nicht so schlecht, immer noch Single zu sein. Als sie das sagte, starrte ich sie nur an. Sie hätte genau so gut in einer mir völlig unbekannten Sprache sprechen können.

Eine Sache, die ich gelernt habe, ist, Gott inmitten meiner unerfüllten Hoffnungen zu preisen. Wenn vor ein paar Jahren eine Beziehung, auf die ich gehofft hatte, nicht zustande gekommen oder aus einer Freundschaft nicht der Funke für eine Romanze entsprungen war, brach ich emotional zusammen und brannte innerlich vor Schmerz. Manchmal dauerte es Wochen, bis ich mich erholt hatte. Aber mittlerweile habe ich von dem Propheten Habakuk etwas gelernt, und zwar aus seinem Psalm am Ende seines Buches. Er erkannte die Realität des Leidens an, richtete aber dennoch seine Gefühle und seinen Willen auf den einen aus, der seine Errettung und seine Stärke war. In den letzten Jahren habe ich mich darin geübt, ähnlich zu reagieren. Wenn ich etwas Enttäuschendes erlebe, ziehe ich mich zurück und singe oder höre Loblieder. Während mir die Tränen die Wangen herunterlaufen, bin ich bereit, den Herrn inmitten meiner zerschmetterten Hoffnung zu preisen. Habakuk 3,17-18 habe ich folgendermaßen für mich umformuliert:

Denn diese Freundschaft blüht nicht,
Und in seinem Herzen ist keine Liebe.
Obwohl er eine andere will,
Und meine Gebete scheinbar unerhört bleiben,
Obwohl andere zum Hochzeitsaltar gehen,
Und ich zurückbleibe,

Will ich dennoch in dem HERRN jubeln,
Will jauchzen über den Gott meines Heils.

Zufriedenheit während des Wartens

Paulus schreibt: »Denn ich habe gelernt, mich darin zu begnügen, worin ich bin« (Philipper 4,11). Besonders dankbar bin ich für ein Wort in diesem unglaublichen Satz: »gelernt«. Denn ich habe die Tendenz, mich zuerst auf das »worin ich bin« zu konzentrieren. Wenn der ehrwürdige Apostel lernen musste, sich zu begnügen, kann ich für mich nichts weniger als das erwarten.

Was bedeutet es, sich darin zu begnügen, worin man ist, unter den unterschiedlichsten Umständen? Es bedeutet, ein freundliches Gemüt zu haben, das ausgeglichen und konstant ist. Eine Frau, die gelernt hat, zufrieden zu sein, »nickt und tickt weiter«, um einen alten Werbeslogan für Timex-Uhren zu zitieren. Dieser Slogan geht auf die Geschichte der Seefahrerkunst, der Nautik, zurück. Bevor eine Uhr erfunden war, die auf einem Schiff einwandfrei funktionierte, hatte man auf See keine Möglichkeit, die geografische Position der Länge exakt zu messen. Dadurch blieb die Navigation ungenau und gefährlich. Im Jahr 1714 gelobte die britische Königin Anne das enorme Preisgeld von 20.000 Pfund aus (damals ein riesiges Vermögen), wenn jemand es schaffen würde, das Längenproblem (die Messung der Position in Ost-West-Richtung) zu lösen. Dazu brauchte man eine Schiffsuhr, die nicht nur im Wohnzimmer präzise ging, sondern sich auch durch starken Wettereinfluss und Schiffsbewegungen nicht aus dem Takt bringen ließ. Ein Mann namens John Harrison widmete sein Leben dieser Aufgabe und entwickelte schließlich erfolgreich genau so eine Uhr.

Wenn wir Veränderungen erleben – durch den Druck des Lebens, die Hitze der Sünde, die Kälte der Einsamkeit, das nasse Klatsche einer Enttäuschung oder auch durch das Schaukeln und Schlingern unberechenbarer Umstände – und trotzdem gleichmäßig »weiterticken«, dann zeigen wir Zufriedenheit.

Hanna war so eine Frau, die wusste, was es heißt, auf Gott zu warten. In 1. Samuel 1,7 lesen wir, dass sie sowohl die Scham der

Kinderlosigkeit aushalten musste als auch die Provokationen ihrer Rivalin Peninna, der Nebenfrau ihres Mannes. »So geschah es Jahr für Jahr«, kommentiert die Bibel wörtlich die alljährlichen Wallfahrten der Familie zum Heiligtum (Vers 7). Wir wissen nicht genau, wie lange Hanna warten musste, aber irgendwann nach ihrem langen Gebet am Heiligtum in Silo wurde sie schließlich schwanger und bekam einen Sohn.

Der Puritaner Thomas Watson beschreibt einen sehr wichtigen Aspekt von Hannas Umgang mit ihren Gefühlen während des Wartens:

> Wenn eine Last den Geist bedrückt, schafft Gebet Erleichterung, es beruhigt das Herz. Hannas Geist war bedrückt. »Ich bin nichts anderes als eine betrübte Frau«, sagt sie (1. Samuel 1,15). Nachdem sie gebetet und geweint hatte, ging sie fort und war nicht mehr traurig. Nur darin liegt der Unterschied zwischen einer heiligen Beschwerde und einer unzufriedenen Beschwerde: Bei Ersterer beschweren wir uns *vor* Gott, bei Letzterer *über* Gott.[7]

Sollten wir keine Sorgen und Nöte haben? Natürlich haben wir sie immer noch. Aber Zufriedenheit kommt daher, dass wir wissen, *zum wem* wir mit unseren Sorgen gehen können und *wer* sich dieser Sorgen annimmt. In 1. Petrus 5,6-7 steht: »Demütigt euch nun unter die mächtige Hand Gottes, damit er euch erhöhe *zur rechten Zeit*, indem ihr alle eure Sorge auf ihn werft! Denn er ist besorgt für euch.« Was sollen wir »zur rechten Zeit« tun? Wir sollen unsere Ängste an Gott abgeben und geduldig warten, weil wir wissen, dass er für uns sorgt.

Eine zufriedene Frau ist weder ungeduldig noch stolz. Zufriedenheit erfordert Demut. Wenn unsere Lebensumstände nicht dem entsprechen, was wir uns wünschen, müssen wir uns bewusst unter Gottes mächtige Hand demütigen. Zweifellos ist es demütigend, Jahr um Jahr mit einer hingezogenen Hoffnung zu verbringen. Es ist *sehr* demütigend, bei Familienfeiern als einziger Single der ganzen Familie zu erscheinen oder zur Hochzeit eines früheren Freundes ohne Begleitung zu gehen. Aber wir müssen bedenken, dass wir als christliche Frauen nicht auf Erden sind, um unsere persönliche Erfolgsgeschichte zu präsentieren. Wir sind hier als Trophäen der Gnade. Wir sind zerbrochene Krüge aus Ton, die einen unfassbar wertvollen Schatz in sich tragen (2. Korinther 4,7; Richter 7,20). Selbst wenn der Herr unsere Bitte um Ehe und Familie erhören sollte, würde das an unserer Bestimmung und unserem Zeugnis nichts ändern. Nur unsere Lebensumstände wären andere.

Schließlich denke ich, dass wir als Singlefrauen einen besonderen Trost aus Paulus' Worten gewinnen können. Er lernte, zufrieden zu sein, wie auch immer seine Lebensumstände waren, und sein Singlesein war einer dieser Lebensumstände. Als er schrieb, er habe gelernt, sich in dem zu begnügen, worin er sei, war er ein alleinstehender Mann und lag in Ketten gefesselt im Kerker. Mir gefällt, wie ein Seelsorger Zufriedenheit beschreibt:

> Man zögert, die Ehelosigkeit als eines von Paulus' Problemen zu betrachten, da er selbst sie nicht als Problem ansah. Doch ein unfreiwilliges oder unerwartetes Singleleben war für Paulus sicher eine Versuchung zur Unzufriedenheit und war zu allen Zeiten für viele ein Problem.
>
> Paulus fehlten die Unterstützung, der Trost und die Gemeinschaft einer Ehefrau und Familie. Als alleinstehender Mann hatte er keine Partnerin, die an seinem Leben Anteil nahm und ihn tröstete. Dennoch lernte Paulus Zufriedenheit in allen Lebenslagen, auch in Bezug auf seine Ehelosigkeit. Tatsächlich empfand er diesen Stand sogar als den besseren (1. Korinther 7).
>
> Wiederum ist die Botschaft des Evangeliums klar: Was immer der Grund für euren Singlestatus sein mag – noch ledig, bereits verwitwet oder geschieden –, seid ihr, sofern ihr wirklich gläubig seid, Söhne und Töchter durch den Glauben an Jesus Christus und nach der Verheißung Erben (Galater 3,26-29). Ihr könnt Gottes Zufriedenheit erleben. Auch wenn eure Freunde oder die Menschen in eurer Gemeinde euch nicht wirklich kennen oder verstehen – Jesus tut es. Er kann innere Zufriedenheit schenken.[8]

Treue im Säen, auch unter Tränen

Meine gesamten Lebensmittel kaufe ich in Plastik- oder Kartonverpackungen. Die einzigen Pflanzensamen, die ich je zu sehen bekomme, sind die Sesamkörner auf meinem Hamburger. Ich säe nicht einmal Samen in einem Garten. Wenn ich Pflanzen haben möchte, kaufe ich sie halb ausgewachsen und setze sie in Töpfe

Dennoch säe ich jeden Tag.

Die Bibel sagt, dass ich ständig entweder den richtigen oder den falschen Samen ausstreue: »Irrt euch nicht, Gott lässt sich nicht verspotten! Denn was ein Mensch sät, das wird er auch ernten. Denn wer auf sein Fleisch sät, wird vom Fleisch Verderben ernten; wer aber auf den Geist sät, wird vom Geist ewiges Leben ernten« (Galater 6,7-8). Mit jeder Tat und jedem Gedanken greifen wir in den einen Samenbeutel oder in den anderen. Und diese Saat wird eines Tages unausweichlich eine Ernte hervorbringen.

Unsere Disziplin als Singlefrauen besteht darin, Verzweiflung zu meiden und beständig für eine gute geistliche Ernte zu säen. Ich mag das Bild aus Psalm 126,4-6:

> Bringe zurück, HERR, unsere Gefangenen,
> gleich den Bächen in der Negevwüste.
> Die mit Tränen säen, werden mit Jubel ernten.
> Er geht weinend hin, und trägt den Samen zum Säen.
> Er kommt heim mit Jubel, und trägt seine Garben.

Für diejenigen unter uns, die einen Verlust erlitten haben, ist dies ein besonders bedeutsamer Psalm. Ein Kommentar bezeichnet diesen Psalm als die »Spannung der Erwartung«. Mir gefällt das sehr:

> Die Freude scheint vergangen; in der Gegenwart dominieren Tränen. Wenn doch der Herr jetzt so vollkommen und drastisch eingreifen würde, wie er es früher tat! Daher beten wir für Bäche in der Wüste Negev (in anderen Übersetzungen: »Südland«), um eine plötzliche Flut, die vertrocknete Gewässer wiederherstellt und aus dem verbrannten Land einen Garten

> macht! Aber nein, in Gottes Vorsehung … tritt die Metapher von Saat und Ernte in den Vordergrund. Ja, es wird Freudenlieder geben, aber nur, wenn zuvor die mühsame Arbeit des Säens getan wurde und die Frucht zur Ernte herangereift ist.[9]

Wenn wir mit Zynismus zu kämpfen haben, mit Trauer ringen oder von Entmutigung überwältigt sind, ist es schwer, das Leben mit einer Langzeitperspektive zu sehen. Aber der Heilige Geist wird uns dazu verhelfen, wenn wir uns auf seine Hilfe verlassen. Es gab Zeiten, in denen ich mich fühlte, als würde ich mich nur noch mit schweren Schritten voranschleppen, in der einen Hand tränenfeuchte Taschentücher und in der anderen Samenkörner, die ich mit letzter Kraft ausstreute. Ich weinte, wenn ich zu Hochzeiten und Babypartys ging oder von ihnen heimkehrte. Aber ich bin hingegangen. Ich weinte, als ich meine Nichten und Neffen in den Armen hielt, weil ich mir eigene Kinder wünschte. (Natürlich liebe ich sie von ganzem Herzen und sie blieben mir immer sehr wichtig.) Ich hörte mir stundenlanges Mädchengeplapper über den neuen Freund an. Und sparte mir meine Tränen für später auf. Ich möchte nicht damit prahlen, sondern mich der Gnade Gottes rühmen. Er schenkt uns wirklich die Gnade, das Richtige zu tun, auch wenn wir selbst uns eigentlich am liebsten nur die Bettdecke über den Kopf ziehen und nie wieder aufstehen wollen.

Es gibt eine denkwürdige Szene im Leben Jesu, über die ich oft nachdenke. In Johannes 11,35 steht: »Jesus weinte.« Dieser kürzeste Vers der Bibel steht im Zusammenhang mit dem Tod des Lazarus. Das Erstaunliche an Jesu Tränen ist, dass er ja wusste, was geschehen würde. Er würde Lazarus nicht nur direkt anschließend wieder auferwecken, sondern auch am Kreuz für ihn sterben, damit Lazarus auch bei der Wiederkunft Christi zum ewigen Leben auferweckt würde. Alles, was Gott für Lazarus geplant hatte, war glorreich. Dennoch hielt Jesus inne, um mit seinen guten Freunden Maria und Martha zu trauern. Er sah ihren gegenwärtigen Schmerz und bagatellisierte ihn nicht. Was für einen mitfühlenden Gott wir haben!

Es gibt eine legitime Trauer wegen hingezogener Hoffnungen und des unerfüllten Wunsches nach Familie und Kindern. Aber ich wäre nicht ehrlich, wenn ich nicht auch zugeben würde, dass viele meiner Tränen in erster Linie von Selbstmitleid motiviert waren. Ich wünschte, die Not der Verlorenen würde mich genau so sehr bewegen, aber ich muss gestehen, dass ich um ihre Seelen nicht so viel geweint habe wie um meine eigenen Sehnsüchte. John Piper sagt: »Selbstmitleid ist die Reaktion von Stolz auf Leiden.«[10] *Autsch!* Aber das ist wahr. Weiter schreibt er:

> Selbstmitleid hat den Anschein von Aufopferung. Selbstmitleid sieht deshalb nicht aus wie Stolz, weil es den Anschein von Bedürftigkeit hat. Aber diese Bedürftigkeit kommt aus einem verwundeten Ego. Selbstmitleid ersehnt nicht, von anderen als hilflos angesehen zu werden, sondern als Helden. Dieses Bedürfnis des Selbstmitleids rührt nicht von zu geringem Selbstwertgefühl, sondern aus dem Gefühl, dass andere unseren eigenen Wert verkennen. Es ist die Folge von Stolz, der sich nicht ausreichend applaudiert fühlt.«[11]

Wenn ich aus Selbstmitleid weine, gebe ich dem Gefühl nach, mein Wert sei verkannt worden. Es ist der Stolz, dem der Applaus fehlt, und der nicht will, dass ich auf dem Heiratsmarkt übergangen werde. Ich habe zwar einen barmherzigen Retter, aber ich vermute, wenn Jesus in diesen speziellen Momenten überhaupt weinen würde, dann weil ich ihn mit meinem Unglauben und mangelnden Vertrauen betrübt habe. In solchen Momenten denke ich an eine Zeile aus einem Liedtext, die wirklich wahr klingt: »… Gaben tragend, als wären sie Lasten.« Besonders ungeheuerlich ist, dass ich um etwas weiß, was Maria und Martha an ihrem Trauertag noch nicht wussten: Gott der Vater hat das Opfer meines Retters am Kreuz angenommen und meine Zukunft ist sicher in ihm. Mein Schicksal ist mehr als gesichert, und das übersteigt alles, worum ich bitten oder was ich mir vorstellen könnte.

Wenn ich versucht bin, mich selbst zu bemitleiden, rufe ich mir all das in Erinnerung, wodurch Gott mir seine Treue gezeigt hat, angefangen von meiner Bekehrung bis hin zu seiner Verheißung des ewigen Lebens. Für die Zeit dazwischen habe ich eine lange

Liste anderer Segnungen, die nur vage Vorboten dessen sind, was noch kommen wird. Ich möchte auch auf das richtige Denken säen. Psalm 104,34 sagt: »Möge mein Nachsinnen ihm wohlgefallen! Ich freue mich an dem HERRN.« Wenn ich darüber nachsinnen würde, auf welche Arten mir Unrecht getan oder ich hereingelegt oder übersehen wurde, könnten meine Gedanken Gott wohl niemals gefallen. Solche Gedanken sind Samen, die eine verheerende Ernte produzieren werden.

Wir müssen unsere Gedanken und Handlungen anhand einer langfristigen Perspektive beurteilen. Die meisten Singlefrauen werden eines Tages heiraten. Also wird einiges unserer jetzigen Saat später plötzlich in unserer Ehe aufblühen. Diejenigen von uns, die zu einem lebenslangen Singledasein berufen sind, dürfen nicht vergessen, dass unser Leben nicht mehr als ein flüchtiger Dunst ist, ein Hauch, ein Sonnenstrahl auf dem Gras. Unter welchen Umständen wir auch immer leben, haben wir nur wenige Jahre auf dieser Erde, um für eine ewige Ernte zu säen. Wir dürfen nicht aus dem Blick verlieren, wie schnell die Jahre verfliegen. Also lasst uns auch am absoluten Tiefpunkt immer nach den Taschentüchern und dem *richtigen* Samen greifen und so weiter treu zur Ehre Gottes säen.

Wohlwollen statt Neid, wenn andere gesegnet werden

In meinem ersten Jahr als Christin habe ich an ungefähr zwölf Hochzeiten teilgenommen oder dabei mitgewirkt, darunter die meiner beiden jüngeren Schwestern und die von zwei früheren Schwärmen von mir. Als ich noch so jung im Glauben war, hatte ich den Eindruck, dass Gott mir eines *sehr* deutlich machen wollte: »Freut euch mit den sich Freuenden« (Römer 12,15). Das griechische Wort, das hier mit »Freude« übersetzt wurde, ist *chairo.* Dieses Verb bedeutet, voller Freude sein, auf stille Art froh, wohlhabend.[12]

Es ist allerdings unmöglich, auf stille Art froh zu sein, wenn wir mit Neid und Resignation feststellen, dass andere gesegnet werden. Neid ist ein Gift, das die Sünde in uns hochkochen lässt und das Herz von innen her zerfrisst. Resignation führt zu einem Dasein voller Missgunst auf der Grundlage, schlecht über Gott zu denken. Beides erwächst aus einer Geisteshaltung, die annimmt, Gott verfüge über begrenzte Ressourcen, als sei er ein Gott des Mangels und nicht des Überflusses, und als mindere der Segen, den jemand empfängt, unsere Chancen, den gleichen Segen zu empfangen. Das ist einfach nicht die Wahrheit. Wenn meine beste Freundin heiratet, heißt das nicht, dass der Vorrat verfügbarer Segnungen damit verkleinert oder gar aufgebraucht sei. Das Leben ist kein Reise-nach-Jerusalem-Spiel, bei dem es in jedem Durchgang weniger Stühle gibt, so dass ich am Ende allein dastehen könnte.

Ich glaube, die meisten christlichen Frauen haben gelernt, offenkundigen Neid entweder zu unterdrücken oder zu verstecken. Neid ist eine hässliche Sünde und meistens leicht zu erkennen. Irgendwann würde jemand unseren Neid bloßstellen. Resignation ist wesentlich subtiler. Wir können unseren Unglauben maskieren, indem wir einfach sagen, wir akzeptierten Gottes Plan für unser Leben, oder indem wir andere, möglichst reif klingende Aussagen von uns geben. Jerry Bridges erklärt den Unterschied zwischen Resignation und Akzeptanz:

> In unseren Schwierigkeiten und Leiden auf Gott zu vertrauen heißt, dass wir diese Umstände aus seiner Hand akzeptieren. Es gibt einen bedeutsamen Unterschied zwischen Resignation, Unterordnung und Akzeptanz: Wir können angesichts einer schwierigen Situation resignieren, weil wir einfach keine Alternative sehen. Viele Menschen tun genau das pausenlos. Oder wir können uns mit einem gewissen Widerwillen der Souveränität Gottes in unseren Lebensumständen unterordnen. Aber ein echtes Akzeptieren des Schmerzes und Herzeleids erfordert Bereitwilligkeit. Eine Haltung der Akzeptanz bedeutet, dass wir Gott vertrauen, weil wir wissen, dass er uns liebt und weiß, was das Beste für uns ist.[13]

Wie sehen Wohlwollen und Gunst (statt Neid) gegenüber anderen und Akzeptanz gegenüber Gott (statt Resignation) im Alltag aus? Ich glaube, diese Haltungen wurzeln in einem biblischen Verständnis von der Ehe. Die Ehe ist ein Segen, aber sie bedeutet auch viel

Arbeit. Zwei Sünder versprechen einander, sich für den Rest ihres Lebens zu lieben und sich zu vergeben, um Gott zu ehren und zu verherrlichen. Sie sind nicht länger zwei, sondern ein Fleisch (Matthäus 19,5).

Ich verstehe sehr gut, wie schwer es ist, wenn die eigenen Freundinnen heiraten. Sie haben damit nicht nur etwas bekommen, das man sich selbst auch wünscht, sondern in den meisten Fällen hat die Heirat auch Auswirkungen auf die Freundschaft. Es kostet etwas, sich für die frischverheiratete Freundin zu freuen und dabei zu wissen, ab sofort nicht mehr denselben Zugang zu ihr zu haben. Man kann nicht mehr abends stundenlang mit ihr telefonieren, sie bei jeder Singleveranstaltung der Gemeinde treffen oder einfach am Wochenende mit ihr zusammen sein. Was die verheirateten Freundinnen an persönlicher Beziehung dazugewinnen, ist man selbst in vielen Fällen gezwungen zu opfern. Aber unser Herr sieht das. Ich habe nie erlebt, dass eine meiner guten Freundinnen heiratete, ohne dass er mir nach kurzer Zeit eine neue gute Freundin geschenkt hätte. Ich bin immer wieder erstaunt darüber, wie er für Freundschaften sorgt.

Als Frauen von edlem Charakter müssen wir an das biblische Modell von der Ehe und ihrem Zweck in der Gemeinde glauben. Wir sollten unsere alten Erwartungen möglichst bald loslassen und unseren frischverheirateten Freundinnen das Beste wünschen, wenn sie in ihre neuen Rollen als Ehefrauen hineinwachsen (und auch den Männern, worauf wir in Kapitel 6 zurückkommen).

Es ist nicht einfach, je zwei Leben, Haushalte, Terminpläne und Familien zusammenzulegen. Wir sollten uns um Verständnis dafür bemühen, wie viel Arbeit es bedeutet, eine junge Ehe zu etablieren. In den meisten Fällen werden wir diejenigen sein, die sich darum bemühen, die Freundschaft nach der Hochzeit fortzuführen. So ist das Leben. Unsere Lebensumstände haben sich nicht radikal verändert, also sind wir diejenigen, die für eine Weile am Ball bleiben müssen. Aber das ist eine kluge Investition, denn nach einem Jahr oder zwei spielt sich die Freundschaft oft nach einem neuen Muster wieder ein, wenn wir sie treu gepflegt haben. Ich habe das unzählige Male so erlebt und ich bin sehr dankbar dafür.

Eine weitere Art, wie wir unseren verheirateten Freundinnen dienen können, ist, ihnen zu helfen, sich bei Konflikten oder Enttäuschungen immer wieder auf ihren Mann auszurichten. Wir sollten uns niemals zur bevorzugten Gesprächspartnerin für Beschwerden machen lassen. Damit will ich nicht sagen, dass unsere Freundinnen uns nicht um Rat oder Trost bitten oder uns ihr Herz ausschütten dürfen, aber wir sollten kein sündiges Kritisieren oder Tratschen über ihre Männer akzeptieren. Nachdem eine meiner Freundinnen geheiratet hatte, bekam sie Probleme mit einem Charakterzug ihres Mannes, der sie als Singlefrau nie gestört hatte. Ich sagte ihr, dass ich ihr die Liebe und Fürsorge Gottes aufzeigen und sie darauf aufmerksam machen möchte, dass sie ihren Mann damit auf sündige Weise verurteilte. Ich erinnerte sie auch daran, dass ich tun würde, was ich konnte, um ihre Ehe zu stärken. Ich erklärte ihr, dass ich ihr meine Liebe zeige, indem ich mir um ihre Ehe Sorgen mache, und nicht indem ich zustimmend nicke und sie in ihrer Klage bestätigte, dass ihre bessere Hälfte ein Idiot sei.

Die Mitfreude mit verheirateten Freundinnen ist etwas, das viel länger anhält als Verlobungszeit und Hochzeitsfeierlichkeiten. Noch lange nach der Zeremonie haben wir Gelegenheit, voller Freude und auf stille Art froh zu sein, indem wir die Freundschaft pflegen, die Ehen anderer schützen und auf Gottes Liebe und Weisheit für unser eigenes Leben vertrauen. Der Lohn ist ein größerer Freundeskreis, gereifte Freundschaften unterschiedlichster Art sowie die Freude, Gott so zu ehren, wie es in Römer 12,15 steht: »Freut euch mit den sich Freuenden!«

Demut im Gebet, ein Segen zu sein

Ich hatte nie mit chronischer Krankheit oder Schmerz zu kämpfen, aber ich kann verstehen, dass man einer solchen Sache überdrüssig werden kann. Als ein guter Freund von mir an Krebs erkrankt war und im Sterben lag, sagte er mir, wie leid er es war, darüber zu reden. Er war dankbar für solche Besucher, die mit ihm über andere Themen sprachen: Wenn sie davon berichteten, was Gott ihnen beim Bibellesen klargemacht oder wie er sie geführt und versorgt hat. Andere chronisch Kranke sagten mir, sie verspürten Widerwillen, immer wieder andere um Gebet für ihre Gesundheit zu bitten.

Bestimmte Themen können das gesamte Leben und Wesen eines Menschen überlagern. Manchmal empfinde ich es auch so in Bezug auf das Singlesein. Ich habe so viele Jahre für einen Ehemann gebetet, dass ich es wirklich leid bin, meine eigenen Gebete zu hören! Aber die Demut zwingt mich, weiterzubeten. Ich habe eine Sehnsucht, die ich nicht selbst erfüllen kann. Ich *muss* weiterhin zu dem beten, der es kann.

Aber hier kommen wir zu einer interessanten Frage, die mir einmal gestellt wurde: *Wie oft betest du darum, eine gute Ehefrau zu sein?* Meine Antwort war wirklich schlagfertig: »Ähmm … also bis jetzt, muss ich sagen … hm … eigentlich hab ich das noch nie getan.«

Was für ein Stirnklatscher! Ich habe eine ganze Liste von Anliegen, um die ich Gott bitte, wie mein Ehemann sein sollte, aber bis dahin war mir nie in den Sinn gekommen, dass ich besser auch um die Gnade beten sollte, eine gute Ehefrau zu sein. Sprüche 19,14 sagt: »Haus und Habe sind ein Erbteil der Väter, von dem HERRN aber ist eine einsichtsvolle Frau.« Einsichtsvoll? Huch! Ich fange am besten an, für diese Eigenschaft zu beten.

Es erfordert Demut, zu erkennen, dass wir mehr Zeit im Gebet dafür verbringen müssen, Christus ähnlich zu werden, als im Bitten um Gottes Segnungen. Bei unserer Bekehrung wird die Vorherrschaft der Sünde in unserem Leben beendet. Aber die innewohnende Sünde bleibt bis zum letzten Atemzug. Wenn Gott uns eine Ehe und Familie schenkt, ist die in uns wohnende Sünde auch dabei mit von der Partie. Durch die Kraft des Heiligen Geistes können wir ein wenig wachsen, aber wir werden nie Vollkommenheit erreichen. Bis wir in einem sündenfreien Himmel einen verherrlichten Körper bekommen, werden wir unseren Erlöser jeden Tag brauchen.

»Haltet es für lauter Freude …«

Am Anfang dieses Kapitels waren wir mit meiner Freundin Kristi im Café, wo sie sich Gedanken über ihre Zukunft machte. Mittlerweile ist sie Lehrerin geworden. Und Buchhalterin. Und eine verheiratete, zweifache Mutter. Und eine kinderlose Singlefrau, die ihren 35. Geburtstag feiert. Und eine Künstlerin. Und die Autorin dieses Buches.

Wie ist das möglich? Kristi ist ein Personen-Potpourri. Sie ist eine Kombination aus dutzenden, wenn nicht hunderten Gesprächen, die ich im Laufe der Jahre mit Singlefrauen geführt habe. Manchmal war ich auch selbst Kristi. Mein letztes Kristi-Gespräch führte ich per E-Mail mit einer nachdenklichen Frau namens Connie, die mir aus tiefstem Herzen folgende Fragen stellte:

- Ab welchem Alter fängt man an, sich langfristig Ziele für ein Singleleben zu stecken? Ich bin (erst, ich weiß) 27 und habe, genau wie alle meine Freundinnen, eigentlich damit gerechnet, in diesem Alter verheiratet zu sein oder zumindest sehr bald. Ehrlich gesagt, rechne ich immer noch damit, zu heiraten, bevor ich dreißig werde. Wie kommt es, dass Singlesein mit über dreißig so … zweitklassig klingt?
- Wie kann ich meine Zukunft planen? Sollte ich immer noch in Weiterbildung investieren, um einen gut bezahlten Job zu bekommen? Wenn ich sicher wüsste, dass ich für weitere zehn Jahre Single bleibe, wäre ich bereit, Geld zu investieren – oder mich zu verschulden –, um einen Traumjob zu bekommen. Natürlich hoffe ich aber, dass innerhalb der nächsten zwei Jahre (oder zwei Monate!) ein Bräutigam erscheinen wird, was diesen Plan wiederum unweise machen würde. Ich wäre bereit, auf eine Karriere zu verzichten zugunsten einer »Karriere im Haus«, als Ehefrau und Mutter. Außerdem: Sollte ich eine Karriere einschlagen, die mir Langzeitersparnisse ermöglicht? Manchmal scheint es mir wie eine Art Glücksspiel zu sein, bei dem die finanzielle Sicherheit eines Ehemanns mein Favorit ist. Das würde ich zwar nicht offen zugeben, und letztendlich vertraue ich ja doch auf Gottes Versorgung. Aber diese Fragen stelle ich mir dennoch.
- Warum gibt es in den Gemeinden so viele unverheiratete Frauen, deren einziges Ziel im Leben es ist, Ehefrau und Mutter zu werden – und trotzdem sind sie nicht verheiratet?

- Bist du sicher, dass ich als Singlefrau nicht unvollständig bin? Ich könnte bestimmt sehr gut jemanden gebrauchen, der mich geistlich leitet, mir eine verlässliche, enge Beziehung bietet und mir mein Auto erklärt. Manchmal fühle ich mich dazu verurteilt, weniger fromm, weniger heilig und etwas anfälliger für den Automechaniker zu sein.
- Ich bin auch der Meinung, dass ich es genießen sollte, eine Frau zu sein. Ich denke nur, mit einem Ehemann würde das mehr Spaß machen.

Das sind ehrliche, aus dem Bauch heraus gestellte Fragen, mit denen sich reale Frauen auseinandersetzen. Es ist mitunter verwirrend, über diese Dinge nachzudenken, aber durch unser Vorbild aus Sprüche 31 haben wir Klarheit. Warum gibt es so viele unverheiratete Frauen in den Gemeinden, deren einziges Ziel es ist, Ehefrau und Mutter zu werden? Ich denke, aus einem einzigen Grund: Es ist ein gottgegebener, legitimer Wunsch. Aber typischerweise ist es auch oft der *einzige* Lebensentwurf, der den Frauen in den Gemeinden vorgestellt wird. Ich glaube, dass alle Frauen den Wunsch haben, in ihrer Weiblichkeit geistlich fruchtbar zu sein. Die Frau aus Sprüche 31 zeigt uns, wie wir das in jeder Lebensphase sein können. Deshalb müssen wir uns keine Gedanken darüber machen, wann wir anfangen sollten, ein lebenslanges Singlesein zu planen. Denn es ist nichts anderes, als lebenslange Weiblichkeit zu planen.

Nehmen wir zum Beispiel Connies Frage nach der Investition in die Karriere. Die Frau aus Sprüche 31 ist clever in Sachen Finanzen. Ihre klugen Geschäfte sind ein Segen für die Familie und ermöglichen ihr obendrein, für Bedürftige zu sorgen. Das werden wir uns in Kapitel 8 näher ansehen. Ich glaube nicht, dass das Planen unserer Zukunft eine Entweder-oder-Entscheidung zwischen Ehe und Karriere sein muss. Mit weisem Rat und einem guten Verständnis unserer Ziele als gottesfürchtige Frauen sollten wir die Gaben und Möglichkeiten nutzen, die Gott uns gegeben hat. Schließlich könnten es genau die Fähigkeiten sein, die wir als Gehilfin unseres zukünftigen Ehemannes brauchen werden. Falls wir nicht heiraten sollten, können wir uns an einem Job erfreuen, der uns herausfordert und vielfältige berufliche Möglichkeiten bietet. In jedem Fall können diese Fähigkeiten auch dem Dienst in unserer Gemeinde zugutekommen. Das Hoffen auf die Ehe sollte also kein Grund mehr dafür sein, dass wir unser Leben in Warteposition verbringen.

Umgekehrt ist es ebenso falsch, alle Energien in den Job zu stecken, ohne ein häusliches Leben zu pflegen, uns in die Gemeinde einzubringen oder uns Zeit für andere zu nehmen. Auch für Männer ist das übrigens nicht richtig. In Sprüche 31 finden wir eine Frau, deren Zuhause ein gemütlicher, gut ausgestatteter Hafen für ihre Familie und vermutlich auch für ihre Freunde ist. Warum sollten wir auf die Ehe warten, um eine solche heimelige Umgebung zu schaffen? Hiermit werden wir uns in Kapitel 7 näher beschäftigen.

Ich kann Connies Frage nach der Unvollständigkeit ohne Ehemann sehr gut nachfühlen. Genau dieser Ansicht war ich früher auch. Immer wieder hörte ich bei Hochzeiten, dass diese zwei Menschen, wenn sie zu einem Fleisch geworden sind, mehr Frucht hervorbringen werden, als sie es allein gekonnt hätten. Es gibt also Dinge, die sie allein nicht hätten tun können, und für diese Aufgabe müssen sie miteinander verbunden werden. Der Bräutigam kann den Auftrag, zu dem Gott ihn berufen hat, nicht ohne die Hilfe seiner Braut bewältigen, also versorgt Gott ihn mit einer Gehilfin. Die Braut wiederum kann nicht helfen, ohne die Aufgabe des Bräutigams zu kennen. Deshalb haben sie als Verheiratete die Möglichkeit, mehr Frucht hervorzubringen, als sie es als Alleinstehende gekonnt hätten.

Ich kann an dieser Feststellung nichts Verkehrtes finden. Es ist wahr. Wichtig ist aber, auf den Zweck zu achten: *Dienst im Reich Gottes.* Gott möchte bei einem Ehepaar eine bestimmte Frucht sehen, die dadurch entstehen kann, dass die beiden miteinander verbunden sind. Das bedeutet nicht, dass sie als Singles *keine* Frucht hervorgebracht hätten. Aber sie haben eine Aufgabe von Gott bekommen, für die sie zusammenarbeiten müssen, um effektiv zu sein. Für diesen Auftrag sind sie einzeln jeweils unvollständig, bis sie gemeinsam dafür in ein Joch gespannt werden.

Aber natürlich waren sie nie *an sich* unvollständig. Ihr Wert als Menschen bleibt am Tag nach ihrer Hochzeit derselbe wie zuvor: Sie sind Menschen, geschaffen im Ebenbild Gottes, gefallene Sünder, erlöst von Gott, um ihn für alle Ewigkeit anzubeten und ihm zu dienen.

Ob wir nun verheiratet sind oder Single, gilt: Unser einziger Beitrag, der sich auf unseren Wert auswirkt, ist unsere Sünde. Es ist unsere Sünde, die uns verdirbt und uns unvollständig und unpassend für die Ehre Gottes macht (Römer 3,23). Deshalb ist es wichtig zu verstehen, dass ein Ehemann uns nicht vollständig macht. Es ist Christus, durch den wir vollständig werden. In Johannes 10,9 sagte Jesus zu den Pharisäern: »Ich bin die Tür; wenn jemand durch mich hineingeht, so wird er gerettet werden und wird ein- und ausgehen und Weide finden.« Für »gerettet werden« steht hier das Wort *sozo*, das im Neuen Testament sehr häufig vorkommt. Wörtlich bedeutet es freisetzen, beschützen, heilen, bewahren, ganz machen.[14] Unsere Errettung in Christus betrifft jeden noch so kleinen Mangel. Ein Ehemann ist ein Partner und ein Miterbe der Gnade des Lebens. Er hat in der Ehe eine ganz bestimmte Rolle, die wir uns später genauer ansehen werden, aber er kann niemanden vervollständigen.

Das Wort *sozo* enthält auch einen Aspekt von Errettung, der sich im Laufe der Zeit einstellt, während Gott in uns und durch die Ereignisse unseres Lebens wirkt. Ich meine damit nicht die Vergebung der Sünden, sondern ein Wachsen zu geistlicher Reife. Um dieses Wachstum hervorzubringen, gebraucht Gott ein ungewöhnliches Werkzeug: Prüfungen. Ist das Singlesein eine Prüfung? In vielfacher Hinsicht kann es das sein, das bestreite ich nicht. Aber auch die Ehe hat ihre Prüfungen, und ebenso die Elternschaft. Das Leben ist voller Prüfungen unterschiedlichster Art, aber all das können wir aus der biblischen Perspektive betrachten: »Haltet es für lauter Freude, meine Brüder, wenn ihr in mancherlei Versuchungen [oder Prüfungen] geratet, indem ihr erkennt, dass die Bewährung eures Glaubens Ausharren bewirkt. Das Ausharren aber soll ein vollkommenes Werk haben, *damit ihr vollkommen und vollendet seid und in nichts Mangel habt«* (Jakobus 1,2-4). Das Wort

Ausharren ist heute wenig gebräuchlich. Es ist eine Übersetzung des griechischen Wortes *hypomone* und bedeutet fröhliche oder hoffnungsvolle Ausdauer.[15]

Hört sich das bekannt an? Wo ist uns eine solche Ausdauer schon einmal begegnet? Es war in einem früheren Abschnitt dieses Kapitels über die »Kette der Hoffnung« aus Römer 5,3-6: »… wir rühmen uns auch in den Bedrängnissen, da wir wissen, dass die Bedrängnis Ausharren bewirkt, das Ausharren aber Bewährung, die Bewährung aber Hoffnung; die Hoffnung aber lässt nicht zuschanden werden, denn die Liebe Gottes ist ausgegossen in unsere Herzen durch den Heiligen Geist, der uns gegeben worden ist. Denn Christus ist, als wir noch kraftlos waren, zur bestimmten Zeit für Gottlose gestorben.«

Deshalb haltet es für lauter Freude, meine lieben Schwestern im Herrn. Gott gebraucht jedes Leid und jede Prüfung eures Lebens, um einen edlen Charakter zu entwickeln, der eine Hoffnung hervorbringt, die nicht enttäuscht wird und wertvoller ist als seltene und kostbare Edelsteine.

Zum vertiefenden Studium

- Falls du eine Phase mit vielen Kämpfen erlebst, empfehle ich sehr: *Wie das Licht nach der Nacht – Hoffnung, die im Leiden trägt* von Joni Eareckson Tada und Steven Estes. Dieses Buch vermittelt eine herausragende biblische Perspektive auf das Leid.
- Wenn du in deiner Ehe ein Segen sein möchtest, empfehle ich dir: *Anziehungskraft ist mehr als Mann sieht – sieben Tugenden einer gottgefälligen Ehefrau und Mutter* von Carolyn Mahaney. Es ist das Trainingshandbuch, das jede Frau braucht. Viele von uns können sich nicht mehr regelmäßig mit ihrer Mutter austauschen oder haben nie durch eine ältere Frau Anleitung in den Tugenden bekommen, wie es Titus 2 lehrt. Dieses Buch ist voll von der Weisheit, nach der wir suchen. Die Autorin ist eine Freundin von mir und ich kann bestätigen, das ihr Leben mit ihren Worten übereinstimmt.

- Möchtest du lernen, wie du deine Worte beherrschen kannst, damit sie nicht mehr ungezügelt Selbstmitleid verbreiten? *Loving God with All Your Mind* von Elizabeth George ist dafür eine großartige Quelle. Ich habe fast das gesamte Kapitel 1 mit dem Textmarker angestrichen. Hier eine kurze Kostprobe:

> Wie unsere Beziehung zu Gott und unsere Sicht auf uns selbst müssen auch unsere Beziehungen zu anderen Menschen von dem Gebot aus Philipper 4,8 bestimmt sein: »Alles, was wahr ist … das erwägt!« Frauen, die über das, was wahr oder echt ist, nachdenken, verbringen ihre Zeit nicht damit, die Worte und Handlungen anderer zu analysieren oder im Nachhinein zu hinterfragen, was sie selbst hätten sagen oder tun sollen. Negative Gedanken dieser Art schaden den Beziehungen. Wenn wir uns auf das konzentrieren, was wahr und echt ist, erleben wir gesunde und aufrichtige Beziehungen, die von echter Liebe füreinander bestimmt sind.[16]

5

Erweise ihm Gutes alle Tage deines Lebens

Ihr vertraut das Herz ihres Mannes,
und an Ausbeute wird es ihm nicht fehlen.
Sie erweist ihm Gutes und nichts Böses alle Tage ihres Lebens.
Sprüche 31,11-12

In den frühen 1980er Jahren galten alle, die sich schwarz kleideten, verrückte Frisuren trugen und R.E.M. oder Elvis Costello hörten, als coole Anhänger des *New Wave.* Für mich konnte kaum jemand cooler sein als mein Freund Michael. Nach einem U2-Konzert brachte er mich backstage, um Bono persönlich die Hand zu schütteln; durch Michael kam ich ins *Mostly Mozart Festival* im Lincoln Center in New York; er zeigte mir die beliebtesten Punk-Clubs und nahm mich mit zu sich nach Hause, wo ich mein erstes Passah-Seder erlebte. Er war abenteuerlustig und liebte neue Erfahrungen, aber er betrank sich nie und ich kann mich nicht erinnern, dass er jemals Drogen genommen hätte. Er saugte die Kultur in sich auf, wurde aber niemals von ihr vereinnahmt.

Er war es, der mir eine der wichtigsten Fragen meines jungen Erwachsenenlebens stellte. An einem Nachmittag saßen wir zusammen auf dem Campus und sprachen über unsere Freundschaft. Wie in vielen Freundschaften zwischen Mann und Frau war auch zwischen uns die Spannung des Was-wäre-Wenn immer wieder spürbar gewesen. Er wandte sich mir zu, sah mich freundlich an und sprach ruhig und bestimmt.

»Weißt du … ich werde keine Beziehung mit dir anfangen«, sagte er und machte eine Pause, um seine Worte wirken zu lassen.

»Ich glaube nicht, dass es gut wäre, mit jemandem etwas anzufangen, den ich nicht heiraten würde. Und ich würde nur eine jüdische Frau heiraten, weil mir meine Religion wichtig ist.«

Ich beantwortete seinen Blick mit einem Lächeln. »Ich verstehe das, Michael.«

»Gut«, sagte er. »Was ist dir an einem Ehemann wichtig?«

»Ich denke, ich würde auf Sinn für Humor achten, auf einen guten Kleidungsstil, Interesse an Musik«, überlegte ich. »Auf jeden Fall müsste es jemand sein, der gerne tanzt.«

Nach einer diplomatischen Pause, die die Oberflächlichkeit meiner Antwort zur Geltung brachte, fragte er: »Was ist mit Vertrauen? Ist das nicht wichtig?«

Ich blinzelte und dachte über seine Frage nach. Damals war ich zwanzig und noch keine Christin; ich war durch und durch geprägt von einer wahllosen, unverbindlichen Beziehungskultur. Vertrauen wurde weder erwartet noch geschenkt. Nicht einmal über Charaktereigenschaften, meine oder seine, hatte ich mir Gedanken gemacht. Mir ging es nur um Spaß. »Ja, das ist wichtig«, murmelte ich verlegen. Aber selbst in diesem Moment hatte ich noch nicht wirklich begriffen, worum es eigentlich ging.

*Herzensangelegenheiten und was dazugehört**

Sprüche 31,11-12 sagt über die wünschenswerte Frau: »Ihr vertraut das Herz ihres Mannes, und an Ausbeute wird es ihm nicht fehlen. Sie erweist ihm Gutes und nichts Böses alle Tage ihres Lebens.« Ich glaube, die meiste Weisheit brauchen Singlefrauen, um zu verstehen, was das »Gute« ist, wenn sie mit Männern umgehen, sei es verheirateten oder alleinstehenden. In Bezug auf Freundschaften mit alleinstehenden Männern können wir nicht davon ausgehen,

---

* Anm. des dt. Herausgebers: Mit »Herzensangelegenheiten« (engl. »matters of the heart«) ist gemeint, was in unserem Herzen vorgeht oder es erfüllt, also nicht nur Liebesangelegenheiten zwischen Mann und Frau, sondern z. B. Götzen, die unser Herz in Beschlag nehmen können, oder einfach die tieferen Motive unseres Handelns, oder im positiven Sinne die Liebe zu Gott.

dass jeder dieser Männer »der Eine« ist. Wir können *hoffen*, dass er »der Eine« sein wird, aber allein die Zeit wird Gottes Plan offenbaren. Es ist jedoch möglich, dass unsere zukünftigen Ehemänner uns beobachten, um einzuschätzen, wie wir mit ihnen und anderen Männern umgehen. Mit Gewissheit können wir davon ausgehen, dass die große Mehrheit der alleinstehenden Männer, denen wir begegnen, zukünftig die Ehemänner *einer anderen* sein werden. Eine Frau mit edlem Charakter lebt daher nicht nur in der Gegenwart, sondern sie überdenkt ihre zwischenmenschlichen Beziehungen sorgfältig aus langfristiger Perspektive. Dadurch gewinnt sie sowohl das Vertrauen ihres Ehemannes, sofern Gott ihr die Ehe schenkt, als auch das vieler anderer Männer aus ihrem Umfeld, ihrer Freunde und Brüder im Herrn.

Das ist leicht gesagt, aber es zu leben, ist etwas anderes. Zwei Herausforderungen ergeben sich aus dem Anspruch, einem Mann »Gutes« zu erweisen: Erstens ist mehr als nur ein Herz beteiligt, nämlich zwei, und zweitens steht unsere Kultur im Konflikt mit den biblischen Wahrheiten, um die es in diesem Kapitel geht.

Wie können wir diese Wahrheit aufschlüsseln? Gehen wir zum Ende des Verses und arbeiten uns von dort aus rückwärts zum Anfang vor. »Alle Tage ihres Lebens« ist die Übersetzung eines hebräischen Ausdrucks, mit dem gemeint ist »konstant, die ganze Zeit«, ähnlich unserer modernen Redewendung »rund um die Uhr«. Doch um *nach* der Hochzeit so konstant tätig sein zu können, müssen wir auf einem Fundament aufbauen, das bereits *davor* gelegt wurde. Schon in der Zeit vor der Ehe müssen wir also unsere Taten und Pläne anhand der Frage bewerten, ob sie für unseren zukünftigen Ehemann nichts Schlechtes sein werden, sondern Gutes. Wir sollten uns Gedanken darüber machen, was ihm nutzen oder ihn »nichts von Wert vermissen« (so die englische Bibelübersetzung *New International Version*) lassen wird. Das ist der Fels, auf dem Vertrauen entsteht.

Ich denke, der Schlüssel liegt in dem Wort *Herz*. Das hebräische Wort, das in diesem Vers mit »Herz« übersetzt wurde, ist *leb*. Es steht symbolisch auch für die Gefühle, den Willen und sogar den Intellekt.[1] Der biblische Begriff des Herzens hat wenig mit dem Rausch romantischer Leidenschaft zu tun, mit dem er heute oft in Verbindung gebracht wird. *Leb* bedeutet mehr als subjektiv empfundene Anziehung oder Begeisterung. Unsere Gefühle sind nur ein Drittel des »Herz-Pakets«, es gehören außerdem der Wille und der Verstand dazu, die für gewöhnlich wesentlich objektiver sind. So sehr es unserer heutigen Kultur auch darum geht, wie wir uns in Bezug auf alle möglichen Dinge *fühlen*, so sehr geht es der Bibel doch darum, dass unsere Gefühle von Gottes *Wahrheit* geleitet sein sollten. Ist es nicht beeindruckend, dass die Psalmen durchweg mit dem Lob Gottes enden, egal womit sie begonnen haben? Wenn dir Herzensangelegenheiten verwirrend oder unberechenbar vorkommen, haben wir hier gute Neuigkeiten! Die Bibel sagt uns, dass uns zum Umgang mit Freundschaft und Romanzen mehr rationale Hilfsmittel zur Verfügung stehen, als unsere Kultur uns weismachen will.

In einer Frauenzeitschrift entdeckte ich einmal in einer Artikelserie über Schönheit und Fitness folgende aufschlussreiche Information:

> Entgegen der verbreiteten Annahme erhöht sich das allgemeine Glücksgefühl bei Verheirateten gegenüber Unverheirateten nur um einen Punkt auf einer Skala von elf. »Die meisten Menschen sind nach der Heirat nicht zufriedener als vorher«, sagt Richard Lucas, Psychologe und Doktorand an der Michigan State University in East Lansing, der über einen Zeitraum von 15 Jahren die Daten von 24.000 Personen analysiert hat. Obwohl das Glücksgefühl nach dem Ehegelöbnis kurzfristig ansteigt, kehren die meisten Menschen innerhalb von zwei Jahren auf das Niveau zurück, auf dem sie vor der Heirat gewesen sind. Gleiches gilt übrigens für Menschen, die in der Lotterie gewonnen haben. »Die Menschen sollten realistische Erwartungen haben«, sagt Lucas. »Wenn eine Ehe kein immerwährendes Glück bringt, bedeutet das nicht, dass es keine gute Ehe ist.«[2]

Nur *zwei* Jahre ehelicher Glückseligkeit, und das nach all der Aufregung und Anstrengung, um dort hinzugelangen? Wir sollten nicht überrascht sein. Was diese Studie bestätigt, ist genau das, was wir durchgehend in der Bibel lesen. Gott hat uns so geschaffen, dass wir unsere letzte Erfüllung in ihm finden und nicht in jemandem oder etwas, der oder das von ihm geschaffen ist. Daher ist es nicht überraschend, dass der Autor dieser Studie herausfand, dass Menschen »nach der Heirat nicht zufriedener sind als vorher«, und dass er seinen Lesern »realistische Erwartungen« empfiehlt. An was oder wen diese realistischen Erwartungen geknüpft werden sollten, ist der Schlussfolgerung des Lesers überlassen.

Der Ausdruck »realistische Erwartung« wird in unserer Kultur sehr oft gebraucht. Aber was bedeutet er eigentlich? Ich denke, in gewisser Weise ist er die säkulare Entsprechung der christlichen Wendung »behüte dein Herz«. Gelegentlich werfen wir mit solchen Phrasen um uns oder geben sie gern als Rat an andere weiter. Solche Sätze haben es allerdings an sich, wichtige Gespräche abzukürzen, denn sie vermitteln den Eindruck, dass alle Beteiligten ganz genau wüssten, was es bedeutet, eine realistische Erwartung zu haben oder das Herz zu behüten. Doch wenn wir das wirklich so genau wüssten, gäbe es die moderne und lukrative Branche der Selbsthilfe-Ratgeber nicht. Die Wahrheit ist: Beziehungen sind chaotisch. Sie erfordern Risikobereitschaft. Aber die Bibel lässt uns hierzu nicht im Dunkeln. Wenn es um Herzensangelegenheiten geht, sollten wir – ob wir nun heiraten oder nicht – vorher mindestens vier verschiedene Perspektiven berücksichtigen:

1. uns selbst
2. unseren möglichen späteren Ehemann
3. unsere »Brüder im Herrn«
4. die Ehe als Bund der Einheit

Wenn wir die Liebe zwischen Mann und Frau aus allen vier Perspektiven betrachten, lernen wir, alle Tage unseres Lebens weise zu verbringen und das Vertrauen unserer zukünftigen Ehemänner zu gewinnen. In diesem Kapitel schauen wir uns den ersten Punkt genauer an, im nächsten werden wir die drei anderen untersuchen. (Nebenbei bemerkt, ist dies für mich ein schwieriges Thema. Ich habe in den letzten Jahren sehr vieles gelernt, das meiste auf die harte Tour. Deshalb muss ich mich in diesen Fragen auf »viele Ratgeber« in Form von Büchern verlassen, auf ihre Weisheit und ihre prägnanten Aussagen. Für dich hat das den Vorteil, dass ich das viele Lesen für dich schon erledigt habe!)

Behüte dein Herz

Sprüche 4,23 sagt: »Mehr als alles, was man sonst bewahrt, behüte dein Herz! Denn in ihm entspringt die Quelle des Lebens.« Das Wort für Quelle meint im Hebräischen tatsächlich eine geografische Gegebenheit wie eine Öffnung oder Wasserquelle.[3] Wie eine Gebirgsquelle der Ursprung eines mächtigen Flusses sein kann, so ist das Herz die Quelle aller Tätigkeiten eines menschlichen Lebens. Uns ist geboten, es zu »behüten« (es zu bewahren, zu schützen, zu pflegen), und zwar mehr als alles andere und mit großer Wachsamkeit. Das bedeutet in unserer Zeit der leichtfertigen Liebe eine Menge Arbeit.

Ich kann mich an ein Gespräch erinnern, das ich als junge Christin mit meinem Pastor führte. Damals wunderte ich mich darüber, dass alle ständig davon sprachen, das Herz zu behüten. Für mich war das eine seltsame Phrase und ich wusste nicht, warum das so wichtig war, oder ob ich selbst eigentlich mein Herz behütete oder nicht. Als ich gläubig wurde, hatte ich bereits einige zerbrochene Romanzen hinter mir. Der Gedanke, mein Herz neu zu vergeben, bereitete mir daher keine allzu großen Sorgen. Ich war eine erfahrene Beziehungs-Veteranin. Aber mein Pastor machte mich darauf aufmerksam, dass ich mit jeder gescheiterten Beziehung meinem Herzen Schaden zufügte. Wenn ich es nicht behütete, würde ich meinem Ehemann bei der Hochzeit ein ziemlich ramponiertes, vernarbtes Herz übergeben, gefüllt mit bitteren Erinnerungen an die Entstehung jeder einzelnen Verletzung. Dies war sein grundsätzlicher Rat an mich als Neubekehrte, aber es gab noch vieles mehr zu lernen.

Einige Zeit darauf fiel mir folgender Vers in der Bibel auf: »und der Friede Gottes, der allen Verstand übersteigt, wird *eure Herzen* und eure Gedanken *bewahren* in Christus Jesus« (Philipper 4,7). Ich ging zwei Sätze zurück und las: »Der Herr ist nahe. Seid um nichts besorgt, sondern in allem sollen durch Gebet und Flehen mit Danksagung eure Anliegen vor Gott kundwerden.« Fakt eins: Der Herr ist nahe. Fakt zwei: Durch Gebet und Flehen mit Danksagung sollen unsere Anliegen vor Gott kundwerden, der nahe ist. Fakt drei: Weil wir unsere Anliegen vor einem Gott kundtun, der nahe ist, können wir Frieden erleben. Fakt vier: Der Friede bewahrt unsere Herzen in Christus Jesus, der nahe ist und unsere Anliegen kennt.

Was macht uns besorgt in Sachen Liebe? Es sind unsere spekulativen Gedanken: Mag mich irgendjemand? Mag *dieser* Mann mich? Wird er mich anrufen? Wird er mich seiner Familie vorstellen? Glaubt er, dass wir Potenzial für die Zukunft haben? Wird er mir einen Antrag machen? Werden wir heiraten? Werden wir verheiratet bleiben? Wird er Ehebruch begehen? Wird er zuerst sterben und mich allein lassen? Und so weiter und so fort. Wenn wir so denken, sind wir innerlich weit in der Zukunft, ganz allein, und erlauben, dass sündige Sorgen uns erfüllen.

Über imaginäre Zukunftsszenarien nachzusinnen, ist eine sinnlose Betätigung. Es gibt keinen Lohn für unsere Spekulationen. Deshalb sagt Gott uns: »Seid um nichts besorgt.« Wir können unser Bestes geben, um all unsere Lebensumstände zu beherrschen und jede Verletzung zu vermeiden, aber wir werden dadurch nie etwas anderes erreichen als Angst und Sorge. Wir sollten weder Gott zuvorzukommen versuchen noch Männern, auf die wir aufmerksam geworden sind. Folgende Beschreibung, wie man sein Herz bewahrt, gefällt mir:

> In demselben Moment, in dem wir einen Mann kennenlernen, reißen wir unser Herz aus Gottes Hand, werfen es dem neuen Kerl, von dem wir so begeistert sind, zu und rufen: »Hier!« Kein Wunder, dass das arme kleine Ding von Herz so oft hart auf dem Boden aufschlägt. Ich denke, es ist an der Zeit, eine neue Strategie zu entwickeln, meinst du nicht auch? Wie wäre es mit dieser: Du lernst einen Mann kennen und er ist wirklich süß. Du magst ihn. Dein kleines Herz flattert wie wild, es ist drauf und dran, dir aus der Brust zu springen, direkt auf diesen armen, nichts ahnenden Kerl zu. In diesem Moment legst du die

> Hand auf dein Herz und flüsterst: »Beruhige dich!« Lass es an seinen verborgenen Ort zurückkehren. Dann sagst du: »Gott, ich glaube, dieser Mann gefällt mir wirklich. Was weißt du über ihn? Warum ist er in meinem Leben? Ist er der Eine für mich? Sollte ich in diese Richtung weitergehen? Oder sollte ich meine Zeit besser nicht mit ihm vergeuden?«[4]

Ich glaube, dass Gott auf solche Fragen immer zur rechten Zeit antworten und einer Frau Frieden schenken wird, wenn sie zuerst zu ihm spricht und erst danach mit dem Mann.

Ausgebeutet durch unsere Kultur

Auf diese Gewohnheit, Männern unser Herz zuzuwerfen, möchte ich noch näher eingehen. Unsere Generation ist in Sache Liebe im Grunde völlig ahnungslos. Ich glaube, dass Frauen in fast jeder vergangenen Ära in diesem Bereich wesentlich besser aufgestellt waren. Heute wird den Frauen gesagt, dass sie einfach losgehen und alles haben können, was sie wollen. Deshalb haben wir weder eine Vorstellung von der Kraft der Zurückhaltung noch von der Freude, umworben zu werden, noch von der Sicherheit respektvoller Wertschätzung. Wir haben zwar eine fragwürdige »Gleichberechtigung« bekommen, aber den Wert der Weiblichkeit verloren. Dieser Wandel ist in verschiedenen Studien dokumentiert worden, unter anderem in dem Bericht eines Frauenforums aus dem Jahr 2001:

> [An Colleges und Unis] gibt es nur wenige auf breiter Basis anerkannte soziale Normen, die jungen Frauen Anleitung und Unterstützung hinsichtlich der Themen Sex, Liebe, Bindung und Ehe bieten. Die meisten Studentinnen geben an, dass sie eines Tages verheiratet sein möchten, viele würden ihrem zukünftigen Ehemann gern in ihrer Studienzeit begegnen. Dennoch scheint es keinerlei Bestrebungen zu geben, ihnen ein Verständnis dafür zu vermitteln, wie ihre gegenwärtigen sozialen Erfahrungen zu einer glücklichen Ehe führen können oder wie die Ehe sich mit anderen Lebenszielen in Einklang bringen lässt.

> Früher gab es eine Kultur des Werbens, die jungen Menschen mit Hilfe einer Reihe sozialer Normen und Erwartungen half, den Pfad zur Ehe zu finden. Doch heute ist dies ersetzt worden durch eine reine »Abschleppkultur«, in der fast keine sozialen Normen oder Erwartungen gelten. Oberflächlichkeit, Unverbindlichkeit und schnell wechselnde Beziehungen sind die logische, aber unserer Meinung nach äußerst mangelhafte Antwort auf das Verschwinden der Kultur des Werbens. Die Optionen, die Studentinnen zur Verfügung stehen, sind stark geprägt von den Entscheidungen anderer junger Männer und Frauen. Dennoch glauben junge Frauen, ihre Entscheidungen ganz für sich und individuell zu treffen. Beispielsweise erwarten zwar die meisten Studentinnen, dass sie heiraten werden, und 88 % würden nicht in Betracht ziehen, außerhalb der Ehe ein Kind zur Welt zu bringen. Gleichzeitig stimmen aber 87 % der Aussage zu: »Ich sollte nicht über das sexuelle Verhalten anderer urteilen, sondern nur über mein eigenes.« Es ist daher nur konsequent, dass Frauen üblicherweise sich selbst die Schuld geben, wenn sie durch die Abschleppkultur verletzt wurden.[5]

Wir geben uns selbst die Schuld, weil wir verinnerlicht haben, was unsere Kultur uns beigebracht hat: Da wir die Freiheit besitzen, zu einem Verehrer ja oder nein zu sagen, haben wir auch die Kontrolle. Diese Auffassung ist während eines turbulenten Jahrzehnts des 20. Jahrhunderts entstanden. Die 60er Jahre? Nein, falsch. Die »wilden Zwanziger« haben weit mehr Schaden an den Grundpfeilern unserer Kultur angerichtet, als uns normalerweise bewusst ist.

> Beth Bailey zufolge, Professorin für Amerikanistik an der Universität von New Mexico, prägten vor den 1920er Jahren junge Frauen aus Mittelstand und Oberschicht das gängige Verständnis von Beziehungen. Ein junger Mann bot an der Tür einer jungen Frau seine Karte an und sie empfing ihn oder nicht. Wenn das Werben Fortschritte machte, würde das Paar es irgendwann bis auf die Veranda des Hauses schaffen, alles unter den wachsamen Augen der Eltern.

> Dann kam das Automobil und das »Dating« wurde erfunden. Bailey beschreibt in ihrem Buch *From Front Porch to Back Seat: Courtship in Twentieth-Century America* [»Von der Veranda auf die Rückbank: Liebeswerben im Amerika des 20. Jahrhunderts«]: Wenn ein Mann eine Frau in seinem Wagen ausführte und Geld für sie ausgab, erwartete er eine Gegenleistung: ihre volle Aufmerksamkeit, Ergebenheit, manchmal sogar Sex. Die Männer, und nicht etwa die Frauen, mit denen sie sich trafen, hatten die Kontrolle. Diese Gewichtung hatte während des gesamten letzten Drittels des 20. Jahrhunderts Bestand, als der Feminismus und die sexuelle Revolution die Dinge drastisch veränderten.[6]

Ich denke, Professorin Bailey hat Recht. Zu der Frage, ob die sexuelle Revolution eine Verbesserung war oder nicht, würde ich allerdings einen ganz anderen Standpunkt einnehmen, von der Definition und dem Wert der Unterordnung ganz zu schweigen. Ich hoffe sehr, dass wir Christen alle der Sexualmoral der Bibel zustimmen und dementsprechend leben. Durch das Zitieren solcher säkularen Publikationen möchte ich ein differenzierteres Bild der heutigen kulturellen Verwirrung in Sachen Liebe, Beziehungsanbahnung und Sexualität zeichnen. Diese Verwirrung dringt übrigens zweifellos auch durch die Türen unserer Gemeinden ein.

Wusstest du, dass es bei Reinheit um mehr geht als nur um Sexualität? Reinheit ist Teil unserer Emotionen und Leidenschaften. Eine Studie der Rutgers University untersuchte den Einfluss der kulturellen Beziehungstrends auf die Gefühle von Frauen:

> Da Trennungen eine schmerzhafte und belastende Erfahrung für junge Liebende sind, ist es erstrebenswert, dass es bei der Partnersuche zu so wenig Trennungen wie möglich kommt. Dennoch erleben junge alleinstehende Frauen heute während ihrer späten Teenager- und Twen-Jahre oft mehrere Trennungen. Diese Trennungen haben offenbar sich aufsummierende negative Auswirkungen auf spätere Beziehungen. Die Frauen, die für diese Studie befragt wurden, sagten, sie fühlten sich ausgebrannt, wütend und betrogen, nachdem sie fallengelassen worden waren. Sie sagten,

sie seien nach einem solchen Erlebnis misstrauischer geworden gegenüber der nächsten Bekanntschaft. Darüber hinaus können mehrfache Trennungserlebnisse zu einem generellen Misstrauen und sogar zu Feindseligkeit gegenüber Männern führen. Die Frauen gaben an, sie seien mit der Zeit argwöhnischer und vorsichtiger allen Männern gegenüber geworden.[7]

Die Regeln

Was für ein Chaos! An diesem Punkt könntest du vielleicht vorblättern, um »die Lösung« zu finden. Denn die Frage ist: Was sollen wir tun? Vor einigen Jahren erschien ein Buch, das versuchte, genau diese Frage zu beantworten: *The Rules: Time-tested Secrets for Capturing the Heart of Mr. Right* (etwa: »Die Regeln: bewährte Geheimnisse, um das Herz des Richtigen zu erobern«). Dieses säkulare Buch löste einen Sturm der Entrüstung in der Presse aus und erntete unter Feministinnen allgemeine Verachtung. Gleich zu Beginn des Buches gehen die Autorinnen auf diese Gegenreaktion ein, die sie von vornherein erwarteten, weil sie traditionelle Rollen befürworten:

> Männer sind anders als Frauen. Frauen, die Männer anrufen, sie zum Ausgehen einladen, »praktischerweise« zwei Karten fürs Theater bei sich haben oder bei der ersten Verabredung Sex anbieten, zerstören den Ehrgeiz und den Trieb des Mannes. Männer sind dazu geboren, Herausforderungen zu meistern. Nimmt man ihnen die Herausforderung, flaut ihr Interesse ab. Das ist, kurz gesagt, die Prämisse dieses Buches …
>
> Wir verstehen, warum moderne, karriereorientierte Frauen unsere Vorschläge mitunter verspotten. Viele von ihnen haben Universitätsabschlüsse und sind dazu ausgebildet, aus eigener Initiative Dinge in Bewegung zu bringen und Verantwortung für ihre berufliche Laufbahn zu übernehmen. Aber eine Beziehung zu einem Mann ist etwas anderes als ein Job. In einer Beziehung muss der Mann die Verantwortung übernehmen. Er muss den Antrag machen. Das denken wir uns nicht aus. Biologisch gesehen ist der Mann der Aggressor.[8]

Als ich dieses Buch las, fühlte ich mich zunächst beschämt. Ich fand »Regeln«, von deren Existenz ich rein gar nichts gewusst hatte. *Beenden Sie Telefonate immer als erste. Erwidern Sie seine Anrufe selten.* Ich überlegte, wie oft ich das Gegenteil getan und exakt das geerntet hatte, wovor die Autoren warnen. Obwohl ich dieses Buch nicht empfehlen kann, weil die Autorinnen und ihre Motivation nicht christlich sind, fand ich dessen konkreten Regeln und Beispiele sehr hilfreich, um mein altes, tief verwurzeltes Verhalten und Denken zu hinterfragen. Bei der Lektüre erinnerte ich mich an eine Freundin an der Highschool, die ständig umworben wurde und diese »Regeln« instinktiv zu kennen schien. Regel Nummer 7 hatte sie beispielsweise großartig drauf: »Nehmen Sie eine Samstagabend-Einladung niemals später als am Mittwoch an.« Die Männer lernten, sie frühzeitig einzuladen oder gar nicht. Das Ergebnis: Sie war an Samstagabenden so gut wie nie zu Hause.

Das Entscheidende ist, dass die Autorinnen eine zeitlose Wahrheit wiederbelebt haben: »Männer sind dazu geboren, Herausforderungen zu meistern.« Während ich dieses Buch schrieb, erzählte ich einem Freund, einem bekannten christlichen Autor, dass ich ständig Einladungen von männlichen Freunden ablehnen musste, weil ich Zeit für mich allein zum Schreiben brauchte. Wo haben all diese Typen noch vor ein paar Monaten gesteckt? Er antwortete mit einem ermutigenden Satz: »Zu diesen Typen: Etwas Nichtverfügbarkeit kann das Unerreichbare um so attraktiver machen!« Stimmt! Ein anderer Autor schreibt aus einer christlichen Perspektive über das Buch *The Rules*:

> Die Quintessenz ist: Wenn ein Mann nicht den ersten Schritt auf dich zumacht oder du es nicht schaffst, für längere Zeit seine Aufmerksamkeit auf dich zu ziehen, wird er sich unausweichlich davonmachen und eine Frau suchen, die ihm ins Auge fällt und ihn herausfordert. Kurz gesagt: Du wurdest zum Lückenbüßer, weil er gerade nichts Besseres zu tun hatte …
>
> Wenn du dich also in einem Raum voller Menschen befindest und deine Augen bleiben an einem Mann hängen, den du ganz furchtbar süß findest, dann behältst du das für dich. Wenn

> er sich dir nicht von sich aus nähert, machst du einfach weiter, als wäre nichts. Warum? Wenn er nicht auf dich zukommt, wurde er nicht ausreichend motiviert durch das, was er gesehen hat. »Aber vielleicht hat er mich gar nicht bemerkt?«, denkst du womöglich. Nun, wenn er dich gar nicht bemerkt hat, ist das ein Grund mehr, ihn genau dort zu lassen, wo du ihn gefunden hast. Wenn du ihn auf dich aufmerksam machen musst, fängst du die Sache von vornherein auf dem falschen Fuß an.[9]

Ein Problem mit *The Rules* ist, dass es Frauen in Versuchung bringen kann, manipulativ und auf sich selbst fixiert zu sein. Es überraschte mich daher nicht zu hören, dass eine der Autorinnen die Scheidung eingereicht hat.[10] Als christliche Frauen sind wir berufen: »Ein jeder sehe nicht auf das Seine, sondern ein jeder auch auf das der anderen!« (Philipper 2,4). Ein weiteres Problem mit *The Rules* besteht darin, dass es nicht darauf eingeht, wie wir mit den vielen Männern aus unserem Bekanntenkreis umgehen sollen, zu denen wir niemals eine Beziehung aufbauen oder die wir nie heiraten werden. Dieses Thema werden wir im nächsten Kapitel untersuchen.

Eine Grundregel für christliche Frauen sollten wir sorgfältig beachten: Wir sollten keine Männer heiraten, die keine Christen sind. Das Zeugnis der Bibel ist hierzu vom Anfang bis zum Ende eindeutig. Bei Israel ging es zwar vor allem darum, dass Männer keine Frauen aus anderen Völkern heiraten sollten und um die Konsequenzen einer solchen Verbindung, wie zum Beispiel in König Salomos Fall, der durch seine heidnischen Frauen auf sehr schlimme Abwege kam. Es gibt aber auch eine Passage im Neuen Testament, die sich direkt an Frauen wendet: »Eine Frau ist gebunden, solange ihr Mann lebt; wenn aber der Mann entschlafen ist, so ist sie frei, sich zu verheiraten, an wen sie will, nur im Herrn muss es geschehen« (1. Korinther 7,39). Zur damaligen Zeit stand es einer Frau normalerweise nur aufgrund von Verwitwung frei, sich für einen Ehemann zu entscheiden, denn es war noch üblich, dass die Familien über die erste Ehe miteinander verhandelten. Das Gebot, »im Herrn« zu heiraten, gilt für uns nicht nur als Witwen, sondern gilt immer, wenn wir in freier Entscheidung einen Ehepartner wählen.

Ich denke, dieses Gebot lässt sich auch auf das Verabreden und Flirten (oder englisch »Dating«) mit ungläubigen Männern anwenden. Warum sollten wir Gefühle und Zeit investieren und vermutlich auch das Herz des anderen aufwühlen, wenn eine Ehe nicht in Frage kommt? Das »Dating« ist ein Herantasten an Verbindlichkeit, aber wenn wir von vornherein wissen, dass eine verbindliche Beziehung nicht richtig wäre, sollten wir ihn nicht hinhalten und uns auch selbst keine Steine in den Weg legen. Ich habe hier den Begriff »Dating« gebraucht, weil dieses Wort sehr allgemein ist. Auf den Unterschied zwischen Werben und Dating werde ich in diesem Buch nicht näher eingehen, weil es zu diesem Thema bereits bessere Publikationen gibt. Eines der Bücher dazu findet sich in den Empfehlungen am Ende dieses Kapitels.

Beziehung im Kopf

Eine Freundin von mir sagte einmal, unser Umgang mit Männern sollte sein wie ein Erdnussbutter-Sandwich. Niemand isst gern ein Sandwich, auf dem die ganze Erdnussbutter an einer einzigen Stelle zusammengeklumpt ist. Die Erdnussbutter muss gleichmäßig auf dem ganzen Sandwich verteilt sein. »Also Schatz, lass nicht alles in einer Ecke zusammenklumpen, indem du dich von einem einzigen Typen aus dem Konzept bringen lässt«, riet sie mir. »Verteil dich. Lass ihn sich zu dir hin zusammenklumpen.« Wir haben darüber sehr gelacht, aber in diesem schlichten Rat steckt sehr viel Wahrheit.

Ich glaube, eins der großen Probleme für christliche Singles ist die »Beziehung im Kopf« – ein weiterer großartiger Ausdruck, den eine andere Freundin von mir erfunden hat. Weil in den Gemeinden oft dazu geraten wird, alleinstehende Männer zunächst als Freunde kennenzulernen, passiert es uns Frauen leicht, dieser Art von Austausch mehr Bedeutung zuzuschreiben, als wir sollten. Wir »klumpen« uns bei einem einzigen Mann zusammen. Das geht solange gut, bis er etwas sagt oder tut, das uns klarmacht, dass er an uns als Frau nicht interessiert ist. Dann kommt die Enttäuschung.

Zu unserer Verteidigung muss ich sagen, dass ich oft beobachtet habe, wie Männer mit Frauen durch alle Phasen des näheren

Kennenlernens gingen, ohne ihre Absichten klar auszudrücken. Ich habe miterlebt, wie Männer bestimmte Frauen »ausprobierten« und sich dann zurückzogen, wenn nicht genügend Funken sprühten, um Anreiz für ein echtes Werben zu geben. Ich habe beobachtet, dass Männer lange, manchmal über Jahre, mit Frauen als sehr gute Freunde Zeit verbrachten und sich offensichtlich des Potenzials, das die Freundschaft hatte, nicht bewusst waren, während die Frau konstant damit zu kämpfen hatte, ihre Gefühle und Erwartungen zu kontrollieren. Ich glaube, dass wir klüger darin werden können, Männer in solchen Situationen zu beurteilen. Aber alles fängt mit der »Quelle des Lebens« an, unserem Herz. Weil ich schon viel öfter »zusammengeklumpt« war, als ich eingestehen mag, habe ich gelernt, auf die Symptome dieser Tendenz in meinem Leben achtzugeben. Ich habe eine Liste mit Fragen gemacht, die ich mir stelle, wenn ich das Gefühl habe, eine »Beziehung im Kopf« mit jemandem zu führen:

- Rede ich oft mit anderen über ihn?
- Wenn diese Leute meinen Enthusiasmus nicht teilen oder mich sogar vor falschen Hoffnungen warnen, fühle ich mich dadurch ernüchtert und verüble ich ihnen ihre Einwände?
- Gehe ich zu einer bestimmten Veranstaltung oder in einen Gottesdienst hauptsächlich deswegen, weil er dort sein wird?
- Bin ich im Gottesdienst oder bei Hauskreistreffen durch seine Anwesenheit abgelenkt?
- Sage ich andere Verabredungen ab, wenn er mich zu einer spontanen Unternehmung einlädt?
- Wenn er sich auf einer Veranstaltung nicht mit mir unterhält, gehe ich dann enttäuscht nach Hause?
- Bin ich eifersüchtig auf die Frauen, mit denen er spricht oder für die er sich Zeit nimmt?
- Wenn er eine Einladung von mir nicht annimmt, fühle ich mich dann gleich abgelehnt?
- Wenn er mir seine Aufmerksamkeit widmet, bin ich dann in der Gruppe so sehr auf ihn fixiert, dass ich die Bedürfnisse anderer nicht mehr wahrnehme?

Diese Art »imaginärer Beziehung« mag in Einzelfällen eine harmlose Ablenkung sein, aber nach meiner Erfahrung ist das eher die Ausnahme. Tatsächlich habe ich sogar ernsthafte Konsequenzen solcher Konstellationen erlebt. Dadurch fordern wir Dinge ein und bauen Bindungen auf, die für unser geistliches Wachstum und unser Zeugnis verheerend sind. Da solche Bindungen einseitig sind, reagieren wir normalerweise in sündiger Weise, wenn die Beziehung sich nicht so entwickelt wie gewünscht.

Der Autor und Seelsorger Paul Tripp erklärt die Fallstricke dieser Zusammenhänge folgendermaßen: Aus Sehnsucht wird eine Forderung, die sich selbst als »Bedürfnis« etikettiert und auf Erfüllung besteht. Diese Forderung wiederum führt, wenn sie unerfüllt bleibt, zu einer Enttäuschung mit negativen Konsequenzen. Paul Tripp schreibt:

> Die meisten Objekte unserer Sehnsüchte sind nicht grundsätzlich verkehrt. Das Problem besteht darin, dass diese Sehnsüchte die Tendenz haben zu wachsen und Kontrolle über unser Herz zu erlangen. Sehnsüchte sind ein Teil der menschlichen Existenz, aber es ist wichtig, sie loslassen zu können … Das Problem mit der Sehnsucht ist, dass sie sich bei Sündern schnell in eine Forderung verwandelt (»ich muss es haben«). Eine Forderung bedeutet, die Fäuste um eine Sehnsucht zu schließen. Auch wenn es mir nicht bewusst sein mag, habe ich damit meine Haltung der gesunden Unterordnung gegenüber Gott aufgegeben. Ich habe mich dafür entschieden, das, worauf mein Herz gerichtet ist, haben zu müssen, und nichts darf mir dabei im Weg stehen. Gottes Sehnsucht nach mir [Jakobus 4,5; Hosea 11,8; 2. Mose 34,14 u.a.] tröstet mich nicht mehr, im Gegenteil, sie bedroht mich. Denn Gottes Wille ist ein potenzielles Hindernis auf dem Weg zur Erfüllung meines Anspruchs … Es gibt einen direkten Zusammenhang zwischen Erwartung und Enttäuschung. Viele unser Enttäuschungen in Beziehungen kommen nicht daher, dass andere uns tatsächlich Unrecht getan haben, sondern daher, dass es ihnen nicht gelungen ist, unseren Erwartungen gerecht zu werden.[11]

Als ich diese Passage das erste Mal las, war ich fassungslos. Genau das passierte mir, wenn ich mit jemandem eine »Beziehung im Kopf« hatte. Ein Satz sprang mich ganz besonders an: »Es gibt einen direkten Zusammenhang zwischen Erwartung und Enttäuschung. Viele unser Enttäuschungen in Beziehungen kommen nicht daher, dass andere uns tatsächlich Unrecht getan haben, sondern daher, dass es ihnen nicht gelungen ist, unseren Erwartungen gerecht zu werden.« Solche Erfahrungen sind selbstverursachte Verletzungen am Herzen. Und noch schlimmer: Dieses Verhalten ist eine Saat, die zukünftige Konflikte in unserer Ehe herbringen wird. Kein Ehemann wird all unsere Sehnsüchte erfüllen. Deshalb sollten wir lernen, unser Herz und unseren Sinn in Christus Jesus zu bewahren, indem wir diesen Kreislauf des Götzendienstes *nicht* zulassen.

Wie können wir uns also ändern? Darüber habe ich viel nachgedacht: Das Geheimnis liegt im Wert einer Frau mit edlem Charakter. Die Bibel sagt, sie ist »kostbarer als Juwelen«. Juwelen liegen nicht auf dem Ladentisch herum, wo jeder, der vorbeiläuft, ohne die nötige Wertschätzung mit ihnen hantieren kann. Kostbare Juwelen befinden sich im Tresor und werden nur hervorgeholt, wenn ein potenzieller Käufer sie in Augenschein nehmen möchte, und das auch nur, wenn dieser Käufer zuvor ernsthaftes Interesse signalisiert hat und über die erforderlichen Mittel für einen Kauf verfügt. Modeschmuck hingegen bekommt viel Aufmerksamkeit, weil er billig ist. Aber da er nicht als wertvoll gilt, wird er auch nicht entsprechend behandelt.

Liebe Freundinnen, wir sollten unsere Gefühle und uns selbst nicht auf dem Jahrmarkt feilbieten. Wir können unserem himmlischen Vater vertrauen, dass er die zwanglosen Gelegenheits-Shopper von uns abhalten und nur diejenigen mit ernsthaften Absichten zu uns bringen wird. Aber sei dir bewusst, dass dies mit einer gewissen »Zeit im Tresor« verbunden sein wird. Während du dort im Dunkeln wartest und dich fragst, wann und *ob du* eine Chance bekommen wirst, für einen wertschätzenden Käufer zu funkeln, wirst du erprobt.

Behalte während dieser Zeit drei Dinge im Kopf:

1. Gebet: Bring deine Anliegen vor Gott. Er ist der Einzige, der das Herz eines Menschen ändern kann. Dadurch haben wir den Frieden, der unsere Herzen bewahrt.
2. Werben und Nachlaufen: Gehört nicht zu unseren Aufgaben als Frauen. Stattdessen sollten wir die Freude haben, umworben zu werden.
3. Enttäuschung vorbeugen: Prüfe dich, bevor du auf den rutschigen Abhang von Sehnsucht, Anspruch und Erwartung gerätst, wie Paul Tripp es in seinem Buchzitat oben beschrieben hat. Wenn du feststellst, dass du die Faust um eine eigentlich gute Sehnsucht klammerst und eine Forderung daraus machst, hör auf damit. Öffne die geballte Faust wieder und halte die Sehnsucht im Gebet zum Himmel (siehe Punkt eins).

Damit wir unseren zukünftigen Ehemännern nicht Böses, sondern Gutes tun können, ist es wichtig, unser Herz sehr sorgsam zu bewahren. Es ist eine Frage der Weisheit und – wichtiger noch – eine Frage der Verherrlichung Gottes. Die wahre Motivation, unsere Herzen zu bewahren, sollte *nicht* sein, unserem Ehemann am Hochzeitstag ein einigermaßen unversehrtes Exemplar übergeben zu können, so wichtig das auch ist. Die wirkliche Motivation muss sein, unser friedevolles Herz in der vertrauensvollen Abhängigkeit von Gott zu bewahren, ob wir nun heiraten oder nicht. Es bedeutet, einem geistlichen Imperativ zu folgen: »Mehr als alles, was man sonst bewahrt, behüte dein Herz! Denn aus ihm entspringt die Quelle des Lebens« (Sprüche 4,23).

Zum vertiefenden Studium

- *Frosch trifft Prinzessin – wie gehts weiter, wenns gefunkt hat?* von Joshua Harris ist eine wertvolle Anleitung, um Beziehungen biblisch zu gestalten. Auch wenn du nicht davon überzeugt bist, dass du dich von unserer modernen Beziehungskultur verabschieden solltest, besorge dir dieses Buch unbedingt trotzdem, um Kapitel 10 zu lesen: »Wenn die Vergangenheit an die Tür

klopft.« Dieses Kapitel wird dir helfen, im Licht des Kreuzes einen Blick auf deine Vergangenheit zu werfen, insbesondere auf frühere sexuelle Sünden.
- *Werkzeuge in Gottes Hand – biblische Seelsorge in der Gemeinde* von Paul David Tripp hilft und inspiriert, andere zu beraten, damit sie echte biblische Veränderung erleben. Man muss kein Seelsorger sein, um von diesem Buch zu profitieren. Wir alle beraten gelegentlich andere; deshalb lohnt es sich, dieses Buch zu lesen und die weitergegebene Weisheit anzuwenden.

Persönlicher Nachtrag

Nichts vermittelt uns allen so sehr das Gefühl, versagt zu haben, wie eine Debatte über Weisheit in Beziehungen. Es ist mir nicht leicht gefallen, dieses Kapitel zu schreiben. Ich trauerte dabei über die Zeit, die ich in Torheit und Sünde vergeudet habe. Aus diesem Grund bin ich so froh darüber, dass mein Erretter mich auch von meiner Vergangenheit erlöst und einen Plan für meine Zukunft hat. Jedes Mal, wenn ich meine Faust um eine Sehnsucht geschlossen und sie zu einer Forderung gemacht hatte, empfing ich die Gnade, Buße zu tun und mich zu ändern. Jedes Mal, wenn mir das Herz gebrochen wurde, empfing ich die Gnade, es dem Herrn hinzuhalten und von ihm heilen zu lassen. Ich werde in Beziehungen – freundschaftlichen wie romantischen –, niemals alles richtig machen, weil ich eine Sünderin bin. Allein Jesus »machte es richtig«. Robert Murray McCheyne, Pastor im 19. Jahrhundert und ein alleinstehender Mann, gab einen denkwürdigen Rat: »Die vier Evangelien sind eine Erzählung über das Herz Jesu. Sie zeigen uns sein Erbarmen für die Sünder und sein großartiges Werk an ihrer Stelle. Wenn wir sein Herz so kennen würden, wie es ist, würden wir wie Johannes unseren müden Kopf in seinen Schoß legen. Wir sollten nicht so viel Zeit damit verbringen, unser eigenes Herz zu studieren, sondern viel mehr Zeit dafür verwenden, Christi Herz kennenzulernen. Schaut für jeden Blick auf euch selbst zehnmal auf Christus.«[12]

6

Bekannt in den Toren

Ihr Mann ist bekannt in den Toren,
wenn er Sitzung hält mit den Ältesten des Landes.
Sprüche 31,23

Vor einigen Jahren arbeitete ich ehrenamtlich als Mentorin in einem Zentrum für Schwangerschaftsberatung. Mein Job war es, für Schwangere da zu sein und ihnen durch die gesamte Schwangerschaft hindurch zur Seite zu stehen, meistens auch darüber hinaus. Die Schwangerschaft war zwar der Anlass, aus dem heraus diese Frauen Hilfe suchten, aber typischerweise gab es in ihrem Leben viele weitere Schwierigkeiten, so dass die Schwangerschaft lediglich eine zusätzlichen Sorge an der Spitze eines riesigen Problembergs war. Mit einer Ausnahme hatten sich alle Väter aus dem Staub gemacht und der eine, der geblieben war, saß regelmäßig im Gefängnis.

Es gab mir sehr zu denken, dass sich in allen Fällen der Charakter dieser Männer schon sehr früh offenbart hatte. Aber die Frauen waren offensichtlich nicht in der Lage, die riesige Kluft zu erkennen, die zwischen den Versprechungen der Männer und ihren darauffolgendem Verhalten lag. Ich erinnere mich an einen Mann, der ausfindig gemacht und per Beschluss dazu gezwungen worden war, Alimente zu zahlen. Leider wurden seine Zahlungen nicht direkt vom Einkommen einbehalten. Deshalb erzählte er der Mutter jeden Monat eine wohldurchdachte Geschichte, mit der er erklärte, warum die Zahlung später käme. Gleichzeitig versicherte er ihr, dass er das Geld mitbringen werde, wenn er das nächste Mal komme, um sein Kind zu besuchen. Jeden Monat wurden ihre Hoffnungen aufs Neue geweckt und in keinem einzigen Monat schaffte er es, sie zu erfüllen. Kein Besuch. Kein Geld. Es hatte fast den Anschein, dass ihr schon seine Worte genügten, auch wenn er niemals Taten folgen ließ.

Falls der Eindruck entstehen sollte, dass ich aus einer selbstgerechten Distanz auf diese Frau blicke – das tue ich nicht. Aber für mich war es einfacher zu erkennen, was da vor sich ging, weil meine Gefühle nicht beteiligt waren. Aber ich habe oft dasselbe mangelnde Urteilsvermögen in Bezug auf Männer bei mir selbst beobachtet. Ich denke, wir alle sind anfällig dafür. Andernfalls würden wir in Sprüche 20,6 nicht folgende Beobachtung finden: »Die meisten Menschen rufen ihre eigene Frömmigkeit aus; aber einen zuverlässigen Mann, wer findet ihn?« Einer der großen Vorteile, wenn wir unser Herz behüten und auf Gott und die Initiative eines Mannes warten, besteht darin, dass wir nicht in sinnlose Beziehungen hineinlaufen. Wir gewinnen Zeit zu beobachten, was ein Mann *tut*, anstatt nur auf seine schmeichelhaften Versprechen zu hören.

Der Vers, den wir im vorherigen Kapitel studiert haben, sagt nicht: »Sie tut *ihnen* Gutes«, sondern: »Sie tut *ihm* Gutes«. Ich glaube nicht, dass Gott möchte, dass wir Beziehung nach Beziehung durchmachen, um serienmäßige Zurückweisung zu trainieren. Ehrlich gesagt, glaube ich, dass ich manche Beziehungen als Ungläubige nur hatte, weil mir die Weisheit fehlte, das Herz und den Charakter eines Mannes zu beurteilen. Wenn ich nüchtern nach Hinweisen auf einen treuen Mann Ausschau gehalten hätte, wäre ich mit einigen dieser Männer niemals zusammen gewesen.

Der erprobte Mann

Die Frau aus Sprüche 31 ist die Gattin eines frommen Mannes, dessen Charakter vorbildlich für die ganze Gemeinschaft ist. Sprüche 31,23 sagt: »Ihr Mann ist bekannt in den Toren, wenn er Sitzung hält mit den Ältesten des Landes.«

Wir kommen jetzt zu Punkt zwei aus der Liste im vorherigen Kapitel (siehe Seite 86). Die zweite Perspektive, aus der wir Herzensangelegenheiten betrachten sollten, um weise zu werden und das Vertrauen unseres zukünftigen Ehemannes zu gewinnen, ist das Herz des Ehemannes. Wir untersuchen diesen Vers, weil der Ausdruck, jemand »hält in den Toren Sitzung« prägnant beschreibt, dass es sich um einen einflussreichen Mann handelte. Er war eine Führungsperson und verdiente Respekt. Dieser Ausdruck geht auf die Struktur der alten Städte Israels zurück:

> Stadttore spielten im Altertum eine bedeutsame Rolle. Da die Öffnungen in den Stadtmauern eine Schwachstelle waren, wurden die Tore verstärkt, damit die Stadt nicht leicht eingenommen werden konnte. Innerhalb der Stadtmauern war üblicherweise ein Torhaus. Auch der Abwasserkanal, der sich unterhalb der Hauptstraße befand, konnte unter dem Stadttor abfließen.
>
> In Friedenszeiten wurden die Stadttore zum zentralen Ort unterschiedlicher sozialer und geschäftlicher Aktivitäten. Die Kammern funktionierten wie ein Rathaus, in dem rechtliche Dinge und geschäftliche Transaktionen beschlossen und umgesetzt wurden. Der Raum über den Kammern diente als Wache. Die Türme boten Schutz und waren gleichzeitig Aussichtspunkte (2. Samuel 18,24). Der Bereich rund um den Turm war ein Marktplatz.
>
> Das Stadttor war ein Versammlungsort für Propheten, Könige, Richter und andere Amtspersonen. Diese Führungskräfte »saßen in den Toren«. Beispielsweise saßen Joschafat, König von Juda, und Ahab, König Israels, auf ihren Thronen am Toreingang der Stadt Samaria (1. Könige 22,10).[1]

Heute haben Pastoren (d. h. Hirten) und Älteste von Gott die Gabe bekommen, die Gemeinden zu leiten. Da die Bibel charakterliche Anforderungen an Pastoren und Älteste stellt – Anforderungen, die für jeden Gläubigen gültig sind –, kann man diese auch als zuverlässigen Maßstab ansehen, um Männer zu beurteilen:

> Das Wort ist gewiss: Wenn jemand nach einem Aufseherdienst trachtet, so begehrt er ein schönes Werk. Der Aufseher nun muss untadelig sein, Mann einer Frau, nüchtern, beson-

> nen, anständig, gastfrei, lehrfähig, kein Trinker, kein Schläger, sondern milde, nicht streitsüchtig, nicht geldliebend, der dem eigenen Haus gut vorsteht und die Kinder mit aller Ehrbarkeit in Unterordnung hält – wenn aber jemand dem eigenen Haus nicht vorzustehen weiß, wie wird er für die Gemeinde Gottes sorgen? –, nicht ein Neubekehrter, damit er nicht, aufgebläht, dem Gericht des Teufels verfalle. Er muss aber auch ein gutes Zeugnis haben von denen, die draußen sind, damit er nicht in übles Gerede und in den Fallstrick des Teufels gerät. Ebenso die Diener; ehrbar, nicht doppelzüngig, nicht vielem Wein ergeben, nicht schändlichem Gewinn nachgehend, die das Geheimnis des Glaubens in reinem Gewissen bewahren. Auch sie aber sollen zuerst erprobt werden, dann sollen sie dienen, wenn sie untadelig sind. (1. Timotheus 3,1-10)

Sind die Männer, mit denen du zu tun hast, bemüht, auf diese Charaktereigenschaften hin zu wachsen? Sind sie zielgerichtet, wachsam und besonnen? Legen sie Wert auf Selbstbeherrschung und Nüchternheit? Sind sie anständig? Gastfreundlich? (Gemeint ist nicht, dass sie Dinnerpartys mit zehn Gängen schmeißen, sondern, dass sie Leuten das Gefühl geben, willkommen zu sein.) Sind sie aufmerksam für die Bedürfnisse ihrer Mitmenschen? Und so weiter bis zum letzten Punkt: *Sind sie erprobt?* Erproben bedeutet nicht, dass Männer sich makellos in Bezug auf jede einzelne Charaktereigenschaft aus dieser Liste verhalten, sondern, dass sie eine Prüfung zulassen und von ihren Mitmenschen die Bestätigung für ihr geistliches Wachstum bekommen.

Ladys, an diesem Punkt können wir Hilfe in unserer Gemeinde finden. Zu beobachten, mit welcher Hingabe ein Mann der Braut Christi dient, wird uns helfen zu beurteilen, wie er mit einer irdischen Braut umgehen wird. Wir können den Charakter eines Mannes sehr genau einschätzen, wenn wir mit ihm zusammen in der Gemeinde dienen, *bevor* wir Gefühle in eine Beziehung mit ihm investieren. Denn tatsächlich wollen wir ja einen Mann heiraten, der *eine* Person mehr liebt als uns: Jesus. Wenn sie Jesus lieben, lieben sie auch seine Braut. Bekommt die Braut Christi beständig die

Aufmerksamkeit und die Zeit dieses Mannes? Bekommt die Braut Christi von ihm finanzielle Unterstützung? Profitiert die Braut Christi von einer beständigen Beziehung zu ihm oder taucht dieser Mann nur sporadisch in der Gemeinde auf? Opfert er seine Freizeit, um an ihren Versammlungen teilzunehmen? Zeigt er seine Liebe zum Leib Christi, indem er vielen unterschiedlichen Gläubigen dient? Oder kommt er nur in die Gemeinde, um dort die besonders attraktiven, auserlesenen Schwestern zu treffen? Ist er der Braut Christi treu oder springt er von Gemeinde zu Gemeinde und von Gottesdienst zu Gottesdienst? (Und kann man dasselbe auch von uns sagen?)

Wir sollten zudem darauf achten, wie ein Mann mit seiner Familie umgeht, auch wenn er nicht mehr im Elternhaus wohnt. Ehrt er seine Eltern? Wie spricht er über sie? Bemüht er sich, ihnen zu dienen und sie zu besuchen? Douglas Wilson schreibt, dass sich daran, wie ein Mann seine Mutter behandelt, in vielen Fällen voraussagen lasse, wie er seine Frau behandeln wird:

> Wenn eine junge Frau von einem Mann beeindruckt ist, sollte sie etwas darüber wissen, wir er zu Hause mit seiner Mutter spricht, und nicht, wie nett er über einen Restauranttisch hinweg zu einem süßen Mädchen sein kann. Wenn sie wissen möchte, wie er in zehn oder fünfzehn Jahren mit ihr als Ehefrau sprechen wird … dann sollte sie sich sehr genau ansehen, wie er mit seiner Mutter spricht.[2]

Diese Warnung ist nicht neu. In einem Kommentar über die Verbindung zwischen Isaak und Rebekka in 1. Mose 24 macht Matthew Henry die gleiche Beobachtung aus einer Perspektive des 17. Jahrhunderts: »Beachte, was für ein liebevoller Sohn Isaak war: Es war etwa drei Jahre her, dass seine Mutter gestorben war und er hatte es noch nicht überwunden [1Mo 24,67]. Beachte auch, was für ein liebevoller Ehemann er seiner Frau wurde. Pflichtbewusste Söhne versprechen, liebevolle Ehemänner zu werden. *Wer seine erste Aufgabe im Leben ehrenhaft erfüllt hat, wird dies mit hoher Wahrscheinlichkeit auch bei späteren Aufgaben tun.*«[3]

Der edle Mann

Als ich einmal wegen eines Mannes betete, der mir gefiel, erinnerte der Herr mich an Jesaja 32,8: »Aber der Edle beschließt Edles, und auf Edlem besteht er.« Ich hatte keine Ahnung, wie ich diese Schriftstelle mit meinen Gebeten in Verbindung bringen sollte, also wartete ich ab und beobachtete. Mit der Zeit fiel mir auf, dass dieser Mann mit unserer Freundschaft nichts weiter im Sinn hatte: Von ihm wurde nichts Edles beschlossen und er tat seine Taten nicht bewusst, sondern unbedacht. Da war nichts »Edles«, worauf er »bestand«. Als ich später diese Bibelstelle studierte, fielen mir mehrere Möglichkeiten auf, einzuschätzen, ob ein Mann vom Herrn als edler Mann angesehen wird. Der Vers gehört zu einer Passage über das Königreich der Gerechtigkeit:

> Siehe, ein König wird in Gerechtigkeit regieren;
> und die Obersten, sie werden nach Recht herrschen.
> Und jeder wird sein wie ein Bergungsort vor dem Wind
> und ein Schutz vor dem Wolkenbruch,
> wie Wasserbäche in dürrer Gegend,
> wie der Schatten eines gewaltigen Felsens im lechzenden Land.
> Da werden die Augen der Sehenden nicht mehr verklebt sein,
> und die Ohren der Hörenden werden aufmerksam sein.
> Und das Herz der Unbesonnenen wird auf Erkenntnis achtgeben,
> und die Zunge der Stammelnden wird fließend Deutliches reden.
> Der Törichte wird nicht mehr edel genannt
> und der Schurke nicht mehr vornehm geheißen werden.
> Denn ein törichter Mensch redet Törichtes.
> Und sein Herz bereitet Unheil,
> Ruchloses zu tun und Irreführendes gegen den HERRN zu reden,
> um die Seele des Hungrigen leer zu lassen
> und dem Durstigen den Trank zu verweigern.
> Und die Werkzeuge des Schurken sind böse:
> er beschließt böse Anschläge,
> um die Elenden durch Lügenreden zugrunde zu richten,
> selbst wenn der Arme redet, was Recht ist.

Aber der Edle beschließt Edles,
und auf Edlem besteht er. Jesaja 32,1-8

Natürlich ist mir bewusst, dass dies eine prophetische Passage über den Messias ist und nicht von einem potentiellen Ehemann handelt. Aber weil wir hier in der Bibel die Eigenschaften eines edlen Mannes im Gegensatz zu denen eines Schurken finden, ist diese Passage auch für Frauen hilfreich, um zu studieren, was Gott fromm und gerecht nennt.

Der edle Mann	*Der Schurke*
Ist ein Bergungsort vor dem Wind	Redet dummes Zeug
Ist ein Schutz vor dem Wolkenbruch	Sein Herz bereitet Unheil
Ist wie Wasserbäche in der Wüste	Tut Gottloses
Ist wie der Schatten eines gewaltigen Felsens in der Sonnenglut	Redet Irreführendes über den Herrn
Beschließt edle Pläne	Beschließt böse Anschläge
Besteht auf Edlem	Tut nichts für die Hungrigen und Durstigen

Ein edler Mann ist ein Bergungsort vor den rauen Dingen im Leben – ein Mann, der Schutz und Geborgenheit bietet. Er lässt nicht zu, dass du Lächerlichkeit oder Schmerz preisgegeben wirst. Er ist Erfrischung in einer dürren Gegend, er schenkt Ermutigung. Er fließt über von Strömen lebendigen Wassers, weil er ein Mann des Wortes Gottes ist. Er spendet Schatten bei sengender Hitze und reflektiert die Stärke des Felsens, Christus. Wenn ein Mann edle Pläne in Bezug auf dich fasst, möchte er dir Schutz bieten. Er wird anbieten, dir zu dienen, dir zu helfen, deine Lasten zu tragen und deine ausgetrocknete Seele mit dem Wort Gottes zu erfrischen. Seine Taten werden nicht gewöhnlich sein, sondern edel. Er wird dir seine Wertschätzung zeigen und deine Grenzen und Maßstäbe respektieren. Er wird dich nicht behandeln wie ein gewöhnliches Objekt und er wird sich bemühen, sich um dich zu sorgen und auf deine Bedürfnisse zu achten.

Vor allen Dingen ist ein edler Mann auch ein hingegebener Mann. Er dient seinem König mit ungeteiltem Herzen und ist in allen Bereichen zuverlässig. Meiner Meinung nach sollte dies einer der ersten Charakterzüge sein, auf die wir bei Männern, die um uns werben, achten. Die Männer in den glücklichsten Ehen, die ich kenne, haben andere Männer um sich, die auf sie achten, sie korrigieren und sich erkundigen, wie sie damit zurechtkommen, ihrer Frau und ihren Kindern zu dienen. Ohne eine solche verlässliche und kompetente Gemeinschaft hat ein Paar niemanden außerhalb der Beziehung, den es bei ungelösten Konflikten um Hilfe bitten könnte. Ein Pastor schreibt:

> Frauen sollten darauf achten, wie viel Respekt ein Mann vor Autoritäten hat. In unserer heutigen Gesellschaft unterscheidet sich ein gläubiger Mann von einem weltlichen vor allem dadurch, dass er die stolze Unabhängigkeit abgelegt hat und sich um demütige Unterordnung bemüht. Ein Mann, der seinen Glauben unabhängig lebt und nicht den Rat eines Pastors oder anderer reifer Männer sucht, wird der Bibel zufolge als Führungsperson – und somit als Ehemann – scheitern. Ein trauriges Beispiel für einen arroganten Mann, der seine tugendhafte Frau nicht verdient hatte, ist die Geschichte von Abigail und Nabal im 1. Samuel 25.[4]

Der Mann mit ernsten Absichten

Wenn du Glück hast, kennst du ein paar erprobte, edle Männer. Bleibt die Frage, ob jemand von ihnen ernstes Interesse an dir hat. Das »Problem« mit geistlichen Männern ist, dass sie so auffallend anders sind als die meisten Männer: zuvorkommend, freundlich und aufmerksam, so dass es in unserer Kultur schwerfällt, dieses Verhalten *nicht* persönlich zu nehmen. Ich beobachte das immer wieder in meiner Gemeinde, wenn neue Frauen dazukommen. Unvermeidlich wird einer der Männer anbieten, diese Frau nach einer Abendveranstaltung zu ihrem Auto zu begleiten (weil es dunkel und in der Großstadt gefährlich ist). Die Frauen zeigen normalerweise eine von zwei Reaktionen: Entweder lehnen sie das Angebot ab, weil sie glauben, der Mann sei an ihnen interessiert, oder sie strahlen wie eine Leuchtreklame, weil sie glauben, der Mann sei an ihnen interessiert. Sie wissen nicht, dass es eine dritte Möglichkeit gibt: Er ist nicht an ihnen interessiert, sondern bietet zuvorkommendes, aufmerksames Verhalten an. Weil Frauen heute eine solche Kultur nicht kennen, führt das leicht zu Verwirrung.

Der entscheidende Punkt ist: Ein ernsthaft interessierter Mann gibt seine Absichten zu erkennen. Er wird dir sagen, was er tut und wohin er will. Er ist sich im Klaren darüber, in welche Richtung die Beziehung sich entwickeln soll. Wenn er sich darüber im Unklaren ist, wenn er nichts sagt, wenn er einfach nur die Freundschaft genießt, aber keine weiterführenden Schritte unternimmt, dann hat er keine ernsten Absichten. Punkt. Du siehst kein edles Verhalten, weil er keine edlen Pläne hat. Ihr könnt die großartigste Freundschaft der Welt haben, aber er genießt das nur unverbindlich. Ein Bekannter von mir, ebenfalls Christ, nannte solch halbherzige Kostproben die »Kumpelmethode«. Er selbst hatte das mehrere Jahre lang mit der Frau, die er dann schließlich heiratete, praktiziert:

> Ich hatte etwas erfunden, das ich für eine geniale Art hielt, an Frauen heranzukommen: Die »Kumpelmethode« … Durch sie schien es mir möglich, auf sichere Weise ein Risiko einzugehen. Ausprobieren, ob eine Beziehung wachsen kann, ohne den Druck, der entsteht, wenn man sich von vornherein als Paar sieht. Ohne Begriffe wie »mein Freund« oder »meine Freundin«. Wenn die Freundschaft enttäuschend verliefe, könnte ich jederzeit sagen: »Oh, vielleicht hast du mich missverstanden. Wir sind doch nur Freunde …« Um alles noch schlimmer zu ma-

chen, war meine Erwartung an Frauen geprägt von Filmen und Zeitschriftencovern, die mich von absoluter Perfektion fantasieren und die reale Frau direkt vor mir übersehen ließen.

Mir wurde bewusst, dass ich aufhören musste, ständig aus dem Augenwinkel nach anderen Optionen zu schielen, wenn die tiefe Freundschaft mit Candice ehrlich und aufrichtig sein sollte. Sie verdiente meine ganze Aufmerksamkeit. Eheversprechen enthalten oft den Satz: »… alle anderen aufgeben, solange ihr beide lebt.« Ich musste mich in der Kunst des »Aufgebens« üben.[5]

Ich weiß, wie groß die Versuchung ist, mit unverbindlichen Freundschaften Zeit zu verbringen, obwohl man durch sie bestenfalls eine Art schwammigen Teilzeitfreund bekommt. Wenigstens ein kleines bisschen Aufmerksamkeit ist besser als gar keine, mögen einige denken, aber davon bin ich nicht mehr überzeugt. Zum einen empfinde ich es als herausfordernd, in solch »hoffungsvollen Freundschaften« mein Herz zu hüten und meinen Frieden vor Gott zu bewahren, denn ich bin immer in Gefahr, meine Faust des Forderns um die Freundschaft zu schließen.

Zum anderen werden Männer meiner Meinung nach dadurch zur Passivität verleitet. Eine solche Freundschaft gibt ihnen ein Schlupfloch: »Oh, vielleicht hast du mich missverstanden, wir sind doch nur Freunde.« Wenn wir Frauen besser darin werden, weniger Zeit und Aufmerksamkeit in solche »guten Freundschaften« zu stecken, könnte es sein, dass unsere Zurückhaltung damit belohnt wird, das wir umworben werden, anstatt Passivität zu ernten. Schließlich möchten wir die Beziehung nicht manipulieren und dann in einer Situation leben, die die Bibel als so schlimm bezeichnet, dass die Erde darunter bebt und es nicht ertragen kann: »… unter einer Verschmähten, wenn sie geheiratet wird« (Sprüche 30,23). Mir gefällt dieser direkte Rat:

> Ich weiß, dass die Versuchung groß ist, einem Mann einen Vorgeschmack auf das Leben mit dir zu geben. Aber das ist gar keine gute Idee. Kennst du das Sprichwort: »Warum eine Kuh kaufen,

> wenn man die Milch umsonst kriegt?« Das dachte ich mir. Verhalte dich nicht wie seine Frau, solange du nur seine Freundin bist. Und verhalte dich nicht wie seine Freundin, wenn ihr nur unverbindlich befreundet seid. Es ist niemals klug, der Planung eines Mannes – oder Gottes – vorauszueilen. Vorauseilen macht dich nur angreifbar für den Schmerz der Zurückweisung … Sei andererseits nicht seine Mutter oder seine Krankenschwester, wenn du seine Frau sein möchtest. Sei nett, sei freundlich, sei hilfsbereit, aber lass ihm immer genug Raum, dir entgegenzukommen. Männer sind von Natur aus unabhängige Wesen. Erinnerst du dich, wem zuerst auffiel, dass Adam allein war? Es war nicht Adam, sondern Gott … Du darfst ihm das Leben nicht so angenehm machen, dass er gar nicht auf den Gedanken kommt, sich für eine Ehe zu entscheiden, um alle Vorzüge des Lebens mit dir genießen zu können.[6]

Wann ist ein Mann interessiert? *Wenn er es sagt und seine Worte durch Taten bestätigt.* Alles darunter ist bestenfalls nur Freundlichkeit und vielleicht sogar leichtfertig oder rücksichtslos. Wenn er ein edler Mann ist, der edle Pläne gemacht hat, wird es eine seiner edlen Taten sein, es dir mitzuteilen.

All die Männer, die du nicht heiratest

Mir wurde einmal von einem Mann gesagt, ich solle Männer, die mich nicht wie eine Königin behandeln, auf die Straße kicken. Der Vorschlag mag gut gemeint gewesen sein, aber nicht jeder Mann wird mich wie eine Königin behandeln. Die meisten werden mit mir umgehen wie mit einer Schwester oder einem Freund. Entweder muss ich also sehr viele Männer auf die Straße kicken oder einen guten Plan dafür haben, wie ich mit all den Männern umgehe, die ich *nicht* heirate. Das ist die dritte Perspektive aus unserer Liste, wie wir Herzensangelegenheiten betrachten sollten.

Ironischerweise war es ein Mann, der mir zeigte, wie das gehen kann. Vor Jahren äußerte ich mich in einem Telefonat mit meinem Freund und Hauskreisleiter Donald kritisch über einen anderen

Mann. Ich beschrieb das rätselhafte Verhalten dieses Mannes, das mir schier »unheimlich« vorkam. Ich rechnete voll und ganz damit, dass Donald mir zustimmen und sogar mit mir lachen würde. Aber nach meiner langatmigen Erzählung folgte in der Telefonleitung erstmal eine lange Pause. Ich wartete, während mein Lächeln allmählich verschwand.

»Ich frage mich«, sagte er schließlich freundlich, »wie du ›unheimlich‹ mit biblischen Begriffen beschreiben würdest.«

»Ähmm«, antwortete ich zaghaft, »ich würde sagen, damit meine ich, dass ich irritiert von seinem Verhalten bin. Ich verstehe sein Verhalten und seine Motive nicht.«

»Aha«, sagte er und wartete darauf, dass ich eins und eins zusammenzählte.

»Ich bin nicht die einzige, der es mit ihm so geht«, fügte ich hinzu. »Viele andere Frauen empfinden diesen Druck von ihm auch.«

Hallo?! Jetzt hast du der selbstgerechten Kritik auch noch Klatsch hinzugefügt.

»Aha«, antwortete er.

Hätte ich doch bloß nichts gesagt …

Doch ich redete mich bei diesem Telefonat um Kopf und Kragen. Wie immer, wenn man ungerecht über jemanden urteilt, verurteilte auch ich mich am Ende selbst. Nachdem Donald mir so geduldig meine selbstgerechte Haltung klargemacht und ich darüber Buße getan hatte, stellte er mir eine weitere denkwürdige Frage:

»Eins noch. Ich höre gar nicht, dass du dir Gedanken um diesen Bruder machst und überlegst, wie er in das Ebenbild Christi verwandelt werden kann«, sagte er ruhig. »Hast du darüber nachgedacht? Wenn er dich und diese anderen Frauen irritiert, warum hat ihn niemand freundlich darauf aufmerksam gemacht, damit er wachsen und sich ändern kann?«

Donald war immer gut darin gewesen, mir solche schwierigen Fragen zu stellen. Nicht nur hatte er mir geholfen, meine unbiblische Kritiksucht zu überwinden, er machte mir auch bewusst, wie weltlich ich über alleinstehende Männer dachte. Seine Frage offenbarte letztendlich, dass ich Singlemänner in drei Kategorien einteilte: potenzielle Kandidaten, Freunde und Typen der Klasse

»geht gar nicht«. Aus der Kategoriezugehörigkeit resultierte eine jeweils unterschiedliche Behandlung. Aber diese drei Kategorien sind zu viele. Für gläubige, alleinstehende Männer gibt es nämlich nur eine: Brüder. Konsequenterweise verdienen alle Brüder die gleiche Behandlung. Und vielleicht wird eines Tages einer der Brüder eine nähere Beziehung anstreben, um zu prüfen, ob der Herr ihn in Richtung der Rolle als Ehemann bewegt. Aber bevor nicht die Worte »Ja, ich will« bei der Trauung erklungen sind, ist er immer noch einfach mein Bruder und möglicherweise der Ehemann einer anderen.

Meine Aufgabe als ihre Schwester im Herrn ist es, diese Brüder zu ermutigen und zu unterstützen – und nicht sie zu kategorisieren und dementsprechend abzufertigen. Jakobus 2,2-4 zeigt, wie wir zu Vorurteilen und Kategoriendenken neigen:

> Denn wenn in eure Synagoge ein Mann kommt mit goldenem Ring, in prächtigem Gewand, es kommt aber auch ein Armer in unsauberem Gewand herein, ihr seht aber auf den, der das prächtige Gewand trägt, und sprecht: Setze du dich bequem hierher!, und sprecht zu dem Armen: Stehe du dort, oder setze dich unten an meinen Fußschemel! – habt ihr nicht unter euch selbst einen Unterschied gemacht und seid Richter mit bösen Gedanken geworden?

Auf meine Situation umformuliert, lässt sich das so ausdrücken: »Denn wenn in eure Versammlung ein gut aussehender Mann ohne Ehering kommt, es kommt aber auch ein unattraktiver, einfacher Mann in unmoderner Kleidung herein, ihr seht aber auf den gutaussehenden Mann und sagt: ›Setze du dich bequem hierher, gleich neben mich!‹ und ihr verachtet den weniger attraktiven Mann und rümpft die Nase, habt ihr dann nicht unter euch selbst einen Unterschied gemacht und seid stolze Frauen mit selbstsüchtigen Ambitionen geworden?«

In unserer Kultur werden wir positiv hervorstechen, wenn wir zu allen freundlich sind, nicht nur zu potenziellen Kandidaten. Darüber hinaus werden wir auch wirklich geistlichen Männern positiv auffallen, wenn sie diese unvoreingenommene Freundlichkeit an uns beobachten. Denn damit tun wir es unserem Erlöser gleich. J.C. Ryle schrieb im Jahr 1873:

> »Jesus aber liebte die Marta und ihre Schwester und den Lazarus« (Johannes 11,5). Dieser Vers lehrt uns, dass Christus alle liebt, die wahre Christen sind. Die Charaktere dieser drei Menschen scheinen sehr unterschiedlich gewesen zu sein. Von Martha wird uns an anderer Stelle berichtet, dass sie »besorgt und beunruhigt um viele Dinge« war, während Maria sich »zu den Füßen Jesu niedersetzte und seinem Wort zuhörte« (Lukas 10,39-41). Von Lazarus wird uns nichts Genaues berichtet. Dennoch werden alle drei von Jesus geliebt. Sie gehörten zu seiner Familie und er liebte sie alle.
>
> Dies müssen wir bei unserer Einschätzung von Christen bedenken. Wir dürfen nie vergessen, dass es charakterliche Unterschiede gibt und dass die Gnade Gottes nicht alle in ein und dieselbe Form zwängt. In gewisser Weise sind die »Fundamente« eines christlichen Charakters immer dieselben. Alle Kinder Gottes tun Buße, glauben, leben heilig, beten und lieben die Bibel. Dennoch müssen wir es zulassen, dass es eine große Bandbreite hinsichtlich der Gemüter und Denkmuster gibt. Wir dürfen andere nicht geringer schätzen, nur weil sie anders sind als wir.[7]

Meiner Meinung nach ist es nicht einfach, so wohlwollend zu sein. Um in unserer schwesterlichen Liebe zu wachsen, müssen wir genau beobachten, wie wir mit unseren Brüdern umgehen. Ich bin nicht mit leiblichen Brüdern aufgewachsen, deshalb hatte ich immer geglaubt, es in diesem Bereich schwerer zu haben. Aber ich muss mich nicht auf meine Erfahrung verlassen, um mich hierin weiterzuentwickeln, denn es gibt eine sehr prägnante und hilfreiche Schriftstelle dazu, Matthäus 12,46-50:

> Als er aber noch zu den Volksmengen redete, siehe, da standen seine Mutter und seine Brüder draußen und suchten ihn

zu sprechen. Und es sprach einer zu ihm: Siehe, deine Mutter und deine Brüder stehen draußen und suchen dich zu sprechen. Er aber antwortete und sprach zu dem, der es ihm sagte: Wer ist meine Mutter, und wer sind meine Brüder? Und er streckte seine Hand aus über seine Jünger und sprach: Siehe da, meine Mutter und meine Brüder! Denn wer den Willen meines Vaters tut, der in den Himmeln ist, der ist mein Bruder und meine Schwester und meine Mutter.

Als Erstes fällt mir an dieser Aussage die Demut Jesu auf. Er bezeichnet eine große Gruppe sündiger Menschen als seine Familie. Wir sind in seine Familie adoptiert, weil wir durch Jesu Werk vom Kreuz als Sünder mit Gott versöhnt wurden. Deshalb sind wir durch Gottes Gnade befähigt, den Willen unseres Vaters im Himmel zu tun. Das Zweite, was ich dieser Textstelle entnehme, ist die Art von Beziehung, in der ich zu meinen Brüdern stehe. Ich kann sie darin unterstützen, sich immer wieder auf den Willen unseres Vaters auszurichten, und ihnen so helfen, Frucht zu bringen, die Gott verherrlicht. Nach meiner Beobachtung kann ich diese Aussage Jesu in dreierlei verschiedener Weise anwenden:

- Nimm sie wahr. Um bewusst als Schwester handeln zu können, muss ich die Männer, die Gott in mein Leben gebracht hat, zur Kenntnis nehmen – von Kollegen über Bibelkreismitglieder bis hin zu Freunden aus der Gemeinde. Es macht Spaß, Männer zu beobachten, an denen wir interessiert sind, aber es kostet Anstrengung, von all den anderen Männern ebenfalls gründlich Notiz zu nehmen. Wenn wir es schaffen, alle unsere Brüder wahrzunehmen, fallen die nächsten beiden Schritte leicht.
- Ermutige sie. Es ist nicht immer einfach, den Willen des Vaters zu tun, insbesondere in unserer heutigen Kultur. Aber wie erfrischend ist es für die Seele, ab und zu die Worte »gut gemacht« zu hören! Es gibt einen feinen Unterschied zwischen Ermutigung und Schmeichelei. Wenn du treu darin bist, die Brüder zu ermutigen, besonders beim Zuhören, wirst du niemanden bezüglich deiner Absichten verwirren. Für mich er-

fordert die Umsetzung dieser beiden Schritte, dass ich mich in der Gruppe entspannt zurücklehne, anstatt zu reden, um erkennen zu können, was Gott gerade im Leben der Männer um mich herum tut. Oft entdecke ich vieles, das ich später positiv kommentieren kann. Wenn zum Beispiel ein eher reservierter Mann beim Bibelstudium einen guten Beitrag einbringt oder wenn ein sehr beschäftigter Mann jemandem anbietet, beim Umzug zu helfen. Ermutigung verhindert, dass Menschen müde werden, Gutes zu tun. Lasst uns treu darin sein, nach Reflektionen der Gnade Gottes im Leben von Männern *Ausschau zu halten* und sie darauf anzusprechen, wenn wir beobachten, dass sie den Willen des Vaters tun.

- Unterstütze sie in der Heiligung. Heiligung ist keine Verwandlung in das Idealbild unserer eigenen Vorstellung, sondern in das Ebenbild Christi. Das ist es, wozu Donald mich ermutigt hatte. Diese Umgestaltung ist weniger ein aktiver Prozess als vielmehr ein »aktives Anliegen«. Wenn jemand den Willen des Vaters nicht tut, sollte unsere Motivation eine Sorge und ein Anliegen sein, das wir demütig im Gebet vorbringen und unsere Brüder darauf ansprechen (anstatt sie zu verurteilen). Dieses Thema werden wir in Kapitel 11, »Weise Worte«, weiter vertiefen.

Für Singles ist die Versuchung groß, einfach Leute zu meiden, die uns irritieren oder deren Sünden und Schwächen offenbar immer genau dann zum Vorschein kommen, wenn wir in ihrer Nähe sind. Aber es darf uns nicht gleichgültig sein, ob unsere Brüder (und Schwestern) im Herrn wachsen und reifen. Wenn es etwas gibt, das wir nicht verstehen oder das uns ärgert, sollten wir freundlich nachfragen und dabei als Motivation einsehen, dass wir nicht alles erkennen und verstehen können, was mit ihrem Verhalten zu tun haben mag. Wir sollten auch darauf vertrauen, dass es der Heilige Geist ist, der den Willen zur Veränderung bewirkt. Deshalb sollten unsere Beobachtungen immer Teil unserer Gebete sein. Galater 6,1 sagt: »Liebe Brüder, wenn ein Mensch etwa von einer Verfehlung ereilt wird, so helft ihm wieder zurecht mit sanftmütigem Geist, ihr, die ihr geistlich seid; und sieh auf dich selbst, dass du nicht auch versucht wirst.« Wir sind nicht dazu berufen, einander zu *ignorieren*, sondern uns gegenseitig sanftmütig wieder zurechtzubringen. Wir sollten uns nicht aus der Familie entschuldigend zurückziehen, nur weil wir Singles sind.

Vorbereitung auf ein »glückliches Wir«

Ich habe einmal eine Aufführung von Händels *Acis and Galatea* gesehen, einer englischsprachigen Oper über Liebe und Zurückweisung, angelehnt an die klassische Mythologie. In einer Szene sind die Liebenden vereint und brechen in einen überschwänglichen Freudengesang aus. Zwei Wörter ziehen sich durch das komplette Duett: »Happy we!« (»wir Glücklichen«). Es ist eine mitreißende, festliche Arie, deren Titel ich mir heimlich notiert habe für den Fall, dass ich eines Tages passende Musik für meine Hochzeit brauche.

Damit kommen wir zum vierten Punkt auf der Liste der Perspektiven für Herzensangelegenheiten aus Kapitel 5: die unseres Ehebundes. Es ist gut, unser Herz zu behüten, die Herzen von Männern zu beurteilen und freundlich mit unseren Brüdern umzugehen. Aber wir sollten auch daran denken, ein gutes Fundament zu bauen für den Tag, an dem aus zwei Menschen einer wird. »Happy we!« sollte eigentlich nicht nur die Begleitmusik für das Ende der Hochzeitszeremonie sein, sondern das musikalische Thema einer ganzen Ehe. Dies ist allerdings unmöglich, ohne eine klare Erkenntnis der dritten Person in jedem christlichen Bund: Gott. Das Wissen um seine Pläne und Ziele für eine Ehe hilft zwei Individuen, gemeinsam für ein höheres Ziel zu leben, anstatt ausschließlich zu ihrem eigenen Vergnügen und nach ihren Wünschen.

Welche Erwartungen haben wir an die Ehe? Diese Frage ist ein guter Ausgangspunkt, um das richtige Fundament zu entwickeln. Einer verheirateten Freundin von mir fiel einmal auf, dass sich die meisten Singlefrauen in ihrem Bekanntenkreis vielmehr einen Gefährten wünschten als einen Ehemann. Das ist so eine von diesen Aussagen, die zuerst eine Weile im Raum stehen, bevor wir die tiefe Bedeutung wirklich erfassen. Also, was ist der Unterschied? Carolyn Mahaney fasst es so zusammen:

Im Garten Eden schuf Gott Mann und Frau als gemeinsame Verwalter der Schöpfung. Aber sie hatten jeweils unterschiedliche Rollen von Gott zugeteilt bekommen. Gott der Herr sprach: »Es ist nicht gut, dass der Mensch allein sei; ich will ihm eine Hilfe machen, die ihm entspricht« (1. Mose 2,18). Aus diesem Grund hat Gott Eva für Adam erschaffen. Sie war geschaffen, um ihm eine Hilfe zu sein, die ihm entspricht, ihn vervollständigt, ihn umsorgt und ihm dabei hilft, die Aufgabe zu erfüllen, die Gott ihm gegeben hat.

Paulus fasst diesen Schöpfungsgedanken so zusammen: »Denn der Mann ist nicht von der Frau, sondern die Frau vom Mann; denn der Mann wurde auch nicht um der Frau willen geschaffen, sondern die Frau um des Mannes willen« (1. Korinther 11,8-9) … Ihr Ehefrauen, wir alle haben dieselbe Tätigkeitsbeschreibung: Wir sind die Hilfe unseres Gatten. Wenn du dich fragst, ob du eine bestimmte Mühe auf dich nehmen solltest oder nicht, stell dir dazu folgende Frage: Hilft es meinem Mann? In den meisten Fällen wird diese simple Frage deine Entscheidung klären.[8]

Bei vielen Hochzeiten wird Epheser 5,21-33 vorgelesen:

Ordnet euch einander unter in der Furcht Christi, die Frauen den eigenen Männern als dem Herrn! Denn der Mann ist das Haupt der Frau, wie auch der Christus das Haupt der Gemeinde ist, er als der Retter des Leibes. Wie aber die Gemeinde sich dem Christus unterordnet, so auch die Frauen den Männern in allem. Ihr Männer, liebt eure Frauen!, wie auch der Christus die Gemeinde geliebt und sich selbst für sie hingegeben hat, um sie zu heiligen, sie reinigend durch das Wasserbad im Wort, damit er die Gemeinde sich selbst verherrlicht darstellte, die nicht Flecken oder Runzel oder etwas dergleichen habe, sondern dass sie heilig und tadellos sei.

So sind auch die Männer schuldig, ihre Frauen zu lieben wie ihre eigenen Leiber. Wer seine Frau liebt, liebt sich selbst. Denn niemand hat jemals sein eigenes Fleisch gehasst, sondern er nährt und pflegt es, wie auch der Christus die Gemeinde. Denn wir sind Glieder seines Leibes. »Deswegen wird ein Mensch Vater und Mutter verlassen und seiner Frau anhängen, und die zwei werden ein Fleisch sein.« Dieses Geheimnis ist groß, ich aber deute es auf Christus und die Gemeinde. Jedenfalls auch ihr – jeder von euch liebe seine Frau so wie sich selbst; die Frau aber, dass sie Ehrfurcht vor dem Mann habe.

Punkt eins – Unterordnung? Ja, Unterordnung. Und zweitens Ehrfurcht. Diese Passage beginnt mit einem Gedanken und endet mit einem anderen, die aber beide miteinander verbunden sind. Man wird sich nicht leicht dem eigenen Mann unterordnen, wenn man seine Führungsrolle nicht respektiert. Aber wir Frauen haben den wesentlich einfacheren Auftrag. Wir sollen uns unseren Männern unterordnen, indem wir seiner Führung folgen und darauf vertrauen, dass Gott ihn führt. Dies drückt sich in Respekt bzw. Ehrfurcht aus. Aber sieh dir an, welche Aufgabe die Männer haben: hingebungsvoll lieben, wie Christus die Gemeinde geliebt hat. Welche Frau würde sich dieser Art liebevoller Leiterschaft nicht unterordnen? Es überrascht nicht, dass mit einer Aufgabe als Leiter auch größere Verantwortung einhergeht.

Als ich klein war, war ich fasziniert von einem Wesen aus dem Kinderbuch »Doktor Dolittle und seine Tiere«, dem *Stoßmich-Ziehdich*. Diese Kreatur hatte an beiden Enden einen Kopf und es war oft uneins mit sich selbst, so dass es nicht entscheiden konnte, wohin es gehen sollte. Genau so ist es in vielen Ehen. Wenn man ein Ziel erreichen möchte, kann nicht jeder seinen Kopf durchsetzen. Einer muss führen, und Gott hat diese Aufgabe den Männern übertragen. Aber das bedeutet nicht, dass die, die folgen, weniger wert sind. Es ist keine Wertbestimmung, sondern eine Rolle. Der Sinn dieser Rollen ist viel größer als das weltliche Konzept der Selbstverwirklichung: Es geht darum, eine harmonische Beziehung zu schaffen, die Gott verherrlicht.

Eine der deutlichsten Bibelstellen zum Thema Unterordnung ist 1. Petrus 3,1-6: »Ihr Frauen, ordnet euch den eigenen Männern unter …« Carolyn Mahaney schreibt:

> Erstens sollten wir darauf achten, an wen sich dieses Gebot richtet: an Ehefrauen. Unterordnung war weder die Erfindung unserer Ehemänner, noch sind diese dafür zuständig, sie durchzusetzen. Dieses Gebot ist nicht die göttliche Erlaubnis für Ehemänner, einen autoritären Führungsstil auszuüben. Nirgends ist in der Bibel zu lesen: »Ehemänner, sorgt dafür, dass eure Frauen sich unterordnen.«
>
> Die Vorgabe an uns als Ehefrauen, uns den eigenen Ehemännern unterzuordnen, kommt direkt von Gott. Und *ihm* sind wir für unseren Gehorsam Rechenschaft schuldig. Wir können nicht unseren Ehemännern die Schuld für unsere mangelnde Unterordnung geben. Diese Verantwortung liegt allein bei uns.
>
> Zweitens ist wichtig festzustellen, *wem* wir uns unterordnen sollen. Als verheiratete Frauen sollen wir uns nicht allen Männern unterordnen, sondern *unserem Ehemann*. Umgekehrt sollten wir keine Leiterschaft durch andere Männer suchen, so ehrbar und würdig sie auch sein mögen. Wir sollen unseren eigenen Männern untergeben sein.[9]

Kurz nach meiner Bekehrung nahm meine Gemeinde den Epheserbrief durch. Ich las eifrig mit, um möglichst viel zu lernen. Dann kam ich zum »Stein des Anstoßes«, jenem antiquierten Vers über die Unterordnung. Ich tat ihn sofort als irrelevant ab. Kurz darauf traf ich mich mit Gene und Liz Emerson, dem leitenden Pastor meiner Gemeinde und seiner Frau. Nachdem sie geduldig alle meine teils zusammenhanglosen und unvermittelten Fragen beantwortet hatten, die Neulinge üblicherweise fragen (»Was macht ihr mit meinen Spenden?« und so weiter), fragte Gene mich, ob ich Fragen zu meiner Bibellektüre hätte.

»Nicht, dass ich wüsste«, antwortete ich schnell.

»Was liest du?«, fragte er.

»Ich gehe den Epheserbrief durch. Ein großartiges Buch, abgesehen von diesem Unterordnungszeugs«, sagte ich mit einem geringschätzigen Lachen.

Niemand sonst lachte. Kein gutes Zeichen. Aber Gene beugte sich mit freundlichem Blick zu mir herüber.

»Liest du gern?«, fragte er.

»Ja«, antwortete ich vorsichtig.

»Dann könnte dich das Buch *Die Rolle von Mann und Frau in der Bibel* interessieren.«

Dieses umfangreiche Werk kaufte ich mir kurz darauf, aber ich kann nicht behaupten, mit dieser wertvollen Ressource sofort warm geworden zu sein. Es gab noch viel zu tun in meinem Herzen. Weil ich mich gegen dieses Konzept der Unterordnung wehrte und in meinem Stolz unabhängig bleiben wollte, versäumte ich ein geistliches Wachstum in vielen anderen Bereichen meines Glaubens. Doch als mir mit der Zeit all die harmonischen Ehen in meiner Gemeinde auffielen, kam ich zu der Überzeugung, dass Gottes Plan richtig war – auch wenn er meine Bestätigung nicht gebraucht hätte. Ich studierte das Thema weiter und erkannte bald, dass Unterordnung ein Gebot Gottes ist, das auf der Schöpfungsordnung basiert (1. Korinther 11,8-12; Epheser 5,22; Kolosser 3,18). Es gehört dazu, dass die Ehe die Beziehung zwischen Christus und der Gemeinde spiegelt (Epheser 5,22-33). Aus diesem Grund hat die Unterordnung nichts an Gültigkeit eingebüßt. Gott wird durch sie verherrlicht.

Ich begann auch etwas Grundlegendes zu verstehen, das für mich extrem hilfreich wurde: Unterordnung ist ein Prinzip, das auch im dreieinigen Wesen Gottes zu erkennen ist. Ein Theologe schreibt: »Der Vater und der Sohn stehen zueinander wie Vater und Sohn einer menschlichen Familie: Der Vater erteilt Anweisungen an und hat die Autorität über den Sohn. Der Sohn gehorcht und ist für die Anweisungen des Vaters Rechenschaft schuldig. Der Heilige Geist ist den Anweisungen sowohl vom Vater als auch dem Sohn gehorsam.«[10]

Der bei weitem wichtigste Gehorsamsakt war jener, der auch meine sündige Seele erlöste: als Jesus sich im Garten Gethsemane dem Willen des Vaters unterordnete und sagte: »Vater, wenn du willst, nimm diesen Kelch von mir weg – doch nicht mein Wille, sondern der deine geschehe!« (Lukas 22,42).

Die Beziehung zwischen Mann und Frau in der Ehe soll diesen Aspekt der Dreieinigkeit spiegeln. Wayne Grudem schreibt:

> Wie der Vater in der Dreieinigkeit Autorität über den Sohn hat, so hat der Mann in der Ehe Autorität über die Frau. Die Rolle des Mannes entspricht der Gottes, des Vaters; die Rolle der Frau gleicht der des Sohnes. Darüber hinaus sind Mann und Frau gleichwertig, was ihr Wesen, ihre Bedeutung und ihre Person betrifft, so wie Vater und Sohn gleichwertig sind in ihrem göttlichen Wesen, ihrer Bedeutung und als Personen.[11]

Welch ein Privileg, nach dem Vorbild des Sohnes und seiner Rolle in der Dreieinigkeit leben zu dürfen! Unterordnung widerspricht allerdings unserem hartnäckigen inneren Drang zur Unabhängigkeit. Deshalb steht in Titus 2,3-5, dass die älteren Frauen die jüngeren lehren sollen, ihre Männer zu lieben und sich ihnen unterzuordnen. Als Singlefrauen können wir das schon jetzt üben, indem wir darauf achtgeben, wie gut wir darin sind, andere zu unterstützen, zu respektieren und den Autoritäten, die Gott während dieser Phase über uns eingesetzt hat, zu folgen. Wir können gottgefällige Unterordnung ausüben, indem wir:

- den Rat unserer Gemeindeleiter suchen und ihre Leiterschaft akzeptieren (Hebräer 13,17). Ihre Leitung nehmen wir an, wenn wir ihnen ihre Aufgabe zur Freude machen, die von ihnen gesetzten Prioritäten freudig akzeptieren, an den Veranstaltungen teilnehmen, die sie für wichtig erklären, sie ermutigen, für sie beten und üble Nachrede und Geschwätz über sie meiden.
- den Rat unserer Eltern suchen, ob wir nun bei ihnen leben oder nicht. Wo es angemessen ist, sollten wir ihre Ansichten respektieren.
- unsere Vorgesetzten unterstützen und ihnen dienen. In Kapitel 8 werden wir darauf noch näher eingehen.

Wir können dieses Prinzip auch mit alleinstehenden Glaubensbrüdern ausüben. Statt bei einer anstehenden Planung selbst die Initiative zu ergreifen, können wir einen Bruder ermutigen, ein bestimmtes Ereignis zu leiten. Selber Initiative zeigen und planen ist sicher eine gute Sache, aber mir ist schon oft gesagt worden, wie sehr es die Jungs ermutigt, wenn wir sie an diese Aufgaben ranlassen. Selbstverständlich ist nicht gemeint, ihnen etwas vorzuschreiben. Wir sollten sie fragen oder einladen und ihnen dabei die Freiheit lassen, die Sache anzunehmen oder abzulehnen.

Auch Fragen stellen will gelernt sein: »Könntest du dir vorstellen, diese Veranstaltung zu organisieren? Hättest du Lust dazu, sie zu leiten? Was würde dir dabei helfen? Wie kann ich dir dabei behilflich sein? Hast du schon eine bestimmte Vorstellung von der Sache?« Wenn der Mann dann tatsächlich die Verantwortung übernimmt, sollten wir – rate mal – ihm folgen. Das bedeutet: Auch wenn er etwas anders macht, als wir es getan hätten, sollten wir ihn mit Freuden unterstützen, anstatt die Sache nur auszusitzen. Nichts erstickt eine Initiative schneller als mangelnde Beteiligung.

Wenn Gott dich zur Ehe beruft, dann werden deine freudige Unterordnung und dein Respekt für deinen Ehemann zu den Dingen gehören, die ihn dazu qualifizieren, »in den Toren zu sitzen«. Ein Mann, der seine Familie gut leiten und ihr vorstehen kann, ist auch qualifiziert, die Gemeinde zu leiten (1. Timotheus 3,4-5). Wir sollten nicht vergessen, dass dies eine gemeinschaftliche Anstrengung ist. Mangelnde Unterordnung von unserer Seite kann unseren Mann für einen solchen Dienst andersherum auch disqualifizieren.

Neben dem Verständnis von Unterordnung gibt es einen zweiten Weg zu einer biblischen Perspektive der Ehe: die Bedeutung des Sündenbekenntnisses. Wusstest du, dass das Bekennen von Sünden Vertrautheit schafft? Ich habe das Wort Sünde in diesem Buch schon oft gebraucht, aber vielleicht ist noch nicht ganz klar geworden, warum. Die Menschen in den Gemeinden werden oft als die »Heiligen« bezeichnet und die Menschen außerhalb als »Sünder«. Dies ist ein sehr unausgewogenes Bild, denn wir alle sind Sünder, vom trotzköpfigen Kleinkind bis zum erwachsenen Verkehrsrowdy. Sünde bedeutet Rebellion gegen Gott – gegen seine Gesetze, seine Versorgung, sein Wort. Sünde droht Gott mit der Faust und sagt ihm, dass uns gefälligst niemand vorzuschreiben hat, wie wir uns verhalten sollen. Aber für gläubige Christen sind Macht und Herrschaft der Sünde gebrochen. Wir sind gerechtfertigt durch das

Kreuz. Die Strafe für unsere Sünden ist bereits bezahlt. In der geistlichen Reife aber wachsen wir allmählich durch das Wirken des Heiligen Geistes. Das bedeutet, dass wir immer noch mit Sünde zu kämpfen haben. Unsere Sünde ist vor niemandem verborgen, außer möglicherweise vor uns selbst. Alle anderen können unsere Sünde sehr deutlich erkennen. Das ist der Grund dafür, dass Sündenbekenntnisse Vertrautheit schaffen. Sie reißen die Mauern des Stolzes ein, die uns voneinander trennen.

Als ich Christin wurde, stellte ich mir das Kreuz ganz fälschlicherweise als eine Art Meilenstein für einen neuen Lebensabschnitt vor. Das Kreuz war eine Markierung im Kalender und kennzeichnete den Tag, an dem ich gläubig geworden war. Ich glaubte, mich irgendwie aus eigener Kraft auf den Weg der geistlichen Reife machen zu können, indem ich ab und zu im Rückspiegel meines Lebens einen Blick auf das Kreuz warf. Umso größer war meine Überraschung, als ich anfing, für eine christliche Einrichtung zu arbeiten und täglich mit den Auswirkungen meiner Sünde konfrontiert war. Anfangs fühlte ich mich beschämt und niedergeschlagen, aber mit der Zeit wurde mir klar, wie unreif und stolz diese Reaktion war. Denn erst dadurch, dass diese äußeren Bedingungen meine falschen Vorstellungen offenbarten, konnte ich erkennen, dass das Kreuz tatsächlich über der gesamten Landschaft meines Lebens aufragt, und ich war dafür *sehr* dankbar. Ich fand heraus, dass ich meinen Erlöser täglich brauchte, weil ich täglich sündigte (allerdings mit abnehmender Tendenz, wie ich hoffe). Das bedeutet nicht, dass ich täglich gerechtfertigt werden muss, aber ganz sicher muss ich täglich Buße tun und für Gottes Werk vom Kreuz dankbar sein. Allmählich wurde ich weniger selbstzufrieden und immer stärker abhängig von der Gnade.

Als Singles passiert es uns leicht, dass wir unsere Sünde selber nicht sehen und dadurch ein nötiges Bekennen auf die leichte Schulter nehmen. Wir können uns zudem leichter zurückzuziehen, wenn wir uns ärgern, statt die Versöhnung zu suchen. Tatsächlich bietet das Singlesein ganz offensichtlich die »Möglichkeit«, die harte Arbeit von Selbstprüfung und Buße, Bekenntnis und Versöhnung zu meiden, was aber für eine gottgefällige Ehe erforderlich ist. Das ist trügerisch. Nicht bekannte Sünde hat eine destruktive Auswirkung auf das Leben eines erwachsenen Singles und ebenso auf die Beziehungen in der Gemeinde. Als Singles müssen wir vielleicht etwas härter daran arbeiten, um uns in dieser Disziplin zu üben, doch ist es möglich. Ein sicherer Weg zum Wachstum ist, andere zu bitten, uns Fragen über mögliche Sünden zu stellen, die sie an uns beobachten. Eine andere Möglichkeit ist eine verbindliche Zweierschafts-Partnerin, mit der du dich regelmäßig triffst, um über dein Leben zu reflektieren und Sünde zu bekennen.

Zu der Zeit, als mir der Heilige Geist half, das Sündenproblem deutlicher zu erkennen, hörte ich von einem Pärchen in spe, das die Verlobung aufgelöst hatte, weil der Mann sich Sorgen wegen des mangelnden Sündenbekenntnisses seiner Freundin machte. Ich erinnere mich, wir irritiert ich deswegen war. *Warum um alles in der Welt sollte jemand Sünden bekennen? Würde das nicht die Beziehung zerstören?* Wie gütig war der Herr, als er mir diese klaffende lehrmäßige Lücke in meinem Denken offenbarte. Dieser Mann hatte sich berechtigte Sorgen gemacht und es zeigte sich, dass er richtig entschieden hatte. Der Herr belohnte seine Vorsicht: Dieses Paar ist mittlerweile verheiratet und vermutlich sehr geübt darin, einander die Sünden zu bekennen.

Nach meiner Beobachtung erfordert eine gute Ehe gute »Bekenner«. Unsere künftigen Ehemänner werden unsere Sünde aus nächster Nähe wahrnehmen und erleben. Dass wir sündigen, wird dabei niemanden überraschen, aber dass wir auch demütig sein, Buße tun und um Vergebung bitten können, und zwar regelmäßig, das könnte für eine angenehme Überraschung sorgen. Wir sollten nicht auf die Ehe warten, um in dieser geistlichen Disziplin zu wachsen.

Ein dritter Weg zu einem biblischen Verständnis der Ehe besteht darin, die Ehe als vereinenden Bund zu begreifen – und nicht als einen Fifty-fifty-Kompromiss zwischen zwei Parteien. Da ich nie verheiratet war, muss ich mich hier auf eine geistlich vorbildliche Frau stützen, die über Erfahrungen aus drei Ehen verfügt (sie wurde zweimal Witwe). Elisabeth Elliott sagt, die Ehe ist kein Wettbewerb um Punkte und Treffer. Sie schreibt:

> Eure Gleichheit ist bereits klar definiert: Ihr beide seit gleichermaßen Sünder, in gleicher Weise verantwortlich, gleichermaßen der Gnade bedürftig und Objekte dieser Gnade. Aber hier hört die Fifty-fifty-Aufteilung auch schon auf. Wenn ihr euer Leben als Mann und Frau aufnehmt, legt ihr zugleich euer Leben nieder. Nicht als Märtyrer, als Fußabtreter oder Asketen, die besondere Anstrengungen auf dem Weg zur Heiligkeit unternehmen, sondern als zwei Liebende, die der Gnade bedurften, sie empfingen und sich der Tatsache bewusst sind, dass sie diese auch weiterhin täglich brauchen und empfangen werden.[12]

In der Ehe taucht das *Ich* ganz im *Wir* unter. Beide Partner des Wir sollten aufeinander zugehen, anstatt sich voneinander zu entfernen. Sie sind eine wechselseitig voneinander abhängige Einheit, ganz ähnlich den verschiedenen Teilen unseres Körpers. Auch hier gibt Elisabeth Elliott einen weisen Rat:

> Im natürlichen Leib besteht Einheit. Alle Körperteile sind in Harmonie miteinander vereint und zum Wohle des Ganzen dem Kopf unterstellt. Ebenso gibt es auch in der Ehe eine Einheit. Zwei Individuen werden eins in ihrem Fleisch, und wenn sie Christen sind, sind sie auch eins in Christus und seiner Herrschaft unterstellt. Da sie in Christus eins sind, genießen sie nicht nur Einheit, sondern auch tiefe geistliche Gemeinschaft, und das ist unbezahlbar.[13]

... an Ausbeute wird es nicht fehlen

Die vier Perspektiven der Herzensangelegenheiten haben nun zwei Kapitel beansprucht. Ich hoffe, dass du dich noch an die ursprüngliche Frage erinnerst, die mein Freund Michael mir damals auf dem Campus stellte: »Was ist mit Vertrauen? Ist das nicht wichtig?« Ja, das ist es! Jahre später habe ich die Antwort darauf in der Bibel gefunden, wo es über die Frau heißt: »Ihr vertraut das Herz ihres Mannes, und an Ausbeute wird es ihm nicht fehlen. Sie erweist ihm Gutes und nichts Böses alle Tage ihres Lebens« (Sprüche 31,11-12).

Vertrauen ist die Folge vieler weiser Entscheidungen im Laufe der Jahre, in denen wir unser Herz behütet, geistliches Unterscheidungsvermögen geübt, anderen gedient und ein biblisches Verständnis der Ehe entwickelt haben. Diese täglichen Entscheidungen sind die Investitionen, die sich in einer guten Ehe auszahlen können und die sicherstellen, dass es an Ausbeute nicht fehlen wird. Von diesen weisen Investitionen werden auch unsere Gemeinden profitieren, da sie den hohen Wert der geschwisterlichen Beziehungen bewahren und die Institution der Ehe schützen.

Wenn es um Herzensangelegenheiten geht, passiert es so leicht, dass die kurzsichtige, egozentrische Perspektive alles andere überlagert. Liebe Freundinnen, lasst uns die weitsichtige Perspektive einnehmen und entschlossen sein, alle Tage unseres Lebens vertrauenswürdig zu sein.

Zum vertiefenden Studium

- *Der heilige Hafen* von Gary L. Thomas hat einen faszinierenden Untertitel: *Wie uns die Ehe näher zu Gott bringt.* Gary geht davon aus, dass die Ehe mehr ist als ein Bund mit einer anderen Person. Für ihn ist sie außerdem eine geistliche Disziplin, die Menschen helfen soll, Gott besser kennenzulernen, ihm mehr zu vertrauen und tiefer zu lieben. Wenn du sicher sein willst, die richtigen Vorstellungen von der Ehe zu haben, empfehle ich dieses Buch.
- *Die Rolle von Mann und Frau in der Bibel: Zweimal einmalig – eine biblische Studie*, herausgegeben von John Piper und Wayne Grudem, ist eine Sammlung theologischer Essays zu unterschiedlichen Debatten zwischen so genannten Komplementaristen (die die Rollen von Mann und Frau als verschieden und komplementär sehen; diese Sicht vertreten die Autoren), und den Egalisten (die der Meinung sind, dass Mann und Frau auch in ihren Rollen gleich seien). Das Vorwort von John Piper mit dem Titel »Für alleinstehende Männer und Frauen – und alle anderen« enthält viel einfühlsamen und gleichzeitig fundierten Rat für Singles.

- Ich habe das Thema sexuelle Versuchung in diesem Kapitel nicht behandelt, weil darüber schon etwas viel Besseres geschrieben wurde: *Frösche, Prinzen und der Frust mit der Lust* von Joshua Harris. Dieses Buch für Männer und Frauen ist mit solcher Ehrlichkeit geschrieben, dass es schier den Atem stocken lässt.
- Ich konnte in diesem Kapitel nur kurz auf den Zusammenhang zwischen dem Wesen der Sünde, der Rechtfertigung und den Prozess der Heiligung eingehen. Eine wesentlich bessere Grundlage dafür ist *Leben mit dem Kreuz im Zentrum – Das Evangelium – die Hauptsache* von C. J. Mahaney. Dieses kleine Buch hat Schlagkraft. Ich empfehle es sehr, besonders, wenn du dir Gottes Anerkennung zu verdienen versuchst oder wenn du fürchtest, seine Gunst zu verlieren.
- In Nancy Leigh DeMoss' Sammelband *Biblical Womanhood in the Home* gibt es zwei für Singlefrauen sehr hilfreiche Kapitel: »Portrait of a woman used by God« und »Portrait of a Foolish Woman.« Diese beiden Kapitel und besonders das über die törichte Frau (foolish woman), sind eine herausragende Hilfe, um Weisheit in unseren Beziehungen zu Männern zu entwickeln.
- Weitere Empfehlung des deutschen Herausgebers: die Bücher von Elizabeth George (die christliche Autorin, nicht die populäre Krimi-Autorin …), besonders: *Ich gebe dir mein Herz – eine junge Frau nach dem Herzen Gottes werden* (für junge Frauen und Mädchen) und ihr Klassiker *Eine Frau nach dem Herzen Gottes.*

TEIL 3

DIE FRAU AUS SPRÜCHE 31 ALS VORBILD FÜR DEN ALLTAG

7

Brot von weit her

Sie gleicht Handelsschiffen, von weit her holt sie ihr Brot herbei. Und sie steht auf, wenn es noch Nacht ist, und gibt Speise ihrem Haus und das Angemessene ihren Mägden.
Sprüche 31,14-15

Der Tisch war mit einer weihnachtlichen Tischdecke, chinesischem Porzellan und Kristallgläsern festlich gedeckt. Die Küche war ein einziges Chaos. Überall auf dem Boden lagen Kartoffelschalen verstreut, bislang unerforschte Ecken meines Küchentresens waren mit Butternuss-Püree dekoriert und in der Spüle stapelte sich das schmutzige Geschirr bis in gefährliche Höhen. Ich stand im bekleckerten Sweatshirt mit halb aufgetragenem Make-up mittendrin. Immer die Uhrzeit im Auge begann ich, fieberhaft zu putzen. Ich hatte noch dreißig Minuten – die letzten kritischen Momente, in denen sich die Küchensklavin auf heroische Weise in eine tadellose und zuvorkommende Gastgeberin verwandelt.

In diesem Moment klingelte es an der Tür. Wie ein von Autoscheinwerfern geblendetes Reh starrte ich erschrocken zur Tür und überdachte blitzschnell meine Optionen. Auf keinen Fall würde ich behaupten können, fertig zu sein. »Wer um alles in der Welt erscheint eine halbe Stunde zu früh zu einem festlichen Abendessen?«, klagte ich laut.

Ich öffnete die Tür, hinter der lächelnd ein Pärchen stand, das ich eingeladen hatte. Ihr Atem bildete in der kühlen Nachtluft kleine Wölkchen. Völlig irritiert brachte ich ein halb hysterisches »Ihr seid *zu früh!*« über meine Lippen.

Ihre Augen wurden größer und das Lächeln kleiner. »Es tut mir leid«, stammelte der Mann. »Ich, ähm, dachte, du hättest gesagt, ähm, oder jedenfalls hatte ich dich so verstanden, dass wir um achtzehn Uhr anfangen.«

»Nein, achtzehn Uhr dreißig hatte ich gesagt«, antwortete ich vorsichtig, bevor ich mich zum Wohnzimmer umsah. »Ihr könnt schon reinkommen, aber ihr werdet erst noch ein bisschen mithelfen müssen.«

»Nein, nein, ist schon in Ordnung«, sagte er schnell und ging rückwärts auf den Gehweg zu. »Wir fahren einfach ein bisschen herum und kommen in einer halben Stunde wieder.«

Als dieses Paar zurückkam – eine knappe Dreiviertelstunde später –, wurde es von einer ruhigen, lächelnden Gastgeberin in sauberer Kleidung begrüßt und sofort in einen kerzenbeleuchteten Raum geführt, damit es das Kaminfeuer neben dem glitzernden Weihnachtsbaum genießen konnte. »Ich muss mich für meine launische Küchenmagd bei euch entschuldigen«, sagte ich. »Sie hat sich völlig daneben benommen. Heutzutage ist es schwer, gutes Personal zu bekommen.«

Die Moral der Geschichte (wenn du es noch nicht selbst erraten hast): Vermittle deinen Gästen keine Schuldgefühle, wenn sie an deine Tür kommen. Das wäre das Gegenteil von Gastfreundschaft.

Wenn du als Singlefrau schon mal als Gastgeberin fungiert hast, kennst du diese Momente der Panik kurz vor dem Eintreffen der Gäste. Schließlich muss man es schaffen, für die Gäste da zu sein und gleichzeitig ein warmes, leckeres Essen pünktlich auf den Tisch zu bringen. Derzeit arbeite ich noch daran, den Ablauf zu verbessern, aber für die Rezepte aus der Kochzeitschrift *Bon Appetit*, die ich bevorzugt koche, kann man nicht alles vorher vorbereiten. Selbst wenn ich einen Tag im Voraus mit den Vorbereitungen und dem Putzen anfange, kommt im letzten Moment doch wieder dieselbe Hektik auf. Mit den Jahren habe ich gemerkt, dass ich meine Prioritäten korrigieren musste. Wenn es hart auf hart kommt, tun wir immer gut daran, die Gäste freundlich zu behandeln und stattdessen lieber beim Essen Abstriche zu machen.

Mit diesem Kapitel beginnt Teil drei des Buches: Die Frau aus Sprüche 31 als Vorbild für den Alltag. Obwohl wir möglicherweise lieber verheiratet wären, haben wir auch als Singlefrauen ein Leben, das gestaltet werden will. Mit einem prägnanten Zitat von Jim Elliott ausgedrückt: »Lass dir von deiner Sehnsucht nicht den Appetit aufs Leben verderben!«[1] Wir haben gesehen: Wir können Gott vertrauen, dass er uns, wenn es sein Wille ist, nach seinem Zeitplan einen Ehemann schenkt, und es ist eine Freude, von einem gottesfürchtigen Mann umworben zu werden. Aber wir sollten nicht vergessen, dass unser Singlesein eine Gabe an die Gemeinde ist und wir ein wunderbares, pulsierendes, sinnerfülltes Leben zu führen haben, bis zu dem Tag, an dem der Herr unsere Lebensumstände verändert. Unsere weise Frau aus Sprüche 31 liefert uns eine detaillierte Anleitung für den Alltag. Dieses Kapitel beginnt zu Hause.

Der freilaufende Gourmet

Um genau zu sein, beginnt es in der Küche. Die Bibelverse für dieses Kapitel finden sich in Sprüche 31,14-15: »Sie gleicht Handelsschiffen, von weit her holt sie ihr Brot herbei. Und sie steht auf, wenn es noch Nacht ist, und gibt Speise ihrem Haus und das Angemessene ihren Mägden.« Die Frau aus Sprüche 31 dient in ihrem Haus vielen anderen. Sie »gleicht Handelsschiffen« – sie macht weite Wege, um das zu bekommen, was sie braucht. Aber ihr Fokus liegt auf ihrem Haus und auf allen, die dort leben, und sogar auf denen, die dort arbeiten. Dies hat für sie oberste Priorität. Deshalb steht sie auf, wenn es noch Nacht ist, um alle satt zu bekommen.

Könntest du dir vorstellen, dass mit »Brot von weit her« ein Anruf beim Pizza-Service gemeint ist? Holst du selbst auch manchmal Zutaten von weit her, um ein interessantes Rezept zu kochen, und sei es nur für dich selbst? Was enthält dein Kühlschrank? Eine Dose Thunfisch und ein paar Frühstücksflocken? Vielleicht isst du Fertiggerichte, wenn du allein bist, aber kochst du manchmal für andere? Wenn du in ein paar Wochen heiraten würdest, wärst du dann in der Lage, deiner Familie täglich drei Mahlzeiten zu servieren? Könntest du intuitiv kochen oder müsstest du die meisten Gerichte mithilfe eines Kochbuchs zubereiten?

In unserer Mikrowellen-Gesellschaft kann man sich ganz einfach und ohne größere Anstrengung ernähren. Die Menschen essen im Auto oder am Schreibtisch, aber immer weniger zu Hause. Es ist nicht schwer, *irgendetwas* zu finden, womit man sich den Magen füllt, während man von Termin zu Termin hetzt. Aber das hat nichts mit unserem wunderbaren Vorbild aus Sprüche 31 zu tun. Sie sucht nicht im Kühlschrank, um etwas in die Mikrowelle zu stellen. Sie nimmt *Mühe* auf sich, weil die Küche das Herz ihres Hauses ist.

Wir sollten mit dem Kultivieren von Häuslichkeit nicht warten, bis sich die Ehe am Horizont abzeichnet. In Titus 2,5 lesen wir, dass ältere Frauen die jüngeren darin unterweisen sollen, sich mit »häuslichen Arbeiten« zu beschäftigen. Das ist eine der biblischen Anweisungen an *Frauen.* Punkt. Zugegeben geht diese Textstelle davon aus, dass die meisten Frauen eines Tages Ehefrauen sein werden, aber sie geht ebenfalls davon aus, dass wir Unterweisung brauchen, um uns auf diese Rolle vorzubereiten. Wir brauchen ein Training, um unsere Männer und Kinder lieben zu können; wir müssen beigebracht bekommen, wie wir »besonnen, rein, mit häuslichen Arbeiten beschäftigt, gütig und den eigenen Männern untergeordnet« sein können (Titus 2,5). Dieser Unterricht gilt auch für Singlefrauen. Wir sollten in allen diesen Bereichen unterwiesen werden, auch wenn wir möglicherweise nicht dazu berufen sind, jede Rolle sofort oder überhaupt jemals auszufüllen. Insofern sind wir von dem Auftrag, zu Hause zu arbeiten, ebenso wenig freigestellt wie von den Ermahnungen zur Besonnenheit, Reinheit und Freundlichkeit.

Trautes Heim, trautes Missionsfeld

Warum betont die Bibel so sehr das »Haus« als Aufgabenbereich der Frau? Warum investiert die vorbildliche Frau aus Sprüche 31 so viel Zeit und Energie in ihr Haus und dessen Bewohner? *Weil unsere Häuser Missionsfelder sind.* Alexander Strauch schreibt in seinem Buch über Gastfreundschaft:

> Da sie keine Tempel und Priester hatten, machten die Christen des 1. Jahrhunderts ihre Wohnhäuser zum Zentrum ihrer Aktivitäten … Tatsächlich führten die ersten Christen alle oder die

> meisten ihrer Versammlungen in privaten Häusern durch, weil sie als Gemeinde keine Gebäude besaßen. Es war notwendig, dass einige ihre Häuser öffneten, damit die Gemeinde zusammenkommen konnte. Die Häuser wurden zum Zentrum für Evangelisation und Lehre … Für die frühen Christen war das Zuhause die ganz natürliche Umgebung, in der sie ihre Familien, Nachbarn und Freunde mit Christus bekanntmachten. Dasselbe gilt heute. Wenn du oder deine Gemeinde nach Wegen für die Evangelisation sucht, dann ist das Öffnen des Hauses eine der besten Methoden, um Menschen zu erreichen. Die meisten von uns nutzen ihr Haus nicht so, wie wir es sollten, um Nachbarn, Freunde und Verwandte einzuladen. Leider kennen viele ihre Nachbarn nicht einmal. Aber mit Gastfreundschaft können wir unseren Nachbarn begegnen und in einer geistlich dunklen Umgebung ein Leuchtturm sein.[2]

Der Dienst mit unseren Häusern ist so wichtig, dass in alle vier wichtigen »Gastfreundschaftsgeboten« des Neuen Testaments Frauen mit eingeschlossen sind:

- Römer 12,13 richtet sich an die ganze Gemeinde in Rom: »an den Bedürfnissen der Heiligen nehmt teil; nach Gastfreundschaft trachtet!«
- Timotheus 5,9-10 richtet sich speziell an Witwen, die Unterstützung durch die Gemeinde suchen: »Eine Witwe soll ins Verzeichnis eingetragen werden, wenn sie wenigstens sechzig Jahre alt ist, eines Mannes Frau war, ein Zeugnis in guten Werken hat, wenn sie Kinder auferzogen, wenn sie Fremde beherbergt, wenn sie der Heiligen Füße gewaschen, wenn sie Bedrängten Hilfe geleistet hat, wenn sie jedem guten Werk nachgegangen ist.«
- Hebräer 13,2 fordert alle Gläubigen auf : »Die Gastfreundschaft vergesst nicht! Denn dadurch haben einige, ohne es zu wissen, Engel beherbergt.«
- 1. Petrus 4,9 richtet sich an die verfolgten Christen, die in ganz Kleinasien zerstreut worden waren: »Seid gastfrei gegeneinander ohne Murren!«

Hast du dir dein Zuhause schon einmal als einen Außenposten der Gemeinde vorgestellt? Du kannst dein Heim auf viele unterschiedliche Arten zum Dienst für andere nutzen. Von der Einladung neuer Gemeindebesucher zum Mittagessen nach dem Gottesdienst über eine Einladung der Nachbarn zum evangelistischen Bibelstudium bis hin zum Feiern besonderer Anlässe mit Freunden. Sicherlich macht es etwas Arbeit, als Singlefrau so etwas auf die Beine zu stellen, aber es ist möglich. Und nicht zu vergessen: Es macht *Spaß*. Eine augenblickliche Belohnung für unsere Gastfreundschaft ist das freudige Lächeln der Gäste und ihre Wertschätzung unserer Großzügigkeit.

Es geht um Menschen, nicht um Präsentation

Das griechische Wort, das im 1. Petrus 4,9 für »Gastfreundschaft« steht, ist *philoxenos* und bedeutet »Gäste lieben«.[3] Gemeint ist nicht, Rezepte aus Kochsendungen zu lieben oder das Ambiente eines Wohndesign-Magazins gernzuhaben, sondern *Gäste*! Auch solche, die eine halbe Stunde zu früh kommen. Unsere Häuser werden immer größer, die Familien kleiner und Koch- und Einrichtungsshows im Fernsehen immer beliebter, denn es geht in unserer Kultur meistens mehr um *Unterhaltung* als um Gastfreundschaft. Deshalb habe ich mein Erlebnis, das die panischen Momente kurz vor Eintreffen der Gäste beschreibt, an den Anfang dieses Kapitels gesetzt. Ich vermute, dass die allermeisten dieses Gefühl kennen. Meine Ängste drehten sich allerdings nicht um die Leute, die ich erwartete, sondern ich sorgte mich darum, wie *ich* mich präsentierte. Ich möchte eine makellose Küche, leuchtende Kerzen, glänzendes Geschirr, schöne Musik und verlockende Düfte vorweisen. Meine Gäste scheuchte ich an diesem kalten Dezemberabend davon, weil meine Präsentation noch nicht bereit war. Ich wollte sie mit einem aufwendigen Vier-Gänge-Menü beeindrucken. Ich wollte sie unterhalten. Aber ich verhielt mich nicht so, als hätte ich sie gern.

Gastfreundliche Häuslichkeit zu entwickeln, bedeutet, sich praktische Fähigkeiten anzueignen und einzuüben, um aus dem Zuhause bewusst ein Missionsfeld machen zu können – und kein Museum. Wenn du Single bist und allein lebst, bedeutet das, dass du ausschließlich Menschen dienen wirst, die außerhalb deines Hauses leben. Wenn du Single bist und Mitbewohner hast, dienst du Menschen aus deinem Haus und von außerhalb. Wenn du Mutter bist, ist dein Missionsfeld zuerst dein Zuhause, wo du deinen Kindern dienst, danach den Menschen außerhalb des Hauses. Das erfordert etwas Planung und Anstrengung, besonders, wenn du nur wenige Stunden am Tag zu Hause bist. Römer 12,13 sagt uns, dass wir nach »Gastfreundschaft trachten« sollen. Der griechische Grundtext drückt es noch besser aus: »danach streben«, sich »darum bemühen«. Alexander Strauch schreibt:

> Also sollen wir aktiv nach Gastfreundschaft streben, sie vorantreiben und uns um sie bemühen. Wir müssen uns über sie Gedanken machen, für sie planen, uns vorbereiten, darüber beten und Gelegenheiten suchen, um sie auszuüben. Kurz gesagt, lehrt Römer 12, dass alle Christen aufgefordert sind, nach der Ausübung von Gastfreundschaft zu streben … Brüder und Schwestern, erlaubt mir folgende Fragen: Strebt ihr eifrig nach Gelegenheiten, um Gastfreundschaft auszuüben? Oder übt ihr sie eher nur zu Feiertagen oder besonderen Anlässen? Ist euch bewusst, welch wichtige Funktion die Gastfreundschaft in der christlichen Gemeinschaft hat? Erkennt ihr den Zusammenhang zwischen Bruderliebe und Gastfreundschaft? Ihr Lieben, nur wenn wir begreifen, dass der Geist Gottes uns befiehlt, Gastfreundschaft auszuüben, werden wir ausreichend motiviert sein, unser Haus aufopferungsvoll für andere zu öffnen.[4]

Wenn das erdrückend klingen sollte, wird dich folgender kleiner Gedanke vielleicht ermuntern: Einige der gastfreundlichsten Frauen in der Bibel waren Singles. Denken wir an Martha und Maria. Ihr Haus in dem kleinen Dorf Betanien war Schauplatz mehrerer biblischer Begebenheiten. Wir wissen von mindestens drei Besuchen Jesu in ihrem Haus: Der berühmte Besuch, als Martha diente und Maria zu Jesu Füßen saß, dann ein weiterer, als Jesus Lazarus erweckte, und der dritte, als er sechs Tage vor seiner Kreuzigung bei ihnen aß. Ein Kommentator schreibt: »Nachdem Jesus sein Elternhaus im Alter von etwa dreißig Jahren verlassen hatte, um öffentlich aufzutreten, lesen wir nichts davon, dass er dorthin zurückgekehrt wäre, um sich zu erholen und auszuruhen. Es war das heimelige, gastfreundliche Haus in Betanien, in dem er sich erholte, denn er liebte die drei Bewohner: Martha, Maria und Lazarus. Über seine leiblichen Angehörigen lesen wir nichts Vergleichbares.«[5]

Ein weiteres herausragendes Beispiel ist Lydia (Apostelgeschichte 16,14). Sie bekehrte sich als erste Europäerin zum Christentum und vermutlich war ihr Haus das Tor zum Rest des Kontinents. Schauen wir uns ihr Vorbild genauer an.

Lydia: Vorbild der Gastfreundschaft

Alle waren sich einig, dass in der Provinz Asien die Türen für das Evangelium verschlossen waren. Dann hatte Paulus eine ungewöhnliche nächtliche Vision: Ein Mann bat ihn, nach Mazedonien zu kommen. Der Wind war günstig und erleichterte die Überfahrt der kleinen Missionarsgruppe in den Hafen von Philippi. Philippi war eine der großen römischen Provinzstädte, doch fanden sie dort keine Synagoge. Gab es in dieser bedeutenden Stadt nicht einmal das Minimum von zehn männlichen Juden, die eine Synagoge hätten bilden können? Wenn es Juden gab, waren sie wahrscheinlich zum Beten an den Fluss gegangen, wie die Juden es während des babylonischen Exils getan hatten.

Wie das Fehlen einer Synagoge bereits vermuten ließ, fanden sich keine Männer, aber es war eine kleine Gruppe von Frauen am Fluss. Diese Frauen hatte der Herr vorbereitet. Die erste Bekehrte aus dieser Gruppe – die erste bekehrte Frau in ganz Europa – war Lydia. Sie war eine erfolgreiche Geschäftsfrau, die mit dem damaligen Luxusgut Purpurstoff handelte. Nach ihrer Bekehrung nötigte sie Paulus und seine Begleiter, in ihr Haus einzukehren und ihre Gastfreundschaft zu genießen. Das war ein Erweis ihres Glaubens an Jesus (Apostelgeschichte 16,15).

Allem Anschein nach war Lydia eine alleinstehende Frau, die einem Haushalt vorstand, der hauptsächlich aus Dienern bestand. Vermutlich fanden in ihrem Haus die ersten Gemeindezusammenkünfte von Philippi statt. Möglicherweise kam die Gemeinde dort auch zusammen, um für Paulus Geld zu sammeln, als er in Rom unter Hausarrest stand (was wir im Philipperbrief erfahren). Vielleicht war es dort, wo Paulus' Brief an die Gemeinde vorgelesen wurde, in dem er sich überschwänglich für ihre Gabe bedankte und ihnen anvertraute, dass er gelernt hatte, sich in allem zu begnügen. Wir können nicht genau sagen, was sich in Lydias Haus alles zutrug, aber von zwei Dingen wissen wir es sicher: Ihre erste Tat als Christin war, ihr Haus und ihre Gastfreundschaft anzubieten. Und es war ihr Haus, in dem Paulus und Silas Zuflucht suchten, nachdem sie aus dem Gefängnis freigekommen waren. Man hatte die Missionare geschlagen, in den Block gelegt und ins Gefängnis geworfen; sie hatten ein Erdbeben überlebt, evangelisiert, ihren Kerkermeister mit seinem ganzen Haus getauft und die Hauptleute zurechtgewiesen, weil sie das, was sie ihnen angetan hatten, unter den Teppich kehren wollten. Wohin gingen sie nach einer solchen Nacht, um sich auszuruhen? In Apostelgeschichte 16,40 ist schlicht zu lesen: »Als sie aber aus dem Gefängnis herausgegangen waren, gingen sie zu Lydia; und als sie die Brüder gesehen hatten, ermahnten sie sie und zogen weg.«

Für Gottes Volk sorgen

Welch einen unglaublichen Dienst Maria, Martha und Lydia doch hatten! Sie waren Gastgeberinnen für unseren Herrn und für Paulus, den Gott erwählt hatte, um seinen Namen in die Welt hinauszutragen. Es war kein kleiner Dienst. Diese Frauen setzten sich dafür ein, dass ihre Häuser zu Zufluchtsorten und Zentren für die Mission wurden, was Auswirkung auf ihr Umfeld hatte.

Während der gesamten Kirchengeschichte sind Frauen ihrem Beispiel gefolgt. Eines meiner Lieblingsbeispiele ist Katharina von Bora, die Ehefrau Martin Luthers. Sie lebte von 1499 bis 1552, in einer Zeit enormer Umbrüche in Europa. Mit 9 Jahren wurde sie in das sächsische Zisterzienserinnenkloster Marienthron in Nimbschen bei Grimma gebracht. Mit 16 wurde sie Nonne. Sieben Jahre später, im Alter von 23 Jahren, widerrief sie ihre Gelübde aufgrund der Lehren Martin Luthers. Sie und acht weitere Nonnen wussten nicht, wohin, und wurden in das Augustinerkloster in Wittenberg geschmuggelt, wo Luther zu dieser Zeit noch Mönch war. Luther gelang es, diese ehemaligen Nonnen in guten Häusern unterzubringen oder sie angemessen zu verheiraten. Über Katharina schreibt ein Historiker: »Katharina verbrachte zwei Jahre in Wittenberg, wo sie Hauswirtschaft lernte und sich nach einer passenden Partie umsah.«[6]

Nach diesen zwei Jahren heiratete Katharina mit 25 den 42 Jahre alten Martin Luther und führte fortan als Frau des Hauses das ehemalige Kloster. Eine beachtliche Leistung.

> Von Anfang an übernahm sie mit starkem Willen die Bewirtschaftung ihres Hauses. Das Augustinerkloster, das Luther zunächst von Kurfürst Friedrich überlassen und ihm später vom neuen Kurfürsten Johann zur Hochzeit geschenkt worden war, hatte vierzig Räume im Erdgeschoss, darüber befanden sich Zellen. Nach einer Weile lebten dort mit den Luthers ihre sechs Kinder (von denen eins früh verstarb), sechs oder sieben verwaiste Neffen und Nichten, die vier Kinder eines verwitweten Freundes von Luther, Katharinas Tante Magdalena, Hauslehrer für die Kinder, männliche und weibliche Bedienstete, Internatsschüler, Gäste und Flüchtlinge. Katharina war nicht nur eine gute Hausfrau, sie war in diesem überdimensionierten Gästehaus eine bemerkenswerte Managerin.
>
> Für die Körperpflege ließ sie im Haus ein Badezimmer einbauen, das vermutlich auch als Waschküche diente. Aus Gründen der Wirtschaftlichkeit betrieb sie eine Brauerei, pflanzte Gemüse und legte einen Obstgarten an, der Äpfel, Birnen, Trauben, Pfirsiche und Nüsse hervorbrachte. Sie hütete, molk, schlachtete und verkaufte die Kühe und stellte Butter und Käse her. Niemand hat Katharina je der Faulheit bezichtigt. Ihre Kritiker – die zahlreich waren – empfanden sie jedoch als zu her-

risch und dominant … »Häusliche Dinge überlasse ich Käthe«, sagte Luther, »und in allen anderen Dingen leitet mich der Heilige Geist.«[7]

Praktische Fragen

Während der Arbeit an diesem Kapitel nahm ich an einer Konferenz teil, bei der ich unabhängig vom Rest meiner Gruppe arbeitete. Bei allen außer zwei Mahlzeiten aß ich allein in verschiedenen Restaurants. Obwohl ich das Beste daraus machte, kann ich sagen, dass man sich allein in einem Restaurant um einiges verlassener fühlt als allein zu Hause am eigenen Küchentisch. An einem Abend in einem gehobenen mexikanischen Restaurant fühlte ich mich wie eine einsame Insel im Meer der Menschheit, das um mich herum wogte und wirbelte, aber keinerlei Kontakt zu mir hatte.

Ich aß meinen Burrito und dachte: *Das also ist der Unterschied zwischen 20 und 40. Mit 20 wäre es mir peinlich gewesen, dass alle mich anstarren und bemitleiden, weil ich keine Freunde habe; mit 40 bin ich mir sicher, dass alle viel zu sehr mit sich selbst beschäftigt sind, um diese Frau, die allein isst, überhaupt zu bemerken oder sich gar Gedanken um sie zu machen.*

Allein in der Öffentlichkeit zu essen, macht sehr lebhaft bewusst, warum die Tischgesellschaft so wichtig ist. Auch in unserer heutigen Fastfood-Kultur hat das gemeinsame Mahl einen Sinn. So unangenehm es mir war, nach einem Tisch für eine Person zu fragen, so sehr brachten mich diese einsamen Momente auch dazu, an andere zu denken, die ebenfalls Sehnsucht nach Gesellschaft haben.

Ein Restaurant ist allerdings nicht die beste Lösung. Es wäre zu einfach, unsere gesamte Tischgemeinschaft in Restaurants stattfinden zu lassen, wo wahrer Austausch sehr gestört werden kann. Wer ist noch nie mitten in einer Pointe oder beim Dankgebet für das Essen von einem hektischen Kellner unterbrochen worden? Wer schafft es, die Kellner zu ignorieren, wenn sie wie die Haie um den Tisch kreisen, um ihn aufzuräumen, während gerade jemand ein bewegendes Zeugnis gibt? Wer kann überhaupt irgendetwas *hören*, in dem Lärm eines gut besuchten Restaurants? Dagegen kann unser Heim eine Oase inmitten des hektischen Treibens des Lebens sein, durch die wir Interesse an den Menschen um uns herum demonstrieren und für sie da sein können.

Falls du Ermutigung brauchst, um deine häuslichen Fertigkeiten zu entwickeln, lass mich dir versichern, dass ich in meinen frühen Singlejahren keine Kochzeitschriften studiert habe. Ich lebte hauptsächlich von kalten Vorspeisen und Fastfood und kochte so schlecht, dass meine Familie die Ergebnisse gelegentlich als »Fischknäuel mit Puddingklumpen« bezeichnete. Dieser Scherz entstand nach einem sagenhaft schlechten Muttertagsessen. Meine Wohnung sah aus wie New York City, wenn die Müllabfuhr streikt, und war dekoriert mit einer Mischung aus gutem Willen und Planlosigkeit. Niemand in meiner Umgebung hatte je über Heim und Herd gesprochen, also hatte ich mir nie ernsthaft Gedanken darüber gemacht.

Als ich Christin wurde, fiel mir auf, wie viel Mühe die Frauen, die ich kennenlernte, in ihr Heim investierten. *Kerzen im Badezimmer! Servietten aus echtem Leinen!* Ich fühlte mich wie eine Anthropologin, die eine fremde Kultur erforscht. Aber ich war inspiriert, dasselbe zu tun. Bald kaufte ich neue Möbel und fing an, Rezepte zu sammeln. Nach ein paar Jahren war ich sogar mutig genug, für meine Pastoren und ihre Frauen elegante Dinners zu servieren, was mir riesigen Spaß gemacht hat.

Wenn du deine Gastfreundschaft und häuslichen Fertigkeiten weiterentwickeln möchtest, können folgende praktische Überlegungen dabei helfen:

- Dieses Ansinnen ist eine großartige Gelegenheit, eine »ältere Frau« zu finden, die deine »Titus-2-Mentorin« werden kann. Überlege, beim wem du gern zu Besuch warst. Durch wessen Gastfreundschaft wurdest du gesegnet? Bitte diese Frauen, dir zu zeigen, wie es geht. Traue dich, um Anleitung zu bitten. Du ehrst diese Frauen, wenn du ihrem Beispiel folgst.
- Fange klein an. Lade Freunde auf einen Kaffee oder Tee und ein nettes Gespräch ein. Nicht das Menü, das du servierst, wird in

Erinnerung bleiben, sondern die Aufmerksamkeit, die du deinen Gästen widmest. Mitunter ist das einfacher, wenn du kein kompliziertes Menü planen musst.

- Wenn du keine gute Köchin bist, übe es. Bestimmt findest du Freunde, die deine Experimente gern probieren. Lege dir ein oder mehrere gute Kochbücher mit einfachen Rezepten zu. Es macht auch Spaß, mit Freunden einen Kochkurs zu besuchen, besonders einen über internationale Küche.
- Hab keine Angst, dir Geschirr für den Alltag oder festliches Porzellan zuzulegen. Das bringt kein Unglück! Wenn der Herr dir einen Ehemann gibt, wird ihm vielleicht gefallen, was du schon hast. Falls nicht, wird es dir Freude machen, gemeinsam etwas Neues auszusuchen. Ich hab mich vor einigen Jahren für ein chinesisches Motiv entschieden und meine Freunde haben mir zu verschiedenen Gelegenheiten immer wieder einige Stücke dazu geschenkt. Jetzt habe ich Gedecke für zehn Personen. Es macht anderen Spaß, zu wissen, was man sammelt. Und so ein Geschenk ist allemal besser als eine weitere Flasche Bodylotion.
- Wenn du Mitbewohnerinnen hast, könnt ihr abwechselnd kochen. Freundinnen von mir bewohnen zusammen ein Stadthaus, das sie scherzhaft »das Kloster« nennen. Jede Woche kocht eine dieser Freundinnen für alle anderen. Da sie wegen ihrer sehr unterschiedlichen Dienstpläne nicht oft gemeinsam essen können, haben sie beschlossen, sich die Montagabende für ein gemeinsames Essen freizuhalten. Dann haben sie Gemeinschaft und erzählen sich alle Neuigkeiten der Woche. Sie achten auch darauf, regelmäßig anderen Gastfreundschaft zu erweisen.
- Wenn du bei deiner Familie lebst, biete an, an bestimmten Wochentagen für das Familienessen zuständig zu sein. Meine Freundin Mindy kocht an einem Abend in der Woche für die ganze Familie. Das ist ein Segen für ihre Mutter.
- Wenn du oft umgezogen bist und das Gefühl hast, nirgends wirklich zuhause zu sein, könntest du darüber nachdenken, dir ein Haus oder eine Wohnung zu kaufen. Auch das bringt kein Unglück! Du kannst es jederzeit wieder verkaufen, wenn du hei-

ratest, und diese Einnahme wird sicher auch für deinen Mann ein Segen sein. Wohneigentum ist aus ökonomischer Sicht meistens eine weise Investition. Es hilft aber auch, Wurzeln zu schlagen und dem Gefühl von Einsamkeit etwas entgegenzusetzen. Oft ist es auch die einzige Möglichkeit, ein Gästezimmer einzurichten. Natürlich gibt es vieles zu bedenken, bevor man sich eine Immobilie zulegt. Im nächsten Kapitel werden wir näher darauf eingehen.

- Sorge für Erinnerungen an deine Gäste. Manche haben ein Gästebuch; ich mache Fotos. Ich habe Erinnerungsfotos von fast allen meinen Gästen. Das Fotoalbum ist eine gute Ablenkung für meinen Besuch, solange ich noch in der Küche beschäftigt bin.
- Sage deiner Gemeindeleitung, dass du Gäste aufnehmen kannst. Ich kenne eine Singlefrau in Wales, die sehr viel Gäste aus den USA – und vermutlich auch aus anderen Ländern – bei sich aufgenommen hat. Sie hat Freude daran, ihren Gästen die Sehenswürdigkeiten in Wales zu zeigen. Sie kocht für sie und lacht viel mit ihnen. Durch ihre Gastfreundschaft scheint sie in meinem Gemeindenetzwerk fast jeden zu kennen.
- Tu dich mit anderen zu einem Team zusammen, um größere Ereignisse auf die Beine zu stellen. Meine frühere Mitbewohnerin und ich haben abwechselnd »Küchensklavin« für die Feiern der jeweils anderen gespielt. Ihr könnt auch eure Ressourcen untereinander teilen. Einmal habe ich im Haus eines alleinstehenden Mannes eine Silvesterparty organisiert, weil er genug Platz hatte, um alle unterzubringen. Er sorgte für das Haus, ich für die Organisation.
- Denke daran, auch denen Gastfreundschaft zu erweisen, die sich nicht revanchieren können. Auf diese Weise folgst du dem Herrn und seinem Beispiel (Lukas 14,12-14).

Als ich damals das eingangs erwähnte Weihnachtsessen gab, hatte ich drei Paare eingeladen, um ihnen für ihre Freundschaft und alles, was sie für mich getan hatten, zu danken. Alle drei Paare gehörten zu meiner Gemeinde und waren dort sehr engagiert. Zwei der Männer gehörten zum Pastorenteam. Alle drei Frauen waren sehr beschäftigt als Mütter von Kindern vom Vorschul- bis zum Highschool-Alter. Sie waren sehr angesehen für die viele Zeit, die sie anderen Menschen schenkten und für ihren Dienst an anderen. Deshalb sah ich es als großes Privileg an, dass ich sie alle zu einem Abendessen einladen konnte, an dem *ihnen* gedient wurde. Falls einer meiner Gäste es merkwürdig gefunden haben sollte, in das Haus einer alleinstehenden Frau eingeladen zu werden, war davon nichts zu merken. Sie alle hatten die Einladung freudig angenommen und mir wiederholt versichert, was für ein schöner Abend es war. Wenn jemand unter ihnen sich unwohl dabei gefühlt haben sollte, zu siebt am Tisch zu sitzen und nicht mit einer geraden Anzahl von Paaren, dann haben sie sich nichts anmerken lassen. Stattdessen schienen sie alle sehr erfreut zu sein über die ihnen erwiesene Gastfreundschaft – selbst jene zwei, die es mit der »launischen Küchenmagd« zu tun bekommen hatten. Welch eine Freude war es, mein Zuhause zur Verfügung zu stellen, um mit diesen Freunden und »Jochgenossen im Dienst des Evangeliums« gemeinsam ein Festessen zu genießen.

Liebe Freundinnen, wir sollten niemals ungerade Personenzahlen an unserem Esstisch fürchten, denn unser Herr ist immer bei uns. Möge er uns reich entlohnen, wenn wir Römer 12,13 in die Tat umsetzen: »An den Bedürfnissen der Heiligen nehmt teil; nach Gastfreundschaft trachtet!«

Zum vertiefenden Studium

- Nur ein kurzes Taschenbuch, aber inhaltlich sehr »nahrhafter« Lesestoff ist *Platz ist in der kleinsten Hütte* von Alexander Strauch (engl. Original: *Using your home for Christ*). Das in diesem Kapitel zitierte Buch *The Hospitality Commands* ist ein anderes, aber ganz ähnliches Buch vom gleichen Autor. Ich empfehle beide, damit du nicht im Sumpf der unzähligen Feinschmecker- und Heimdekorations-Publikationen untergehst. Alexander Strauch vermittelt die richtige Perspektive (vergriffen, aber als PDF unter http://www.sermon-online.de).

8

Vom Ertrag ihrer Hände

Sie trachtet nach einem Acker und erwirbt ihn auch;
vom Ertrag ihrer Hände pflanzt sie einen Weinberg an.
Sie gürtet ihre Lenden mit Kraft und stärkt ihre Arme.
Sie sieht, dass ihr Erwerb gedeiht;
ihr Licht geht auch bei Nacht nicht aus.
Sie greift nach dem Spinnrocken,
und ihre Hände fassen die Spindel.
Sprüche 31,16-19

Wir hatten uns gleich morgens zum Frühstück verabredet, aber Esther war schon vor dem ersten Kaffee total aufgedreht. Wir bestellten, ich lehnte mich zurück und gab ihr das Zeichen, loszulegen.

»Okay, ich hab gute Neuigkeiten«, fing sie an. »Ich bin für das Aufbaustudium angenommen worden. An der Harvard Kennedy School of Government. Ein Harvard-Abschluss in Politikwissenschaft könnte mich bis ins Weiße Haus bringen.«

»Das ist großartig!«, antwortete ich. »Ich bin stolz auf dich.«

»Die schlechte Nachricht ist, dass ich dafür ungefähr 200.000 Dollar Schulden machen müsste«, fügte sie hinzu.

»Oh!« Schweigend trank ich einen Schluck Kaffee, ernüchtert durch diese Zahl.

»Das ist noch nicht alles«, fuhr sie fort. »Mein Pastor hat mich gefragt, ob ich seine Sekretärin werden möchte. Das hatte ich überhaupt nicht im Sinn, als ich im Gemeindegründungsteam anfing, aber jetzt muss ich sagen, dass es mich sehr interessiert.«

»Das ist eine ziemliche Palette an Karrierechancen«, sagte ich amüsiert.

»Ich weiß! Manche meiner Freunde und meine Familie können gar nicht verstehen, warum ich überhaupt darüber nachdenke, Sekretärin eines Pastors zu werden, weil das noch nicht einmal ein Vollzeitjob wäre«, sagte sie. »Manche halten mich schon für verrückt, weil ich wegen einer Gemeindegründung nach Boston gezogen bin. Und wenn ich auch noch beruflich für die Gemeinde arbeite, erklären sie mich wohl für komplett durchgeknallt.«

Unser Essen kam, aber Esther schien am Frühstück nicht interessiert. Sie stocherte in ihrem Rührei herum und schwieg eine Weile.

»Zu welcher Option neigt dein Herz, Esther?«, fragte ich.

»Zu beiden, um ehrlich zu sein«, antwortete sie.

»Ich verstehe«, sagte ich. »Und was hältst du geistlicherweise vom Heiraten? Würdest du gern? Betest du dafür?«

»Ja, natürlich!«

»Ich denke, die Frage ist, welche Auswirkungen deine heutigen Entscheidungen auch auf deinen zukünftigen Ehemann haben könnten. 200.000 Dollar Schulden wären eine ziemliche Last für einen Mann und auch für dich«, gab ich zu bedenken. »Ob du heiratest oder nicht, du müsstest in Zukunft alle Entscheidungen immer mit dem Blick auf deine finanziellen Verpflichtungen treffen.«

»Ich weiß«, sagte sie leise. »Für diese Entscheidung werde ich viel Gebet brauchen.«

Dieses Gespräch fand vor über zwei Jahren statt. Heute hat Esther eine Teilzeitstelle als Sekretärin ihres Pastors. Nachdem sie sich entschieden hatte, ihr Harvard-Studium aufzuschieben, bekam sie neben ihrer Stelle in der Gemeinde eine beträchtliche Anzahl weiterer interessanter Jobs. Sie machte ein Praktikum beim Familienministerium, wo sie Texte für eine »Initiative für gesunde Ehen« schrieb, außerdem arbeitete sie freiberuflich für mehrere Zeitschriften und lektorierte Kinderbücher. Aber so interessant diese Jobs auch waren, das Wichtigste blieb für sie, am Bau einer Gemeinde zu dienen. Sie ist immer noch Single, aber wenn sie heiraten sollte, hat sie mit ihren heutigen Entscheidungen schon im Voraus an einer erfolgreichen Ehe gearbeitet und ihrem späteren Mann gedient.

Konfusion um die Karriere

Bei einer alleinstehenden Frau kann der Beruf wirken wie ein Statement zu ihrer Einstellung. Wenn sie noch weitere Verpflichtungen hat wie Kinder oder Gemeindemitarbeit, zweifeln Arbeitskollegen schnell an ihrer Leistungsbereitschaft. Oder es geht diesen Frauen wie meiner Freundin Allyson. »Ich habe bei der Arbeit ständig damit zu kämpfen, den Erwartungen nicht gerecht zu werden«, sagte sie mir einmal. »Die meisten meiner Kollegen glauben, dass ich bewusst Single bin, um mich auf meinen Beruf konzentrieren zu können. Wenn ich dann Karrierechancen nicht wahrnehme, sind sie völlig irritiert.«

Wenn eine christliche Singlefrau sich aber entscheidet, intensiv an einer Karriere zu arbeiten, vermuten andere schnell, dass sie das allein aus persönlichem Ehrgeiz tut. Oft wird ihr auch unterstellt, dass sie an Ehe und Kindern nicht interessiert sei. Das kann so weit gehen, dass sie entmutigt wird, mit Studium oder Beruf überhaupt engagiert weiterzumachen. Dabei können berufliche Qualifikationen für eine junge Familie oft sehr nützlich sein. Ich kenne viele Frauen, die je nach Bedarf Teil- oder Vollzeitjobs angenommen oder sich von zu Hause aus selbständig gemacht haben, und das aufgrund von Kenntnissen und Qualifikationen, die sie als Single erworben hatten. Eine Bekannte von mir sicherte über ihre Teilzeitstelle als Krankenschwester der Familie das Einkommen, während ihr Mann studierte, um Pastor zu werden. Was sie als Single in ihre Ausbildung investiert hatte, zahlte sich für die Ziele ihrer Familie aus, als sie verheiratet und Mutter war. Ein anderer Mann gründete gerade zur Zeit seiner Verlobung und Heirat einen christlichen Verlag, der am Anfang nicht genug Einnahmen abwarf, um eine Familie zu ernähren. Bevor die ersten Kinder kamen, konnte seine Frau, die für das Grundschul-Lehramt studiert hatte, als Lehrerin genug Geld verdienen, um als Ehepaar über die Runden zu kommen. Als dann Kinder zur Welt kamen, war der Verlag schließlich weit genug gediehen.

Andererseits haben manche Frauen viele Jahre in Jobs zugebracht, die sie eigentlich nur kurzfristig ausüben wollten und die sie sozusagen als Sprungbrett in die Ehe gesehen hatten. Wenn sie mit Ende zwanzig immer noch Single sind, geraten sie in Panik, weil sie nicht in eine »richtige« Karriere investiert haben und jetzt fürchten, in Zukunft immer knapp bei Kasse sein zu müssen. Ich tat mit Anfang dreißig genau das Gegenteil. Ich reduzierte meine Arbeit auf eine Teilzeitstelle und fing nebenher freiberuflich mit dem Schreiben an. Das tat ich in der Erwartung, als Ehefrau zu Hause arbeiten zu können. Jahre später, als noch immer kein Ehemann in Sicht war, fing ich wieder an, Vollzeit zu arbeiten.

Esthers Geschichte könnte einige Leserinnen herausfordern oder verwirren. Warum sollte die Sorge um einen möglichen künftigen Mann *jetzt* eine Rolle spielen? Und warum schlägt Esther eine Karriere mit Harvard-Abschluss in den Wind, um in ihrer Gemeinde zu arbeiten?

All diese Entscheidungen haben gemeinsam, dass sie geistliche Weisheit erfordern. Es gibt keine Regeln und keine vorgefertigten Antworten für solche Situationen. Auch hier verhilft uns die Frau aus Sprüche 31 zu größerer Klarheit: »Sie trachtet nach einem Acker und erwirbt ihn auch; vom Ertrag ihrer Hände pflanzt sie einen Weinberg an. Sie gürtet ihre Lenden mit Kraft und stärkt ihre Arme. Sie sieht, dass ihr Erwerb gedeiht; ihr Licht geht auch bei Nacht nicht aus. Sie greift nach dem Spinnrocken, und ihre Hände fassen die Spindel« (Sprüche 31,16-19). Vier Dinge tut diese geschäftstüchtige Frau:

1. Sie arbeitet engagiert und effektiv.
2. Sie spart und investiert.
3. Sie erwirbt Grundbesitz.
4. Sie entwickelt Stärke.

Diese Eigenschaften gelten nicht als typisch weiblich. Aber unsere weise Frau wird offensichtlich dafür gelobt, dass sie wirtschaftliche Fähigkeiten entwickelt hat, die jetzt ein Segen für ihre Familie sind. In diesem Kapitel werden wir etwas Zeit mit ihr verbringen, um zu erkennen, wie wir durch ihr Vorbild lernen können, die Weichen auch heute mit Weisheit zu stellen.

Spinnrolle und Spindel

Zunächst zum Offensichtlichen: Ist dir aufgefallen, was sie in den Händen hält? Es sind Gerätschaften, die man braucht, um Garn zu spinnen. Ja, unsere Frau aus Sprüche 31 ist eine *Spinnerin!* Und das englische Wort dafür, *spinster*, bedeutet auch »alte Jungfer«.

Ein interessantes Buch über die europäische Kulturgeschichte alleinstehender Frauen berichtet: Im 13. Jahrhundert gab es Spinnerinnen vor allem in Frankreich, später auch in Deutschland und England; sie produzierten Wolle und Leinen. Die Autorin schreibt:

> Das waren damals keine »alten Jungfern«, sondern alleinstehende Frauen, *femme seules*: unverheiratete junge Mädchen, verwaiste Familienangehörige oder Witwen der Kreuzritter, die ihre Arbeit in einem selbstversorgenden Familienhaushalt ausübten … Lange vor der industriellen Revolution und vor Einführung des restriktiven britischen »Common Law« arbeiteten alleinstehende Frauen auf andere Weise selbständig. Aus den Archiven der Städte – die z. T. in wissenschaftlichen Publikationen dokumentiert sind – wird deutlich, dass im mittelalterlichen Frankreich, England und Deutschland unverheiratete Frauen mit Wolle, Seide und kostbaren Gewürzen handelten. Einige betrieben sogar Außenhandel und besaßen Schiffe. Von einigen heißt es, dass sie große Anwesen und Brauereien führten.
>
> Bis ins 17. Jahrhundert galt »Spinnerin« als angesehene Berufsbezeichnung. Als im 17. Jahrhundert in Frankreich der Ausdruck »Spinnerin« für unverheiratete Frauen üblich wurde, war er wertfrei beschreibend gemeint: eine Frau, die aus welchen Gründen auch immer alleinstehend ist und ein Einkommen braucht.[1]

Die industrielle Revolution fügte diesem Wort schließlich eine neue Bedeutungsebene hinzu. Im Jahre 1851 gab es in Großbritannien 405.000 Frauen mehr als Männer. Der Frauenüberschuss konkurrierte in den neu entstehenden Wirtschaftszweigen mit den Männern um Arbeitsplätze, was sich schnell als soziales Problem herausstellte. Ein Mitglied des britischen Parlaments bezeichnete die wachsende Gruppe unverheirateter Frauen sogar als »eine auf tragische Weise überflüssige Klasse«.[2]

Seither betrachten alleinstehende Frauen ihren Job oft mit einer Mischung aus Dankbarkeit und Besorgnis. Aber wenn wir Gottes Perspektive haben, muss das nicht sein. Die beste Beschreibung unserer gegenwärtigen Lebenssituation ist einfach diese: »eine Frau, die aus welchen Gründen auch immer alleinstehend ist und ein Einkommen braucht.« In Gottes Wirtschaftssystem ist keine Frau »auf tragische Weise überflüssig«. Am besten schütteln wir alle Klischees einfach ab und sehen uns die vier Tätigkeiten unseres Vorbilds aus Sprüche 31 näher an.

Profitabel arbeiten – für einen realen Chef

»Wenn Sie hier weiterkommen wollen«, sagte Julies Chef eines Tages zu ihr, »müssen Sie promovieren und Ihren Doktor machen. Ansonsten werden Sie nicht ernst genommen und geraten ins Abseits.«

Julie hat bereits einen Masterabschluss und viele Jahre Berufserfahrung als erfolgreiche wissenschaftliche Mitarbeiterin. Sie reist viel und schafft es dennoch, ihre Arbeit mit mehreren Aufgaben in ihrer Gemeinde in Einklang zu bringen. Außerdem leistet sie einen wichtigen Beitrag in der Familie ihrer Schwester, besonders für ihre beiden Nichten. Ihr Leben ist randvoll und die Vorstellung, zurück an die Uni zu gehen und zu promovieren, ist alles andere als verlockend. Dennoch fragt sie sich, ob sie nicht vielleicht einen Fehler macht, wenn sie ihre Karriere nicht mit aller Entschlossenheit weiter vorantreibt.

Anne unterrichtet an einer kleinen christlichen Schule und verdient entsprechend nur ein kleines Gehalt. Ihr geringes Einkommen begrenzt ihre sozialen Aktivitäten, und ihr Beruf schränkt ihre freie Zeit ein. Trotzdem hat sie den Eindruck dort zu sein, wo sie sein soll und opfert sich gern für die ihr anvertrauten Kinder auf. Aber ihre Entscheidung, auf 50.000 Dollar Jahresgehalt zu verzichten, befremdet viele ihrer Freunde, die ihr schon seit langem raten, sich einen besser bezahlten Job zu suchen. Manchmal ist Anne versucht, wie sie zu denken.

Welches Weltbild verbirgt sich hinter diesen Beispielen? *Du definierst dich über deine Karriere und sie sollte für dich allererste Priorität haben.* Obwohl dieser Gedanke heute oft auf Frauen angewendet wird, ist er nicht neu. Zu Beginn des 20. Jahrhunderts, als Frauen aus den Fabriken allmählich in die Büros wechselten, waren Ratgeberbücher für alleinstehende berufstätige Frauen sehr gefragt. Eines davon hieß *Briefe an ein berufstätiges Mädchen* von Florence Wenderoth Saunders und erschien im Jahr 1906. Der Untertitel war recht lang: *Persönliche Briefe einer Geschäftsfrau an ihre Tochter, angefüllt mit praktischen Hinweisen … Geschrieben von einer Frau, die das Geschäftsleben, alle Büroabläufe und das Verhältnis zwischen Arbeitgeber und Arbeitnehmer aus eigener Erfahrung kennt.* Die Autorin hatte sehr konkrete Vorstellungen vom erwünschten Verhalten berufstätiger junger Mädchen:

> Ich habe nie erlebt, dass der Schreibtisch eines Mannes so sehr mit unwichtigen Kleinigkeiten angefüllt war, wie die einiger Mädchen in meinem Büro: Fotografien, Blumen … Kitsch, den sie behalten, weil sie ihn niedlich finden … Denk daran: Männer sind im Beruf im Vorteil; sie sind seit Generationen daran angepasst …
>
> Wenn [eine junge Frau] einen Platz an der Seite eines Mannes einnehmen und eines Tages dasselbe Gehalt bekommen möchte wie er, muss sie von seinem Beispiel lernen. Halte deinen Schreibtisch frei von allen Gegenständen, die nicht absolut unentbehrlich für deine Arbeit sind.[3]

Wir sind heute in der glücklichen Lage, unseren Beruf frei wählen zu können. Ein Nebeneffekt dieser Freiheit ist allerdings, dass wir vom Sirenengesang des »Erfolgs« stärker gelockt werden können. Wenn uns Nichtchristen einen Rat geben, fehlt diesem Rat die Erkenntnis Gottes und seines Gesetzes. Es ist nicht verkehrt, die Meinungen unserer Mitmenschen zu respektieren, aber wir sollten uns ihrer begrenzten Perspektive bewusst sein. Wenn Menschen an keine höhere Autorität glauben, wird ihr Rat von dieser Ansicht geprägt sein. Die Autorin Florence Saunders verfolgte das Ziel, dass Frauen eines Tages dasselbe Gehalt beziehen würden wie Männer. Mehr nicht. Aber für uns gibt es ein viel höheres Ziel.

Esther, Allyson, Julie und Anne sind Freundinnen von mir. Im Berufsleben füllen sie ganz unterschiedliche Rollen aus, aber sie alle haben die gleiche Definition von Erfolg: Gefalle ich meinem himmlischen Vater? Tue ich heute das, wozu er mich berufen hat? Achte ich darauf, dass Gottes Prioritäten eingehalten werden? Stelle ich meine Zeit, mein Talent und meine Habe dem Evangelium und dem Bau der Gemeinde zur Verfügung? Fördere ich mit diesen Aktivitäten eine biblische Weiblichkeit oder entferne ich mich durch sie eher davon?

Die beruflichen Entscheidungen meiner Freundinnen sind vermutlich für Menschen mit einer anderen Definition von Erfolg nicht ganz nachvollziehbar. Aber das bedeutet nicht, dass Gott durch die Arbeit, für die sie sich entschieden haben, nicht verherrlicht werden könnte. In einem Kapitel mit der Überschrift »Christus bei der Arbeit verherrlichen« schreibt John Piper in seinem Buch *Dein Leben ist einmalig – vergeude es nicht*:

> Laut 1. Mose 2,2 ruhte Gott selbst von seinem Schöpfungswerk, was andeutet, dass Arbeit eine gute, von Gott gewollte Sache ist. Und der Schlussstein des göttlichen Werkes war der Mensch, ein Geschöpf nach dem Bild Gottes, das dazu bestimmt war, über die Schöpfung zu herrschen und sie zu gestalten. Daher besitzt die Arbeit eine tiefgreifende kreative Bedeutung. Gottes Arbeit bestand darin, aus dem Nichts zu erschaffen. Die Arbeit des Menschen ist es, das von Gott Geschaffene zu nehmen, es zu formen und zu gebrauchen, um ihn großzumachen.[4]

Bei der Arbeit können wir Gott verherrlichen, wenn wir zwei einfachen Prinzipien folgen:

1. Die Arbeit mit Integrität, Demut und Dankbarkeit tun.
2. Fallstricke der Sünde erkennen und umgehen.

Beide Punkte hätten ein eigenes Kapitel verdient, aber ich kann hier nur einen kurzen Überblick geben. Was den ersten Punkt betrifft, wissen die meisten von uns sicher sehr genau, wo sie bei ihrer Arbeit in Versuchung kommen, es mal nicht ganz so genau zu nehmen. Wir sollten uns fragen: Bin ich pünktlich? Bekommt mein Arbeitgeber wirklich einen ganzen Arbeitstag? Bin ich bequem oder verbringe ich zu viel Zeit mit Privatgesprächen und persönlichen Angelegenheiten? Surfe ich im Internet, anstatt zu arbeiten? Schreibe ich während der Arbeit private E-Mails? Würden meine Kollegen von mir sagen, dass ich offen für Korrektur bin oder reagiere ich allergisch auf Kritik? Würde man mich als teamfähig bezeichnen oder als Einzelkämpferin? Arbeite ich auch für den Erfolg der anderen oder eher um die Aufmerksamkeit auf mich selbst zu ziehen? Bin ich dankbar für die Position, die Gott mir gegeben hat, oder beklage ich mich über die Arbeitsbedingungen? John Piper schreibt weiter:

> Auch an anderer Stelle erwähnt Paulus die bescheidene Rolle unserer Arbeit in Bezug auf das Evangelium. In 1. Thessalonicher 4,11-12 sagt er der Gemeinde: »… eure Ehre darein zu setzen, still zu sein und eure eigenen Geschäfte zu tun und mit euren Händen zu arbeiten, so wie wir euch geboten haben, damit ihr anständig wandelt gegen die draußen und niemanden nötig habt.« Hiermit soll nicht gesagt werden, dass unsere Arbeit jemanden errettet. Vielmehr wird hier ausgesagt, dass Hindernisse beseitigt werden, wenn wir ordentlich leben und arbeiten. Mit anderen Worten: Gute, ehrliche Arbeit ist nicht das rettende Evangelium Gottes, aber ein unehrlicher christlicher Autoverkäufer ist ein Makel für das Evangelium und ein Hindernis, um die Schönheit Christi zu erkennen. Und Faulheit könnte ein größeres Problem sein als ein Verbrechen. Sollten Christen am Arbeitsplatz dafür bekannt sein, dass man zwar mit Problemen zu ihnen kommen kann, aber nicht mit komplexen beruflichen Dingen? Das muss sich nicht gegenseitig ausschließen. Der biblische Auftrag heißt: »Was ihr auch tut, arbeitet von Herzen als dem Herrn und nicht den Menschen« (Kolosser 3,23; vgl. Epheser 6,7).[5]

Fallstricke sexueller Sünde bei der Arbeit

Sowohl das Umfeld an unserem Arbeitsplatz als auch unser Tätigkeitsbereich können ihre besonderen Versuchungen mit sich bringen. Diese Fallstricke müssen wir erkennen und unbedingt umgehen. Ich denke, die häufigste Versuchung ist die zu sexueller Sünde. Ob es Pornos im Hotelzimmer während der Dienstreise sind oder die verlockenden Freundlichkeiten des verheirateten Kollegen – unsere Arbeit kann ein Minenfeld sein.

Bevor ich Christin wurde, waren meine meisten Dates und Flirts durch die Arbeit zustande gekommen. Als ich dann gläubig wurde, musste ich einiges radikal ändern. Eine der wichtigsten Änderungen betraf einen verheirateten Kollegen, der oft mit mir scherzte und flirtete – bis hin zu eindeutigen Zweideutigkeiten. Einige Wochen nach meiner Bekehrung erklärte ich ihm unter vier Augen meinen Glauben. Ich sagte ihm, dass ich auf sein Hofieren in Zukunft nicht mehr eingehen würde, weil es Sünde ist und ich dadurch selbstsüchtig seine Zuneigung, die allein seiner Frau gehört, auf mich gezogen hatte. Mir war wichtig, dass er verstand, wovon ich überzeugt war und warum ich mein bisheriges Verhalten als Raub an seiner Frau ansah. Ich bat ihn um Vergebung. Er war verblüfft. Leider hat er die Grenzen, die ich an diesem Tag neu zog, nie wirklich verstanden. Auch danach lud er mich immer wieder zum Mittagessen ein, sogar als ich gar nicht mehr in der Firma arbeitete. Jedes Mal lehnte ich mit der Begründung ab, dass ein gemeinsames Essengehen ohne seine Frau ihr gegenüber respektlos wäre. Vielleicht hat er nur meine Überzeugungen geprüft, aber ich bin sehr froh, sagen zu können, dass ich durch Gottes Gnade nicht nachgegeben habe.

Als Singlefrauen müssen wir klug sein, was die emotionalen Bindungen betrifft, die bei der Arbeit entstehen können. Wir sind von Gott dazu geschaffen, Helferinnen zu sein und Männer erfolgreich zu machen. Es sollte uns bewusst sein, dass das Ermutigen, Unterstützen und Fördern unserer männlichen Kollegen unsere Herzen mitunter in die falsche Richtung lenken kann – von ihren ganz zu schweigen. Ich weiß von vielen christlichen Frauen, die immer wieder damit zu kämpfen hatten, dass sie sich von nichtchristlichen, manchmal sogar verheirateten Kollegen angezogen fühlten. Wir können einander in solchen Situationen helfen, indem wir genau zuhören, wenn Freundinnen über ihre Kollegen sprechen. Leuchten ihre Augen, wenn sie über einen bestimmten Kollegen spricht? Wenn ja, sprich sie darauf an. Es ist besser, jetzt etwas neugierig rüberzukommen, als später mit ihr die negativen Konsequenzen einer moralisch falschen und ehebrecherischen Beziehung mitzuerleben.

Eine meiner Freundinnen wirkte immer ein wenig zu erfreut, wenn ihr Chef sie zu Hause anrief oder sie bat länger zu arbeiten. Sie sprach viel über ihn, deshalb fragte ich sie schließlich, ob sie möglicherweise gerade dabei war, den rutschigen Abhang in Richtung Ehebruch hinabzugleiten. Sie war schockiert, als ich das fragte. Deshalb erklärte ich ihr, dass ganz oben am Abhang zunächst eine ganz unschuldige Anziehungskraft steht. Genau dort schien meine Freundin zu stehen. Ich wollte sie einfach an das Gesetz der Schwerkraft erinnern. Damals nahm sie meine Sorge nicht ernst, aber ein paar Monate später kam sie auf unser Gespräch zurück und räumte ein, dass die Angelegenheit doch ernster war. Sie hatte zwar nicht tatsächlich die Sünde begangen, sich aber auf dem besten Weg zum Absturz befunden und sie war froh, dass ich sie frühzeitig darauf angesprochen hatte.

Sexuelle Versuchung beginnt nicht immer mit einem zuerst sanften und dann steil abfallenden rutschigen Abhang. Manchmal ist sie ganz plötzlich da. Eine andere Freundin bekannte mir kürzlich, dass sie in eine Situation geraten war, von der sie niemals geglaubt hätte, dass ihr so etwas passieren könnte. Sie hatte eine politische Veranstaltung besucht und neben ihr saß ein unglaublich attraktiver Mann, mit dem sie ins Gespräch kam. Während der Unterhaltung wurde schnell klar, dass dieser Mann kein Christ war (erster Schlag), aber sein Beziehungsstatus blieb unklar. Er trug keinen Ring. In der Mittagspause lud er sie in die Cafeteria ein. Sie willigte ein und genoss seine Aufmerksamkeit. Sie wusste, dass es nicht gut war, aber sie beruhigte ihr Gewissen, indem sie sich einredete, dass es nur ein Mittagessen war. Nach der Veranstaltung lud er sie ein, mit in sein Hotel zu kommen. Zu diesem Zeitpunkt waren alle Alarmglocken losgegangen, aber noch immer floh sie nicht vor der drohenden Sünde. Der Gedanke »niemand würde davon erfahren« war verlockend. Aber Gott würde es natürlich sehen, und der schickte in seiner Gnade genau in diesem Moment einen Kollegen des Mannes über den Hotelflur. In dem Gespräch mit dem Kollegen gab der Mann zu verstehen, dass er meine Freundin in sein Hotelzimmer eingeladen hatte. Der Kollege fragte, was seine Frau wohl davon halten würde und der Mann antwortete, seine Frau würde das nicht stören, denn sie führten eine »offene Ehe«. Als meine Freundin das hörte, bekam sie Furcht, ja – regelrechte Gottesfurcht. Sie sagte sofort jeden weiteren Kontakt ab und suchte das Weite. Später erzählte sie mir, wie entsetzt sie darüber war, so weit der Versuchung nachgegeben und sich auf die unzweideutige Einladung dieses Mannes eingelassen zu haben. Sie betete um Vergebung und künftig reiferes Verhalten in diesem Bereich.

Niemand ist in seinem Job völlig immun gegen solche Versuchungen. Ein Blick in die Zeitung genügt. Die meisten Ehebrüche begannen in beruflichem Umfeld. Das ist der typische Fall und wir sollten uns der Tatsache bewusst sein, dass auch wir nicht darüber stehen. Der Feind unserer Seele sieht uns sehr genau an und kennt unsere Schwächen. Die Sehnsucht nach Beziehung macht uns angreifbar. Es sei denn, wir wappnen uns gegen die Sünde und bitten Gott um seine Gnade, damit wir sie überwinden können. Einige praktische Dinge helfen, der Sünde aus dem Weg zu gehen. Folgende Fragen können wir uns stellen, um Versuchungen leichter zu erkennen:

- Meide ich im Job solche Fallstricke? Oder verabrede ich mich mit verheirateten Kollegen oder Geschäftspartnern zum Mittagessen? Habe ich geschäftliche Besprechungen allein im Hotel oder in der Öffentlichkeit?
- Freue ich mich auf Montagmorgen, weil ich Aufmerksamkeit von einem »verbotenen« Mann bekommen werde, der verheiratet oder ungläubig ist? Wenn ich eine Frage habe, schaue ich dann vielleicht in seinem Büro vorbei, anstatt anzurufen oder

eine E-Mail zu schicken, weil ich dann noch mehr Aufmerksamkeit von ihm bekomme?

- Biete ich meinem Chef oder Kollegen die Art von Sympathiebekundung oder emotionaler Unterstützung an, die eher von einer Ehefrau zu erwarten wäre?
- Habe ich zugelassen, dass ich für meinen verheirateten Chef oder einen Kollegen zum Ventil für ihre persönlichen Probleme werde? (Achte darauf, nicht zum Ansprechpartner für seine Eheprobleme zu werden.)
- Sehne ich mich nach Aufmerksamkeit und Ermutigung durch einen »verbotenen« Kollegen?
- Gehe ich Tagträumen über diesen »verbotenen« Mann nach? Wenn ja, habe ich es einer Vertrauensperson bekannt und um reiferes Verhalten gebetet?
- Meide ich andere sexuelle Versuchungen wie schlüpfrige TV-Sendungen und Videos in Hotelzimmern oder unmoralische Zeitschriften?

Vielleicht findest du das alles übertrieben, aber leider haben ich und meine Freundinnen lernen müssen, diese Warnsignale zu beachten. Kleine Fantasien und harmlose Sehnsüchte säen eine Saat des Begehrens, dessen Erfüllung den Herrn verunehren würde. Bedenke aber: Nicht die Sexualität an sich ist falsch, sondern die Lust. Joshua Harris schreibt:

> Behalte diesen radikalen, aber befreienden Gedanken im Kopf: Gott möchte, dass du deine Sexualität bejahst. Und der Kampf gegen die Lust ist ein Schritt dorthin. Erscheint dir eine positive Haltung zur Sexualität bei gleichzeitigem Kampf gegen die Lust als ein Widerspruch? Vermutlich liegt das daran, dass unsere heutige Kultur ein sehr enges Verständnis vom Bejahen der eigenen Sexualität hat. »Sexualität bejahen« wird gleichgesetzt mit »tun, was immer sich gut anfühlt«. Einen sexuellen Impuls zu unterdrücken bedeutet in unserer Kultur demnach, sich selbst untreu zu sein … Aber für uns als Christen hat das Bejahen unserer Sexualität eine radikal andere Bedeutung. We-

der geben wir jedem sexuellen Impuls nach noch verleugnen wir sexuelles Verlangen per se. Stattdessen entscheiden wir uns sowohl für Selbstbeherrschung als auch für Dankbarkeit. Für uns Christen nimmt die Sexualität denselben Platz ein wie viele andere Lebensbereiche, bei denen wir uns in Dankbarkeit vor dem einen wahren Gott verneigen: Nahrung, Umgang mit Geld, Freundschaften, Träume, unser Beruf, Besitz, unsere Fähigkeiten und unsere Familie.[6]

Zeit und Übung

Bevor wir Punkt 1 der Liste der Tätigkeiten unserer Frau aus Sprüche 31 abschließen – engagiert und effektiv arbeiten –, möchte ich noch zwei Vorzüge hervorheben, die jeder Job mit sich bringt: Zeit und Übung.

Fangen wir an mit der Übung. Unsere Singlejahre sind eine aufregende Zeit mit vielen Gelegenheiten zum Lernen und Wachsen. Aber wir sollten genau aufpassen, was uns bei unseren Entscheidungen beeinflusst: biblische Maßstäbe oder weltliche Werte? Wenn eine Frau als oberste Prioritäten ihre Beziehung zu Gott, die Mitarbeit in der Gemeinde und das Entwickeln einer biblischen Weiblichkeit hat, ist das sehr lobenswert. Wir sollten unerschrocken dazu stehen, dass Ehe und Mutterschaft hohe Berufungen für Frauen sind und wir sollten uns auf diese Aufgaben so gut wie möglich vorbereiten. Wenn wir Ehe und Mutterschaft auf unserer Prioritätenliste ganz nach oben setzen, schwimmen wir in unserer Kultur mutig gegen den Strom und ehren damit den Herrn. Diese Art von Karriere erfordert ebenso viel und manchmal sogar mehr erstklassige Ausbildung und Übung als viele andere Berufe.

Dennoch sollten wir nicht einfach davon ausgehen, dass wir wissen, was die Zukunft bringen wird. Die meisten Singlefrauen, die über dreißig, vierzig oder älter sind, sagen, sie hätten eigentlich damit gerechnet, längst Ehefrau und Mutter zu sein. Aber das Leben verläuft nicht immer in geraden Bahnen. Manche heiraten nie, und ich kenne andere, deren Männer früh verstorben sind und die ihre Kinder als Witwen allein großziehen müssen. Ich kenne

Frauen, die von ihren Männern verlassen wurden, Frauen, deren Männer aufgrund schwerer Krankheiten arbeitsunfähig wurden und vieles mehr. Leider ist die Ehe in einer gefallenen Welt keine Garantie dafür, dass wir als Frau keine Ausbildung oder Qualifikation bräuchten, um eines Tages möglicherweise allein eine Familie ernähren zu können.

Ich möchte Frauen ausdrücklich dazu ermutigen, sich durch eine gute Ausbildung auch auf das Berufsleben vorzubereiten. Dennoch sollte das Streben nach den Tugenden von Titus 2 unter Anleitung einer reifen Frau an *erster* Stelle stehen. *Danach* können wir berufliche Weiterbildung und Erfahrung anstreben, so wie der Herr uns führt. Berufliche Qualifikation ist für eine Frau weder automatisch gut – wie unsere Kultur es uns einreden möchte –, noch automatisch schlecht – wie mache Christen vielleicht reflexhaft annehmen. Diese Entscheidungen sollten mit Weisheit getroffen werden. Wichtig ist, welchen Einfluss die jeweilige Entscheidung auf die Beziehung zum Herrn und zur Gemeinde hat.

Ich bin meinen Eltern dankbar dafür, dass sie Opfer gebracht und Geld gespart haben, um mein Studium zu finanzieren. Es hat mir die Türen zu vielen interessanten Erfahrungen geöffnet. Doch weder mein Hochschulabschluss noch die meisten meiner beruflichen Erfahrungen haben die geringste Auswirkung auf die Ewigkeit. Allein die Frucht, die ich als gottesfürchtige Frau hervorbringe, zählt wirklich. Wir sollten uns also weder zu sicher sein, die Zukunft schon zu kennen, noch sollten sich unsere Überlegungen allein darum drehen, ob eine besonders gute Schule oder ein Abschluss uns beruflich voranbringen werden. Die entscheidende Frage ist: Hätte der Zeitaufwand, das Studentenleben oder irgendetwas anderes auf dem Weg zu diesem Ziel eine negative Auswirkung auf unsere geistliche Frucht oder unsere Entscheidung für einen gottgefälligen Lebensstil?

Kommen wir nun zum zweiten Vorzug, den jede Arbeitsstelle mit sich bringt: Zeit. Von uns Singlefrauen, die ihren Beruf, ihr Zuhause und die Aufgaben in der Gemeinde unter einen Hut bringen müssen, haben viele das Gefühl, nie genug Zeit zu haben. Aber es wird sicher noch schwieriger sein, alles zu schaffen, wenn ein

Ehemann und Kinder dazukommen. Deshalb ist jetzt eine gute Zeit, um zu lernen, sich nicht zu viel auf einmal aufzuladen. Ich kenne zwar ein paar Singlefrauen, denen es nie zu viel wird, aber die meisten – mich eingeschlossen – fühlen sich überlastet.

Es gibt unzählige Ratgeber zum Thema Zeitmanagement, und wie die meisten Menschen neige ich zu einer Lieblingsmethode. Allerdings übergehen weltliche Zeitmanagement-Ratgeber die Tatsache, dass wir mit unserer Zeit nicht umgehen dürfen, als wäre sie unser persönliches Eigentum – wie eine Ressource, die wir nach Belieben investieren, anhäufen oder ausgeben können. Zeit ist ein begrenztes Gut. Gott hat die Anzahl unserer Tage bestimmt. Deshalb besteht unsere Aufgabe darin, weise mit diesem Geschenk Gottes umzugehen. Mose schreibt in Psalm 90,12: »So lehre uns denn zählen unsere Tage, damit wir ein weises Herz erlangen!«

Für uns Singlefrauen gibt es einige wenige Einschränkungen, aber viele Möglichkeiten. Wir können unsere Ressourcen sehr breit strecken, was allerdings auch bedeutet, dass sie dabei sehr flach werden. Stell dir die verfügbare Zeit wie ein Stück Knetgummi vor: Man kann sie nicht gleichzeitig in die Höhe und in die Breite dehnen. Wenn wir unsere Ressourcen sehr breit ausdehnen, können wir unsere Beziehungen nicht sehr tief gestalten. Ehe und Mutterschaft bringen es daher mit sich, dass wir unsere Grenzen enger stecken müssen, denn Ehefrau und Mutter zu sein erfordert, dass wir in unseren Beziehungen zu einigen wenigen Menschen mehr in die Tiefe gehen. Als Singles müssen wir uns stärker als Verheiratete darum bemühen, unsere Grenzen zu definieren. Aber wir haben Grenzen und wir sollten darauf achten, zumindest zu einigen Menschen tiefe Beziehungen aufzubauen.

Als ich eine junge Christin war, schätzte mich eine weise Frau aus meiner Gemeinde sehr gut ein und gab mir einen guten Rat. Sandy sagte mir, dass es sicher gut sei, wenn ich jemanden hätte, der mir Feedback über meinen Umgang mit der Zeit gibt. Sie wollte mir helfen und mich bei meinen Prioritäten beraten. Zuerst zögerte ich. Ich war nicht sicher, ob das wirklich hilfreich wäre, aber dann erkannte ich, dass sie mir ein wunderbares Geschenk gemacht hatte: Zeit, um gemeinsam über ein Thema nachzudenken. Da Sandy verheiratet war, wusste sie, wie wertvoll es sein konnte, eine Entscheidung aufzuschieben, bis sie Gelegenheit bekam, mit ihrem Mann darüber zu sprechen – und sie wusste, dass mir dieser Rückhalt fehlte. Deshalb bot sie mir, als Frau meines Hauskreisleiters, diese »absichernde Supervision« an. Ich glaube, wörtlich sagte sie: »Carolyn, du bist eine sehr kompetente Frau. Viele in der Gemeinde hätten dich gern in ihrem Dienst, damit du Kinder betreust oder ihre Projekte unterstützt. Aber mir ist aufgefallen, dass du dazu neigst, dich zu überfordern. Vermutlich liegt das daran, dass du den Leuten gefallen möchtest. Ich würde dir gern helfen, Prioritäten zu setzten und zu lernen, nein zu sagen. Wenn du möchtest, kannst du in nächster Zeit anstehende Entscheidungen mit der Begründung aufschieben, dass du zuerst mit mir darüber sprechen möchtest, weil ich dir derzeit helfe, deine Termine zu planen. Dann bist du nicht unter Druck, dich sofort entscheiden zu müssen.« Leider muss ich zugeben, dass ich damals oft so unweise war, meine Unabhängigkeit ihrem wunderbaren Angebot vorzuziehen.

Über die Jahre habe ich gelernt, mich jeweils zum Jahresbeginn zurückzuziehen und darum zu beten, welche Prioritäten der Herr für mich hat. Im Laufe eines Jahres ordne ich meine Prioritäten mehrfach neu, aber ich habe herausgefunden, dass Neujahr ein guter Termin für eine jährliche Überprüfung ist. Ich gehe meine beruflichen und gemeindlichen Verpflichtungen durch, meine Gemeindedienste, Möglichkeiten zur Evangelisation, persönliche, finanzielle oder gesundheitliche Ziele und familiäre Verantwortungen. Für all diese Bereiche wähle ich jeweils einen Schwerpunkt aus, auf den ich mich konzentrieren möchte. Als zum Beispiel meine Schwestern heirateten und Kinder bekamen, übertrug ich mein Zeitkontingent, das ich für Kinderbetreuung bei anderen Familien vorgesehen hatte, auf die Familien meiner Schwestern. Nachdem ich meinen Schwestern zugesagt hatte, auf meine Neffen und Nichten aufzupassen, fiel es mir viel leichter, Anfragen anderer Familien abzulehnen. Ich habe gelernt, dass man ohne Schuldgefühl nein sagen kann, wenn man klar benennen kann, wozu man sich bereits verpflichtet hat. Die anderen werden diese Grenze verstehen. Dass ich Single bin, bedeutet nicht, dass mein Tag 48 Stunden hat. Mir steht genau so viel oder wenig Zeit zur Verfügung wie allen anderen auch.

Eine weitere Lektion musste ich leider auf die harte Tour lernen: Ich bin nicht der Schöpfer, sondern ein Geschöpf. Gott hat mich so erschaffen, dass ich bestimmte Dinge für das physische Überleben brauche: Nahrung, Schlaf, Bewegung usw. Als ich jung war, glaubte ich, auf diese Dinge nicht besonders achten zu müssen, und tatsächlich spürte ich kaum nennenswerte Konsequenzen, wenn ich einfach tat, wozu ich Lust hatte. Aber es war letztlich doch ein Irrtum, denn ich säte die Saat einer schlechten Gesundheit. Heute ist mir bewusst, dass ich nicht alles schaffen kann, was auf der To-do-Liste steht. Genau genommen werde ich niemals sagen können, dass mein Werk vollbracht und vollendet ist. Nur Christus konnte das sagen. Ich hingegen lebe inmitten haufenweise unerledigter Dinge, weil ich ein endliches Geschöpf bin.

Ich muss also abends meine Arbeit beenden und ins Bett gehen, um den Schlaf zu bekommen, den mein Schöpfer als notwendig für mein körperliches Wohlbefinden erachtet hat. Außerdem muss ich planen, einkaufen und kochen, um mich gesund zu ernähren. Ich muss morgens aus den Federn raus und Sport treiben, um die Muskeln zu bewegen, die während eines Arbeitstags am Computer nicht gebraucht werden und vieles mehr. Sobald ich diese Dinge als feste Termine in meinem Kalender stehen hatte, einschließlich meiner gemeindlichen Aufgaben, meiner täglichen Gebetszeit und meiner Arbeit, wurde klar, dass mir wenig Zeit für weitere Aktivitäten oder Unternehmungen mit Freunden blieb. Deshalb betete ich, um Gottes Prioritäten für mich zu erkennen und vertraute ihm, dass er für jene sorgen würde, deren Anfragen ich ablehnen musste.

Jetzt sehen wir uns Punkt 2 aus der Liste der Dinge an, die die vorbildliche Frau in Sprüche 31,16-19 tut: sparen und investieren.

Ein Ehemann ist kein Finanzplan

Als Single lernt man, viele Dinge allein hinzubekommen: vom Reisen über das Reparieren von Haus und Auto bis hin zum Steuerzahlen und Sparen für die Altersvorsorge. Möglicherweise lernt man auch das Abschließen einer Berufsunfähigkeits- oder Lebensversicherung oder den Umgang mit dem Vermögen der verstorbenen Eltern – oder sogar den Umgang mit dem Vermögen des Ehemannes, nachdem man Witwe geworden ist.

Die meisten dieser Dinge lernt man nicht gern, aber sie müssen gemeistert werden. Ich kenne die Versuchung nur zu gut, mich nach einem Mann zu sehnen, der all die Dinge tut, die ich nicht tun möchte. Der Slogan einer Hilfsorganisation für Frauen lautet: »Ein Mann ist kein Finanzplan.« Denn auch eine Ehe ist keine Garantie dafür, dass wir in Bezug auf Finanzen völlig ahnungslos leben können. Frauen sollten vielmehr in der Lage sein, notfalls auch allein zurechtzukommen. Statistisch gesehen werden die meisten Frauen irgendwann Witwe, weil Frauen eine höhere Lebenserwartung als Männer haben. Deshalb sollten wir besonders weise für unsere Zukunft vorsorgen.

Die Behauptung, dass Frauen nichts über den Umgang mit Geld lernen möchten, ist ein falsches Klischee, das auf viele Frauen nicht zutrifft. Andererseits haben viele Frauen tatsächlich kein Interesse an Finanzen. Vielleicht macht es uns mehr Spaß, Geld auszugeben, als es zu sparen und zu investieren. Aber wie dem auch sei, beides ist unweise und unbiblisch. Es gibt viele Bibelstellen, die uns Gottes finanzielle Perspektive verdeutlichen. Unser Geld gehört Gott und er hat einen konkreten Plan dafür, wie wir das, was er uns gibt, verwenden sollen. Randy Alcorn schreibt in seinem Buch *Geld, Besitz und Ewigkeit*, die Bibel sage »erstaunlich viel über Geld, wie wir es sehen und was wir damit tun sollen«. Er schreibt weiter, 15% der Aussagen Jesu in der Bibel handelten von Geld und Besitz. Über dieses Thema habe er mehr gesprochen als über jedes andere.[7]

1. Nicht alles sofort ausgeben

Das erste Prinzip im Umgang mit Geld lautet: Wir sollten nicht alles, was wir bekommen, auch wieder ausgeben. Als ich ein Kind war, versuchte mein Vater mir die Disziplin und Weisheit des Sparens beizubringen. Mein Taschengeld betrug 25 Cent pro Woche, was auch damals nicht viel war, aber mir wurden nur 15 Cent ausgezahlt. Die restlichen 10 Cent zahlte mein Vater auf ein Sparbuch ein, auf das ich erst mit 18 Zugriff haben sollte. Was er mir beizubringen versuchte, überstieg damals einfach meinen kleinen habgierigen Verstand. Ich kann mich nur noch an meinen Gedanken erinnern, dass es bei nur 15 Cent pro Woche eine Ewigkeit dauern würde, bis ich mir die Pferdefigur kaufen konnte, die ich so gern haben wollte. Aber mit der Zeit wurden die kleinen Beträge, die wöchentlich auf mein Sparbuch eingezahlt wurden, immer interessanter. Als ich das College beendete, hatte ich nebst Zinsen und Zinseszinsen etwas mehr als 2.000 Dollar zusammen – die ich sofort abhob, denn ich war noch auf der Suche nach Arbeit und wollte mir einen schönen Urlaub gönnen. Die Lektion über Sparen, die mein Vater mir beibringen wollte, musste ich stattdessen als Erwachsene auf die harte Tour lernen, auch noch Jahre nach meinem Start im Berufsleben. Weil ich in den ersten Jahren meiner Berufstätigkeit überhaupt nicht sparte, verlor ich das wertvollste Gut, das im Sparen und Investieren verborgen liegt: Zeit. Das Geld, das ich damals hätte sparen können, hätte mir mehr Ertrag eingebracht als die Hunderte Dollar, die ich heute spare. Als man mir dieses Prinzip damals erklärte, habe ich es nicht geglaubt. Die Warnungen, die ich in vielen Artikeln zum Thema gelesen hatte, ignorierte ich.

Heute übe ich mich in der meist zwecklosen Disziplin, meine so schmerzlich erworbene Weisheit an jüngere Frauen weiterzugeben. Wenn ich einer jungen Frau begegne, die gerade ihre erste Arbeitsstelle antritt, erkläre ich ihr die »Zwei-S-Lektion«. Das erste »S« steht für Sparen, das zweite für Sonnenschutz. Wenn sie beides ignoriert, wird sie ehe sie sich versieht mit dreißig aufwachen und feststellen, dass sie erstens die besten Jahre für den Ertrag durch Zinseszinsen verpasst hat und zweitens durch Lederhaut und Krähenfüße älter aussieht, als sie ist. (In den meisten Fällen lächeln die jungen Frauen, nicken und fragen sich vermutlich, ob das alles an Lebensweisheit ist, was ich ihnen mit auf den Weg geben kann.)

Ich weiß, dass sparen schwer ist. Ich weiß, dass du vermutlich weniger verdienst als deine männlichen Freunde. Ich weiß auch, dass es einfach mehr kostet, eine Frau zu sein. Von der chemischen Reinigung über Pflege und Kosmetik bis hin zu Hygieneprodukten. Ich weiß von der Versuchung, mehr auszugeben, als man hat, um auf Singlemänner möglichst attraktiv zu wirken. Dieses Thema werden wir in Kapitel 10 näher anschauen. Und ich weiß, dass Singles stärker dazu neigen, essen zu gehen, als verheiratete Frauen. Aber es ist trotz allem eine schlichte Tatsache, dass Frauen hierzulande wesentlich mehr verdienen als Millionen Frauen in anderen Teilen der Welt. Wie viel meinen wir noch zu brauchen? Liebe Freundinnen, wir haben keine Entschuldigung, wenn wir über unsere Verhältnisse leben. Wenn wir nicht bewusst sparen und investieren, gehören wir zu denen, die im Buch der Sprüche als »töricht« bezeichnet werden – und ich war öfter töricht, als ich zugeben mag.

- Im Winter pflügt der Faule nicht; sucht er zur Erntezeit, dann ist nichts da (Sprüche 20,4).
- Die Pläne des Fleißigen führen nur zum Gewinn; aber jeder, der hastig ist, erreicht nur Mangel (Sprüche 21,5).
- Ein begehrenswerter Schatz und Öl ist an der Wohnstätte des Weisen, ein törichter Mensch aber verschlingt es (Sprüche 21,20).
- Der Reiche herrscht über die Armen, und Sklave ist der Schuldner seinem Gläubiger (Sprüche 22,7).

Ich las kürzlich einen Artikel, in dem behauptet wurde, die persönlichen Finanzen seien das letzte Stück Privatsphäre der amerikanischen Kultur. Unsere Medien und Gespräche werden dominiert von Themen wie emotionale Traumata, sexuelle Eskapaden, familiäre Ränkespiele und verschiedene Konflikte. Auch in der christlichen Kultur bekennen wir uns offen zu unseren Sünden in diesen Bereichen. Aber sehr selten, wenn überhaupt, kennen wir Details über Einnahmen und Ausgaben unserer Freunde und Angehörigen, auch nicht innerhalb der Gemeinden. Nach meiner Beobachtung gilt dies insbesondere für Singles. Da wir niemandem Rechenschaft darüber schuldig sind, wie wir unser Geld ausgeben, mangelt es uns mitunter an finanziellem Verantwortungsbewusstsein. Kein Wunder also, dass Geld und Finanzen oft ein so schwieriges Thema für jungverheiratete Paare sind.

Unser Umgang mit Geld ist eine Disziplin, die für unsere Ehemänner *definitiv* ein Segen sein wird – vor und nach der Hochzeit. Schuldenfrei zu sein ist die moderne Mitgift; etwas Vermögen mit in die Ehe zu bringen, ist noch besser. Die Beherrschung dieser Disziplin wirkt auch attraktiv auf Männer. Ein Mann erzählte mir einmal, dass er seine Frau in einer Gesprächsrunde kennen lernte, die gerade über Finanzen diskutierte. Diese Frau war ihm zunächst nicht besonders aufgefallen, bis sie anfing, über Geld zu sprechen. Als sie ihre Pläne und Leistungen beschrieb, fiel ihm auf, wie clever sie in dieser Hinsicht war – und da begann es zu funken.

Wenn du bisher anderer Überzeugung warst oder wenn du Schulden hast, solltest du Hilfe in Anspruch nehmen. Vielleicht gibt es in deiner Gemeinde seelsorgerliche Beratung in finanziellen Fragen? Oder vielleicht kennst du jemanden, der dir kompetent dabei helfen kann, deine Einnahmen und Ausgaben zu analysieren? Ja, es mag demütigend sein, die Finanzen offenzulegen. Ich kenne eine Frau, die ihre Eltern zu sich nach Hause einlud, um gemeinsam mit ihnen ihre Ausgaben und Ersparnisse zu ordnen. Mit Hilfe der Eltern konnte sie ein Budget festlegen, weil sie wusste, dass sie sich auf ihre Hilfe verlassen konnte.

Du wirst nicht nur guten Rat für das Haushalten und Sparen brauchen, du solltest außerdem Gottes Wort zum Thema Geld studieren und von allen egoistischen Gewohnheiten umkehren. Ich weiß, das klingt hart, aber leider kann ich aus meiner persönlichen Erfahrung bestätigen, dass es richtig ist. Wir können alle möglichen Budgets aufstellen, aber wir werden es jedes Mal wieder vermasseln, wenn wir nicht in unserem Innersten davon überzeugt sind, arme Verwalter dessen zu sein, was Gott uns gegeben hat. Weil ich nach wie vor Schwierigkeiten in diesem Bereich habe, habe ich es so eingerichtet, dass 10 % meines Gehalts für meine Altersvorsorge abgebucht werden. Ich bekomme dieses Geld gar nicht erst und komme so auch nicht in Versuchung, gute Gründe zu finden, es auszugeben.

2. Für Gottes Zwecke ausgeben

Das zweite Prinzip im Umgang mit Geld lautet: Der beste Investitionsplan besteht darin, das Geld für Gottes Zwecke zur Verfügung zu stellen. Zu meiner Gemeinde gehörte früher ein alleinstehender Mann, den ich sehr gern kennengelernt hätte. Er starb, bevor ich hierher zog, aber sein Erbe lebt weiter. Richard Moore war ein großzügiger, gastfreundlicher Mann und seine Freigiebigkeit war in der Gemeinde legendär – obwohl er stets versuchte, anonym zu spenden. Nachdem er verstorben war, räumte einer seiner Freunde sein Haus aus. Er war überrascht, als er entdeckte, wie viel Mühe Richard für seinen Spendendienst aufgewendet hatte, sowohl materiell als auch finanziell. Am deutlichsten zeigte dies sein Scheckbuch. Dort war das Leben eines Mannes dokumentiert, dessen Ziel es war, andere zu segnen. Er selbst lebte bescheiden und unterstützte seine Gemeinde treu. Richard konnte das, was er hatte, nicht mitnehmen, als er starb. Aber seine finanzielle Saat bringt auch über seinen Tod hinaus Frucht. Ich habe das Zeugnis von Richards Scheckbuch nie vergessen. Wenn ich meine Kontoauszüge anschaue, denke ich an dieses Zeugnis und frage ich mich, was meine Ausgaben über mich aussagen.

Der Grund dafür, dass wir nicht unser ganzes Geld für uns ausgeben sollten, ist nicht ein komfortabler Ruhestand, den wir später genießen wollen. Sicher sollten wir für unser Alter vorsorgen, das deutet die Bibel an vielen Stellen an. Aber dadurch können wir unsere Zukunft nicht wirklich sichern. Unser himmlischer Vater hat versprochen, für uns zu sorgen. Das ist unsere Sicherheit. Wenn wir uns angewöhnen, mit weniger auszukommen, als wir verdienen, bleibt uns Geld übrig, das wir in das Reich Gottes investieren können. Und das ist eine Investition, die große Rendite verspricht. Randy Alcorn schreibt, wenn wir einmal Gottes Förderprogramm verstanden haben, wird das unsere Einstellung zu einem freigiebigen Lebensstil für immer verändern. Die Bibel macht einerseits deutlich, dass unser Glaube über unser ewiges Schicksal entscheidet, aber dass andererseits unsere Taten – einschließlich unser Umgang mit Geld –, bestimmen, was unser Lohn sein wird:

Was ist das größte Missverständnis unter Christen in Sachen Geld? Es ist die Vorstellung, dass das Geld weg ist, wenn wir es der Gemeinde oder Bedürftigen gegeben haben. Wir meinen, dass andere davon profitieren, aber nicht wir. Wir glauben, dass wir uns unser eigenes Geld entziehen und uns von ihm trennen. Wir stellen uns vor, dass es keine Verbindung mehr zu uns hat, keinerlei zukünftig relevante Bedeutung, nachdem wir es einmal aus der Hand gegeben haben.

Wir könnten kaum falscher liegen.

Was wir zu besitzen glauben, wird uns auf unsanfte Weise genommen werden – einiges, bevor wir sterben, und alles andere im Augenblick unseres Todes. Aber jetzt ist für uns das Zeitfenster geöffnet, um unser Geld nicht zu *verlieren*, sondern es in den Himmel zu *investieren*. Uns wird nicht alles genommen. Wir können es geben, bevor Katastrophen oder der Tod zuschlagen. Jetzt ist unsere Chance, das zu geben, was wir nicht behalten können, um zu gewinnen, was wir nicht verlieren können.

Wir sind Gottes Finanzmanager. Er möchte, dass wir sein Geld in sein Reich investieren. Er sagt uns, dass er von jedem Becher Wasser weiß, den wir den Durstigen zu trinken geben. Er verspricht uns, dass er uns für alles belohnen wird, was wir Gutes tun an den Armen und Bedürftigen, die uns nichts zurückzahlen können.

Wir können Reich-Gottes-Aktien kaufen. Wir können in die Ewigkeit investieren.[8]

Wegen aktueller Skandale sind viele Christen misstrauisch geworden, was das Spenden für die Gemeinde oder andere Dienste betrifft. Meiner Meinung noch sollten wir, anstatt misstrauisch zu sein, uns darüber freuen, dass die Sünden ans Licht gekommen sind (was ein ernüchternder Gedanke ist, wenn wir an unsere eigenen Sünden denken). Die Sünden anderer setzen nicht das biblische Gebot des Gebens außer Kraft.

Im Alten Testament gab das Volk Gottes den Zehnten, 10 % des Einkommens. Diese Praxis gab es schon vor dem Gesetz (1. Mose

14,20; 1. Mose 28,22) und wurde im mosaischen Gesetz dann formal festgesetzt, um für den Lebensunterhalt der Priester und Leviten zu sorgen und den Tempel zu unterhalten (3. Mose 27,30-32; 5. Mose 14,22-24). Maleachi 3,10 sagt: »Bringt den ganzen Zehnten in das Vorratshaus, damit Nahrung in meinem Haus ist! Und prüft mich doch darin, spricht der HERR der Heerscharen, ob ich euch nicht die Fenster des Himmels öffnen und euch Segen ausgießen werde bis zum Übermaß!«

Auch im Neuen Testament wird vom Gläubigen erwartet, dass er die Gemeinde finanziell unterstützt. In 1. Korinther 9,13-14 lesen wir: »Wisst ihr nicht, dass die, welche die heiligen Dienste tun, aus dem Tempel essen, dass die, welche am Altar tätig sind, Anteil am Altar haben? So hat auch der Herr denen, die das Evangelium verkündigen, verordnet, vom Evangelium zu leben.« Und in Galater 6,6: »Wer im Wort unterwiesen wird, gebe aber dem Unterweisenden an allen Gütern Anteil!« Noch wichtiger ist, dass wir freiwillig ins Reich Gottes investieren. 2. Korinther 9,7 sagt: »Jeder gebe, wie er sich in seinem Herzen vorgenommen hat: nicht mit Verdruss oder aus Zwang, denn einen fröhlichen Geber liebt Gott.«[9]

Diese Verse sagen nicht, wenn der Klingelbeutel vorbeigereicht wird, sollen wir unser Portemonnaie von überzähligen Centstücken befreien, damit es nicht mehr so unhandlich dick ist. Die Arbeit des Herrn kann nicht mit einigen Cent finanziert werden. Unsere erste Priorität beim Geben sollte der Zehnte sein, den wir unserer örtlichen Gemeinde geben. Wenn wir uns die Worte unseres Herrn ansehen, erkennen wir, dass er von denen, die ihm nachfolgen, erwartet, dass sie ihren Zehnten geben: »Aber wehe euch Pharisäern! Denn ihr verzehntet die Minze und die Raute und alles Kraut und übergeht das Gericht und die Liebe Gottes; diese Dinge hättet ihr tun *und jene nicht lassen sollen*« (Lukas 11,42).

Ich erinnere mich, wie ich als junge Christin meine erste Frage zum Zehnten stellte. Mein Schwager Fred antwortete darauf. Ich verstand nicht, warum die Gemeinde mein Geld bekommen sollte. Fred antwortete, dass die Gemeinde sonst keine Ressourcen hätte, um für ihr Umfeld ein Segen zu sein. Ohne Spenden müsste die Gemeinde sich allein dadurch finanzieren, dass sie Flohmärkte und

Tombolas veranstaltet und die Leute in der Gegend bittet, zu kommen und etwas zu kaufen. Unsere Spenden versetzen die Gemeinde in die Lage, den Menschen in ihrem Umfeld zu dienen und das Evangelium zu verbreiten. Seine einfache Antwort leuchtete mir ein und ich hatte durch Gottes Gnade nie wieder mit dem Zehnten zu kämpfen. Ich habe immer wieder erlebt, dass der Herr mich treu versorgte, auch wenn das Geben des Zehnten rein menschlich betrachtet nicht sinnvoll erschien. Seine Verheißung aus Maleachi 3,10 steht für immer fest. Liebe Freundinnen, die hohe Priorität unserer Spenden für unsere Ortsgemeinde sollte bei einem kurzen Blick auf unseren Kontoauszug deutlich werden.

Unsere Frau aus Sprüche 31 wusste offensichtlich, wie sie Geld verdienen und es investieren konnte. Sie wird für diese Fähigkeit gelobt und ihr Vorbild verdient unsere Nachahmung. In derselben Passage wird sie auch für ihre Großzügigkeit gegenüber den Armen gelobt, worauf wir später noch zurückkommen werden.

Sehen wir uns zunächst die dritte Tätigkeit der Frau aus Sprüche 31 an: Besitz erwerben.

Erwerb für die Zukunft

Ich erinnere mich noch lebhaft an ein Gespräch, das ich einmal mit einem Bekannten bei einer Konferenz hatte. Ich fragte ihn, wie es seiner Familie ginge und er antwortete, dass eigentlich alles gut sei. Seine ältesten Kinder waren verheiratet, sein drittes Enkelkind war gerade unterwegs. Aber um seine jüngste Tochter machte er sich Sorgen.

»Sie ist gerade dreißig geworden und immer noch Single«, sagte er. »Sie hat in letzter Zeit in einer WG nach der anderen gelebt. Deshalb sagten meine Frau und ich zu ihr: ›Schau mal, es könnte sein, dass du möglicherweise nicht heiraten wirst. Du solltest ein paar Vorkehrungen treffen. Wir sind der Meinung, dass du dir ein Haus oder eine Wohnung kaufen solltest. Das würde dir zumindest *etwas* Sicherheit geben.«

Während er diese Geschichte erzählte, gefror mein Lächeln. Aus Mitgefühl mit dieser unbekannten Frau zuckte ich innerlich zusammen. Ich hörte kommentarlos zu, aber später wurde mir klar, dass ich mich durch das Gespräch hatte irritieren lassen. Ich dachte immer wieder darüber nach, welche Ansichten diesen Worten zugrunde lagen. Zwar kannte ich nicht alle Hintergründe dieses Falls, aber Varianten dieser Geschichte hatte ich schon des Öfteren gehört. Immobilienerwerb ist üblicherweise eine Sache etablierter Eheleute. Es kann aber auch der Trostpreis für Frauen mit lebenslangem Singlestatus sein. Ich glaube, das ist der Grund dafür, dass viele meiner alleinstehenden Freundinnen es als eine Art Niederlage empfinden, wenn sie sich alleine ein Haus oder eine Wohnung kaufen – als wäre es ein schlechtes Omen.

In Sprüche 31,16 lesen wir von der tüchtigen Frau: »Sie hält Ausschau nach einem Feld und erwirbt es; von der Frucht ihrer Hände pflanzt sie einen Weinberg.« Einen Weinberg zu pflanzen setzt eine Langzeitperspektive voraus. In 3. Mose 19,23-25 lesen wir, dass die Früchte der Bäume drei Jahre lang als »unbeschnitten« gelten mussten, um sie dann im vierten Jahr den Herrn als eine heilige Festgabe zu opfern. Erst im fünften Jahr konnten die Besitzer die Früchte verwerten. Ganz ähnlich machen es Winzer auch heute noch. Nachdem der Weinberg gepflanzt wurde, müssen die Reben gehegt und gepflegt werden und erst nach drei bis vier Jahren bringen sie einen nennenswerten Ertrag hervor. Den vollen Ertrag gibt es erst nach fünf oder sechs Jahren. Entscheidend ist: Wer einen Weinberg pflanzt, investiert in die Zukunft.

Ebenso verhält es sich mit Immobilienbesitz. Allgemein gilt, dass es je nach Marktlage etwa drei bis fünf Jahre dauert, bis der Kauf einer Immobilie sich nennenswert bezahlt macht. Unsere Frau aus Sprüche 31 hätte den Weinberg *pachten* können, was sowohl im Alten als auch im Neuen Testament gängige Praxis war. Aber sie entschied sich, ihn zu kaufen.

Ich halte es für sinnvoll, dass Singlefrauen den Kauf einer Immobilie als Investition für ihre Zukunft erwägen. Nicht als Ehe-Mitgift oder Trostpreis, sondern als Vorsorge für unsere Zukunft und als gute Ergänzung zu anderen Sparprogrammen. Ich habe mein Haus vor fünf Jahren mit Mitte Dreißig gekauft und auch viele andere Singlefrauen zu diesem Schritt ermutigt. Während meine

Aktienfonds in den Keller stürzten, als die Technologieblase um die Jahrtausendwende platzte, stieg der Verkaufswert meines Hauses im selben Zeitraum um das Doppelte an. Der amerikanische Immobilienmarkt erlebt ungewöhnliche Zeiten, aber gerade das ist ein weiterer Hinweis darauf, wie wichtig breit gestreute Kapitalanlagen sind. Und ich bin nicht allein. Nach Angaben des nationalen Maklerverbandes haben im Jahr 2000 doppelt so viele Singlemänner und -frauen Häuser gekauft als in den Vorjahren. 18 % der Immobilienkäufer waren Singlefrauen, im Vergleich zu nur 13 % im Jahr 1989.

Singles wird oft geraten, sich nicht mit einem Immobilienkauf stark zu binden. Das vermittelt den Eindruck, wir wären Flüchtlinge, die mitten in der Nacht ihren Unterschlupf verlassen müssen. Müssen wir schneller irgendwo hinkommen als Verheiratete? Wenn man sein Haus verkaufen muss, weil man eine neue Arbeitsstelle angenommen hat, stellt man es dem Markt zur Verfügung, so wie verheiratete Paare auch. Wenn man sein Haus verkaufen muss, weil man heiratet, dann weiß man auch das meistens vorher. Und selbst wenn man sein Haus schnell und möglicherweise mit Verlust verkaufen müsste, hätte man vermutlich nicht mehr Geld verloren, als wenn man über denselben Zeitraum zur Miete gewohnt hätte. (Es stimmt, dass in einigen Gegenden aufgrund einer Abhängigkeit von einer bestimmten Branche, wie zum Beispiel der Ölförderung, der Wertverlust dramatisch war. Aber diese Dinge liegen in Gottes Hand und sollten uns nicht unnötige Angst vor einer solchen Investition einjagen.) Es ist wie mit den Weinbergen: Je früher man anfängt, desto länger kann man die Früchte genießen.

Aber kannst du dir ein Eigenheim leisten? Diese Überlegung kann zu einer positiven Überraschung führen. Mein Haus habe ich mit einer kleinen Teilzeitstelle finanziert. Funktioniert hat das nur durch ein Programm zur Förderung von Hauseigentum, das von meinem Landkreis angeboten wurde. Informiere dich über die kommunalen Angebote in deiner Gegend. Es gibt fast überall gute Förderprogramme. Eine Studie des statistischen Bundesamtes im Wirtschaftsministerium hat im Jahr 2001 ermittelt, dass alle Haushalte des Landes im Schnitt 658 Dollar monatlich für Haus oder

Wohnung ausgaben. Die durchschnittlichen Kosten der Immobilienbesitzer betrugen 686 Dollar, die der Mieter 633 Dollar. Das ist kein sehr großer Unterschied.

Wenn du dir ein Eigenheim kaufst, wirst du sehr viel lernen. Ich habe gelernt, Holzameisen aufzuspüren, einen Handwerker zu finden, der einen Keller fertigstellt, einen Gasofen zu installieren, mit falschem Kohlenmonoxid-Alarm umzugehen, Toilettenverstopfungen zu beheben, ein Zimmer zu streichen, einen Bohrer zu benutzen, Fruchtfliegen zu erkennen und fernzuhalten, eine Müllansammlung zu entsorgen und *vieles* mehr – aber nicht alles auf einmal und nicht alles ganz allein. Der Herr gab mir Freunde und Familienangehörige, die mir mit Rat und Tat zur Seite standen. Außerdem durfte ich die Gesellschaft diverser Mitbewohnerinnen genießen, die allesamt auf unterschiedliche Weise zur Arbeit im Haus und zur guten Laune der Eigentümerin beigetragen haben. (Ich habe mich entschieden, vorerst nicht allein zu leben, um mich auch weiterhin so flexibel wie möglich an die Wünsche und Gewohnheiten anderer anpassen zu können.) Und wenn ich einmal im Jahr feiere, dass ich weitere zwölf Monatsraten abgezahlt und immer noch ein Dach über dem Kopf habe, danke ich Gott besonders dafür, dass er all das möglich macht.

Wenn du Glauben für ein eigenes Heim hast, möchte ich dich ermutigen, Gott im Gebet um seine Führung zu bitten. Teile deine Ideen anderen mit und bitte sie um Rat. Möglicherweise kennen deine Gemeindehirten jemanden in deiner Gemeinde, der ein guter Makler wäre, dir aber keinen Kauf aufdrängen würde. Ich würde dir auch empfehlen, einen erfahrenen Hausbesitzer zu Besichtigungen und Gesprächen mitzunehmen, denn er wird wissen, worauf man achten muss, und auf potenzielle Probleme aufmerksam machen. Für den Fall, dass die Zeit für den Kauf einer Immobilie noch nicht reif ist, mache dir keine Sorgen und lass dich in nichts hineindrängen. Ich könnte ein Buch füllen mit Geschichten über Leute, die jeglicher Überredungskunst widerstanden und auf Gott gewartet haben. Nach einigen Monaten stand ihr Traumhaus plötzlich zu einem ungewöhnlich niedrigen Preis zum Verkauf. Dennoch möchte nicht jede Frau die Verantwortung tragen, die

Hausbesitz mit sich bringt. Wenn der Herr dich nicht dahin führt, diese Investition zu tätigen, und es dir an Glauben fehlt, zu diesem Zeitpunkt eine solche Verantwortung zu tragen, dann ist das völlig in Ordnung! Ich glaube, dass Frauen sowohl auf die eine als auch auf die andere Art davon profitieren können, sich mit dem Gedanken an Immobilienbesitz auseinanderzusetzen.

Kommen wir nun zu unserem letzten Punkt.

Allein stark

Sprüche 31 lobt eine Frau, die stark ist. Besonders deutlich wird das in Vers 17: »Sie gürtet ihre Lenden mit Kraft und macht ihre Arme stark«, oder wie eine andere Übersetzung schreibt: »Sie kleidet sich mit Kraft und stärkt ihre Arme« (nach der English Standard Version). Die Lenden gürten bedeutet, sich auf harte Arbeit oder sogar auf einen Kampf vorzubereiten. Sie krempelt quasi die Ärmel hoch.

Wenn wir nicht aufpassen, könnten aus uns allerdings regelrechte Streitäxte werden. Ada Lum schreibt:

> Es ist unvermeidlich, dass wir Singlefrauen Unabhängigkeit und Entschlossenheit entwickeln, und das oft mehr als unsere verheirateten Schwestern, deren Ehemänner für sie und mit ihnen entscheiden. Was aber vermeidbar ist, sind die distanzierte Kühle und der scharfe Tonfall, die oft mit der weiblichen Unabhängigkeit einhergehen.[10]

Der Schlüssel zum Verständnis der wahren Stärke dieser Frau ist die Erkenntnis dessen, für den sie arbeitet. Sie ist eine kompetente Frau, aber sie ist nicht unabhängig. Ihr Mann ist ihr irdischer Leiter, aber ihr Meister ist der Herr. Gott setzt ihr Grenzen und innerhalb dieser Grenzen arbeitet sie hart. Die Worte »von der Frucht ihrer Hände« betonen nicht ihre Unabhängigkeit, sondern ihre Verantwortung. Im Gesamtzusammenhang des Kapitels liegt die Betonung nicht so sehr auf »ihre« wie auf »Frucht«. Ihre Stärke zeigt sich in ihrer Arbeit, aber sie dient nicht ihrem eigenen Wohlergehen, sondern dem anderer.

Das ist für mich eine der größten Herausforderungen. Während der letzten fünf Jahre habe ich mich um Wachstum und Veränderung in diesem Bereich bemüht und weiß, dass ich trotzdem noch viel vor mir habe. Gelernt habe ich unter anderem, die Prioritäten meines Chefs auch zu den meinen zu machen und seine Präferenzen und Abläufe in den Mittelpunkt zu stellen – und nicht meine eigenen. Carolyn Mahaneys fragt in ihrem Buch *Anziehungskraft ist mehr als Mann sieht:* »Dient es meinem Ehemann?« In Anlehnung daran habe ich gelernt, mich zu fragen: »Dient es meinem Chef?«

Lange Zeit habe ich im Büro eine ganz andere Atmosphäre verbreitet. Mein Chef kam eines Tages mit einer kurzen Frage herein und versicherte mir, dass er schnell wieder gehen und nicht viel von meiner Zeit stehlen würde. Ich sah ihn an und antwortete freundlich: »Kein Problem, meine Zeit ist deine Zeit.« Er zuckte irritiert und schaute mich geschockt an. Wir lachten beide. Aber ich lachte nicht sehr lange, denn ich war auch ein bisschen traurig darüber, dass meine Einstellung nicht von Anfang an so gewesen war.

Der Schlüssel zu wahrer Stärke ist Sanftmut. Das ist heute ein seltenes Wort. Die Welt definiert Sanftmut nicht als Stärke. Stärke wird normalerweise als Aggressionskompetenz oder Durchsetzungsvermögen aufgefasst, als ein leidenschaftliches Einstehen für sich selbst und gegen jeden Widerstand. Aber die größte Stärke brauchen wir, um unsere eigene Sünde zu beherrschen. Jeden Tag muss ich meine »Lenden gürten«, um den Kampf gegen meinen Stolz (Distanziertheit, Selbstmitleid, Kritiksucht) und meine Weltlichkeit (Selbstsucht, Habgier, Materialismus und einiges mehr) aufzunehmen. Allein um mein Mundwerk zu beherrschen, brauche ich alle meine Reserven. Jakobus wäre davon nicht überrascht, denn er schreibt: »Wenn jemand meint, er diene Gott, und zügelt nicht seine Zunge, sondern betrügt sein Herz, dessen Gottesdienst ist vergeblich« (Jakobus 1,26). Jakobus sagt noch wesentlich mehr über unser Mundwerk, worauf wir in Kapitel 11 zurückkommen werden.

Sanftmut ist die Kraft, unsere Sünde zu beherrschen. Matthew Henry schreibt in seinem Buch *The Quest for Meekness and Quiet-*

ness of the Spirit (etwa: »Auf der Suche nach Sanftmut und einem stillen Geist«): »Funktion und Aufgabe der Sanftmut ist es, uns unseren Zorn in Weisheit beherrschen zu lassen und den Zorn anderer geduldig auszuhalten, damit er uns nicht zur Provokation wird.«[11] Er schreibt weiter, Leidenschaft bringe nichts hervor, was nicht später und in Ruhe besser gesagt und getan werden könne. »Es ist besser, uns in Stille unserem Bruder unterzuordnen, der unser Freund ist, war oder vielleicht sein wird, als uns voller Wut dem Teufel unterzuordnen, der unser Todfeind ist, war und immer sein wird.«[12]

Sanftmut wird uns Singlefrauen helfen, die »distanzierte Kühle und den scharfen Tonfall« zu vermeiden und stattdessen wahre Charakterstärke zu demonstrieren, indem wir unsere Leidenschaft und unsere Zunge beherrschen.

Nun sind wir die vier Punkte aus Sprüche 31,16 -19 durchgegangen. Ich möchte das Kapitel mit einem Porträt zweier starker Frauen abschließen, die ihre Zeit, ihr Talent und ihre Schätze investiert haben, um ihrem Erlöser zu dienen.

Eine Investition für die Ewigkeit

Als Jesus öffentlich zu Wirken begann, durchzog er die Städte und Dörfer Galiläas, um die gute Botschaft vom Reich Gottes zu verkünden. Eines Tages wurde eine hochrangige Frau durch die mächtigen Worte Jesu geheilt. Sie war Johanna, die Frau des Chuza, dem Verwalter des Herodes. Dankbar griff sie auf ihre irdischen Reichtümer zurück, um für den umherziehenden Messias zu sorgen; und sie war nicht die einzige, die ihn unterstützte. Lukas berichtet, dass mindestens zwei weitere Frauen, die von bösen Geistern und Krankheiten geheilt worden waren, dem Herrn mit ihrer Habe dienten. Maria, genannt Magdalena, und Susanna (Lukas 8,1-3). Johanna unterstützte den Herrn treu bis zum Ende, buchstäblich bis unter das Kreuz. Zweifellos war sie eine der namentlich nicht genannten Frauen aus Galiläa, die aus der Distanz die Kreuzigung ihres Herrn und Erlösers beobachteten – und genau aufpassten, wohin sein Leib gebracht wurde, damit sie wohlriechende Öle für seine Salbung vorbereiten konnten.

Sobald der Sabbat vorbei war, kehrten sie an das Grab zurück. Im leeren Grab begegneten Johanna und Maria Magdalena den beiden Engeln. Sie waren die ersten, die die unglaubliche Frage zu hören bekamen: »Was sucht ihr den Lebenden unter den Toten?« (Lukas 24,5). Als die Frauen von diesem Ereignis berichteten, klang es zu wunderbar, als dass die Jünger es glauben konnten. Bis auf Petrus und Johannes hielten alle ihre Geschichte für »Geschwätz«.

Was taten Johanna und Maria Magdalena mit den wohlriechenden Ölen, ihrer letzten großzügigen Gabe für den Herrn? Die Bibel sagt uns nichts darüber. Aber sie berichtet uns von zwei Frauen – eine verheiratet, eine alleinstehend –, die überfließend vor Dankbarkeit ihre irdischen Schätze für die Ewigkeit gaben. Wir wissen nicht sicher, wie sie weiterlebten, aber der Überlieferung zufolge verlor Chuza aufgrund der Bekehrung seiner Frau und ihres mutigen Zeugnisses seine Stellung bei Herodes.[13] Sicher wissen wir eines: Was immer diese Frauen in dieser Welt verloren haben mögen, es wird ihnen in der kommenden mehr als vergolten werden.

Zum vertiefenden Studium

- Zum Thema Finanzen und Arbeit gibt es zwei Klassiker von Randy Alcorn: *Geld, Besitz und Ewigkeit* und *Wer gibt gewinnt.*
- *Dein Leben ist einmalig* von John Piper beschäftigt sich mit einer »Kämpfermentalität«, die verweichlichte Christen dringend nötig haben. Dieses Buch warnt davor, sich in ein belangloses Leben einlullen zu lassen.
- Entsprechende Empfehlungen des deutschen Herausgebers: *Wem gehört das Geld?* von John MacArthur.

9

Ein Segen für die Kinder

Es treten ihre Söhne auf und preisen sie glücklich.
Sprüche 31,28

Seit mindestens 15 Jahren hatte ich keine volle Windel mehr angefasst, von der Zeichentrickserie *Veggietales* hatte ich noch nie gehört und ganz sicher konnte ich mich an die Regeln für »Blinde Kuh« nicht mehr erinnern. Trotzdem war ich dazu auserkoren worden, auf ungefähr ein Dutzend Kinder aufzupassen, vom Baby bis zum Teenager. Die erfahrenen Eltern aus meinem Hauskreis gingen davon aus, dass jeder Erwachsene in der Lage sei, mit Kindern die richtige Sprache zu sprechen. Für mich war es eine Fremdsprache. Ich hatte mit dem Babysitten aufgehört, als ich in die Highschool kam und seitdem mit Kindern nichts mehr zu tun gehabt. Jetzt war ich eine dreißigjährige Frau, die gerade neu in die Gemeinde gekommen war, und galt daher als höchst wertvolle potenzielle neue Babysitterin.

Die Eltern stellten mich den Kindern vor, zeigten mir das vorbereitete Abendessen und sagten, ihr Treffen fände ganz in der Nähe statt – nur ein Stück die Straße runter, falls ich sie brauchen sollte. Fröhlich lächelnd winkten sie zum Abschied und dankten mir für meine Hilfe. Ich, die ahnungslose Singlefrau, winkte zurück.

Die Kinder schienen zu spüren, dass keine qualifizierte Aufsichtsperson mehr anwesend war und übernahmen sofort das Kommando. Ein Kleinkind irrte draußen in Richtung Straße umher. Dreijährige Jungs begannen, sich gegenseitig zu ärgern und zu hauen. Einige Mädchen versuchten erfolglos, ein Spiel zu organisieren. Dann beschloss ein Sechsjähriger, seine Wassertasse auf dem Kopf eines Mädchens auszuleeren. Sie protestierte lautstark, aber die Idee machte Schule. Bald liefen alle los, um ihre Tassen zu holen, die zuvor von einem Erwachsenen sorgsam mit den Namen beschriftet worden waren. Irgendwo im Tumult weinte ein kleines Mädchen.

Da hatte ich eine Idee, die Salomo alle Ehre gemacht hätte.

»Stopp!«, rief ich. Verblüfft hielten die Kinder tatsächlich inne. Ich kostete die neugewonnene Macht einen Moment lang aus. »Wir müssen alle *zusammen* spielen. Wenn ihr eine Wasserschlacht machen möchtet, dann müssen alle mitspielen. Es geht nicht, dass Kinder traurig werden, weil sie nicht nass werden möchten. Also: Möchten alle spielen?«

Die Kinder sahen mich mit großen Augen an. Nach einer kurzen Pause, während der sie die Tiefe meiner Weisheit ergründeten, riefe alle: »Was-ser-schlacht! Was-ser-schlacht! Was-ser-schlacht!« Es war ein milder Oktoberabend, daher schien die Gesundheit der Kinder nicht in Gefahr zu sein, und sie trugen auch keine teure Kleidung.

»Also dann: Wasserschlacht!«, lächelte ich wohlwollend.

Zwei Stunden später kamen die Eltern zurück. Die Kinder saßen ruhig im Wohnzimmer und schauten sich ein *Veggietales*-Video an. Alle waren zufrieden, fröhlich – und klatschnass.

»Was ist passiert?«, fragten die Eltern sichtlich besorgt.

»Also ein Kind hat angefangen, Wasser auf ein anderes zu schütten und eine Wasserschlacht fing an«, erklärte ich. »Aber nicht alle waren glücklich darüber. Deshalb habe ich gesagt, dass es keine Wasserschlacht geben wird, wenn nicht *alle* mitspielen möchten. Alle waren einverstanden und deshalb war niemand mehr traurig.«

Ich lächelte. Die Eltern runzelten die Stirn. Die Kinder saßen immer noch gebannt vor dem Video. »Also gut«, sagte schließlich einer der Väter. »Bringen wir sie nach Hause, damit sie sich etwas Trockenes anziehen können.«

Das war mein Debut als erwachsene Babysitterin. Obwohl sich herumgesprochen hatte, dass ich nicht allzu viel davon verstand, wurde ich weiterhin gebeten, auf Kinder aufzupassen – *nachdem* man mir alles im Detail erklärt und vorher mit mir eingeübt hatte.

Während der nächsten fünf Jahre hatte ich das Vorrecht, zu einem zusätzlichen Familienmitglied diverser Familien dieser Gemeinde in Richmond, Virginia, zu werden. Ich wurde zu Familientreffen eingeladen, passte auf Kinder während mancher Hauskreistreffen oder romantischen Abendessen auf, hatte Übernachtungsgäste in meinem Haus und fuhr mit einer Familie sogar in den Urlaub. Bevor ich nach Maryland umzog, zu meiner jetzigen Gemeinde und Arbeitsstelle, wurde ich von vielen dieser Familien zu einem Abschiedsessen eingeladen. Unvermeidlich forderte der Vater die Kinder auf, von ihren liebsten Erinnerungen an unsere gemeinsamen Zeiten zu erzählen.

»Ich fand am besten, dass wir im Regen spielen durften!«

»Und den Nachtisch *vor* dem Abendessen!«

»Es war toll, viel länger als sonst aufzubleiben!«

»Ich mochte das Schokoladenspiel!«

Ich konnte nur verlegen lächeln. Welch eine vorbildliche Disziplin.

Das sind einige meiner liebsten Erinnerungen an die Zeit in Richmond. Als ich dort wegzog, glaubte ich, dass die Zeit und die räumliche Entfernung diese Beziehungen mit der Zeit einschlafen lassen würden. Glücklicherweise bestätigte sich diese Vermutung nicht. Fünf Jahre nach meinem Umzug besuchte eine junge Frau aus Richmond ihre Tante, die in meiner Nähe wohnte und mit mir befreundet war. Ich hatte Katie – ups, ich meine natürlich *Kathryn* – als kleines Mädchen gekannt. Als sie damals zum Übernachten bei mir war, haben wir unsere schicksten Schlafanzüge angezogen und nur pinkfarbene Sachen gegessen. Ihren Brüdern habe ich beigebracht, beim Autofahren in den nächsten Gang zu schalten, während ich am Steuer saß. An einem Sommerabend haben wir Fangen mit Taschenlampen gespielt, um die Moskitos loszuwerden, und beim Strandurlaub habe ich mit ihrer Familie zusammen Krabben gegessen.

Aber damals war Kathryn noch klein, und selbst ein Ausflug ins Einkaufszentrum war ein großes Erlebnis für sie. Ich hätte nicht gedacht, dass sie sich an mich erinnerte, geschweige denn, mich besuchen kommen würde. Umso angenehmer war die Überraschung, als ich erfuhr, dass Kathryn sich über meine Gesellschaft beim Tee mit ihrer Tante Patti freuen würde.

Bei Tee und Kuchen schwelgten wir in Erinnerungen und lachten. Aus Kathryn, mittlerweile 14, wurde allmählich eine wundervolle junge Frau mit blondem Haar und kristallblauen Augen.

»Meine Mutter sagt, dass ich dich fragen soll, wie ich die Jungs in meiner Jugendgruppe unterstützen und ermutigen kann«, sagte sie.

Ich lächelte, nippte langsam an meinem Tee und genoss den Moment. Alle meine kleinen Investitionen in den vielen Jahren waren nicht mit der Zeit verblasst. Hier war die Gelegenheit, nach langer Zeit und einem langen Weg in eine neue Phase einzutreten. Ihre Frage erinnerte mich an ein Gespräch über Männer und Beziehungen, das ich damals mit ihren Eltern geführt hatte.

»Deine Mutter hat Sinn für Humor, Kathryn«, antwortete ich. »Was genau möchtest du wissen?«

Den Rest des Sonntagnachmittags sprachen wir über die Wirkung weiblicher Worte, die Weisheit weiblicher Zurückhaltung, darüber, wie man junge Männer als Brüder ermutigen kann, ohne zu flirten, welche Verfilmung von *Stolz und Vorurteil* die beste ist und vieles mehr. Es entstand ein ganz besonderer Moment weiblicher Bindung, von dem ich immer angenommen hatte, dass er nur exklusiv zwischen Mutter und Tochter stattfinden kann. Gott hatte in seiner Gnade dieses Erlebnis zwei kinderlosen Frauen geschenkt. Es war sehr großzügig von Patti, dass sie diese kostbare Zeit mit ihrer Nichte auch mit mir teilte.

Von einer Generation an die nächste

Bevor ich in meiner damaligen Gemeinde mit diesen Familien zu tun hatte, hatte ich nie ernsthaft darüber nachgedacht, ob ich selbst Kinder haben wollte oder nicht. Ich war nicht dagegen, Kinder zu bekommen, nur stand das nicht auf meinem Plan, weil ich keine Kinder kannte. Aber die Zeit mit diesen Kindern entfachte eine schlummernde Zuneigung in mir. Ich merkte, dass ich riesigen Spaß an ihnen hatte und mich darauf freute, Zeit mit ihnen zu verbringen. Einmal trug ich mich sogar für den Babydienst am Sonntagmorgen in der Gemeinde ein, nur um dutzende Babys in den Armen halten zu können. Selbst wenn alle Babys im Raum weinten – solche Kettenreaktionen sind im Babydienst immer besonders interessant –, war ich froh, so viele Babys in meiner Nähe zu haben, die gehalten und getröstet werden mussten.

Als meine Neffen und Nichten geboren wurden, hatte ich das Gefühl, dass mein Herz zerspringen würde. Wie diese Kinder es geschafft haben, ohne verbeulte Wangen von meinem vielen Knuddeln und Küssen aufzuwachsen, ist mir ein Rätsel. Ich liebe jedes von ihnen so sehr. Und über die Jahre begann ich mich zu fragen: Wenn ich an den Kindern anderer Leute so viel Freude habe und so tiefe Liebe und Zuneigung für meine Nichten und Neffen empfinde, *wie wäre es dann wohl, eigene Kinder zu haben?* Je mehr Zeit vergeht, desto herzzerreißender wird dieser Gedanke.

Für die Kinderlosen

Wenn du kinderlos bist, hast du vielleicht schon viele Tränen vergossen, weil du dir so überwältigend stark Kinder wünschst. Wenn das nicht auf dich zutrifft, wirst du vielleicht versucht sein, dieses Kapitel zu überspringen. Aber ganz unabhängig von deiner Haltung zum Thema Kinder hoffe ich, dass du weiterliest. Nach meiner Überzeugung möchte der Herr, dass sich kinderlose, alleinstehende Frauen nüchtern und sachlich überlegen, wie sie in die kommende Generation investieren können. Ich möchte mit diesem Kapitel einen Blick dafür vermitteln, wie wir für die Kinder ein Segen sein können, die bereits in unserem Leben sind. Dieser Aspekt unserer Weiblichkeit muss nicht verkümmern, nur weil wir Singles sind.

Nach der Recherche des christlichen Meinungsforschers George Barna ist das größte Segment der amerikanischen Singles heute die Gruppe derer, die nie verheiratet waren.[1] Wegen dieses Trends – und auf Grundlage meiner eigenen Erfahrungen – habe ich dieses Kapitel vor allem für kinderlose Singlefrauen geschrieben. Ich glaube, dass wir einen biblischen Auftrag haben, in die kommende Generation zu investieren. Psalm 145,4-5 sagt: »Eine Generation wird der andern rühmen deine Werke, deine Machttaten werden sie verkünden. Reden sollen sie von der herrlichen Pracht deiner Majestät, und deine Wunder will ich bedenken.« In diesem Kapitel werden wir uns ansehen, wie wir dieser Aufgabe gerecht werden können, auch wenn wir (noch) keine eigenen Kinder haben.

Für alleinerziehende Mütter

Wenn du alleinerziehend bist, wirst du dieses Kapitel vielleicht besonders aufmerksam lesen und hoffen, darin Rat für deine Lebenssituation zu finden. Du hast meinen tiefen Respekt, aber zu meinem Bedauern komme ich hier an meine Grenzen. Ich denke, deine Mutterrolle ist das Wichtigste und Ausschlaggebendste in deiner gegenwärtigen Lebensphase. Die erfahrenen und erfolgreichen Eltern in deiner Gemeinde werden dir sicher Rat und Ermutigung geben können. Ich bete für die Alleinerziehenden, während ich dieses Kapitel schreibe, weil mir bewusst ist, dass ich in diesem Bereich keine Erfahrung habe. Ich kann kein Kapitel über das Muttersein schreiben, weil ich selbst nie Mutter gewesen bin.

In einer Frage-und-Antwort-Runde fragte mich eine alleinerziehende Mutter einmal, wie sie die Fragen ihres Kindes nach dem fehlenden Vater beantworten sollte. »Ich weiß es nicht«, antwortete ich ihr etwas perplex. »Ich habe als Mutter leider keinerlei Erfahrung.« Damals überstieg diese Frage meinen Horizont. Ich habe mir seither viele Gedanken darüber gemacht. Im Nachhinein denke ich, ich hätte sagen sollen, dass es immer am besten ist, die Wahrheit zu sagen, gewürzt mit biblischer Hoffnung und angepasst an das Alter des Kindes. Später erinnerte ich mich an folgende gnadenerfüllte Worte von Pastor Andy Farmer, die bestimmt auch dich ermutigen werden:

> Die alles überragende Hoffnung des Alleinerziehenden ist die Vaterschaft Gottes. Der Psalmist drückt das so aus:
>
> > Singt Gott, spielt seinem Namen!
> > Macht Bahn dem, der einherfährt durch die Wüsten.
> > Jah ist sein Name, und jubelt vor ihm!

> Ein Vater der Waisen und ein Richter der Witwen
> ist Gott in seiner heiligen Wohnung.
>
> Psalm 68,5-6

Beachte zwei Dinge: Gott, der Vater, hat in seinem Herzen einen besonderen Platz für die Witwen und Waisen. Sein großes Herz schlägt voll Erbarmen für jene, die sein sind und es allein schaffen müssen. Aber er ist der Vater »in seiner heiligen Wohnung«. Er ist nicht nur bereit, sondern in seiner Souveränität auch fähig, für die Nöte seiner Geliebten zu sorgen. Wie tut er das?

- Er gibt allen seinen Kindern eine Familie, die groß genug ist, um darin unterzukommen: die Gemeinde.
- Er erhört Gebet. Jede biblische Verheißung für Eltern gilt ebenso auch den alleinerziehenden Müttern und Vätern.
- Er heilt und beschützt. Ich habe viele Alleinerziehende kennengelernt, deren Leben aufgrund finanzieller Probleme, falscher Entscheidungen und Isolation ein absolutes Chaos war. Und ich habe Ordnung und Glauben in scheinbar hoffnungslose Situationen kommen sehen, wenn Gottes Wege und Mittel im Glauben angenommen wurden.[2]

Warum auch immer du eine alleinerziehende Mutter bist, denke ich, dass du von der Weisheit einer Frau profitieren wirst, die nicht nur biblischen Rat geben kann, sondern auch selbst alleinerziehende Mutter ist. Folgender Rat bezieht sich zwar auf Scheidung, doch ist er voll göttlicher Weisheit:

> Die Frage aller Fragen für eine geschiedene Frau lautet: Welche Art von Beziehung habe ich jetzt mit dem Vater meiner Kinder? Die Antwort darauf kann sich tiefgreifend auf die Beziehung der Kinder zu ihrem Vater auswirken (und auf ihre Beziehung zur Mutter).
>
> Konkreter ausgedrückt: Die Beziehung einer geschiedenen Frau zu ihrem Ex-Mann ist die zu einem »Co-Elternteil« ih-

> rer Kinder. Sie muss ihn weder mögen noch so tun, als seien sie Freunde. Sie muss ihn allerdings als ihren Nächsten lieben (Matthäus 5,43-46; Markus 12,31; eine Definition von Liebe findet sich im 1. Korinther 13,4-8) und sie muss ihn in seiner Rolle als Vater ihrer Kinder respektieren. Ermutige sie, für ihn zu beten und so weit wie möglich in Frieden mit ihm zu leben. Sie sollte niemals Rache üben … Eine Mutter, die ihren Glauben lebt, sollte mit ihren Kindern darüber reden. Sie kann mit ihnen über biblische Prinzipien sprechen und über Bibelverse, die auf ihre Situation zutreffen. Dadurch werden sie lernen, wie sie mit Problemen umgeht und erkennen, dass sie alle Entscheidungen mit Gott trifft. Dies wird den Kindern helfen, biblischer über ihre eigene Situation und Entscheidungen zu denken.[3]

Weil die wichtigste Rolle in deinem Leben die Mutterrolle ist, hoffe ich, dich durch Material- und Literaturempfehlungen zum Thema Elternschaft ermutigen zu können. Am Ende dieses Kapitels habe ich einige Bücher und Materialien aufgelistet, die von meinen Gemeindehirten empfohlen wurden und die viele meiner Freunde und Familienmitglieder mit großem Gewinn genutzt haben. Ich habe sie größtenteils auch selber gelesen und bin sicher, dass diese Texte auch dich ermutigen werden.

Wenn unsere Rollen vertauscht wären, dann würde ich mich als alleinerziehende Mutter sicher über Hilfe von meinen kinderlosen Freundinnen freuen. Ich bete, dass dieses Kapitel einige Singles zu solcher Hilfe anregen wird.

Die biologische Uhr tickt

Kürzlich übernachtete ich in einem Hotel, in dem der Wecker erst ganz leise und sanft zu klingeln begann und dann immer schriller und aufdringlicher wurde, bis es schließlich nicht mehr auszuhalten war – und ich ihn endlich ausstellte. Ich vermute, dass meine biologische Uhr vom selben Hersteller stammt. Vor ein paar Jahren tickte sie noch ganz schwach und unmerklich, aber mittlerweile macht sie mich praktisch taub. Manchmal habe ich das Gefühl, sie ist so laut, dass auch andere sie hören können und meine Mitmenschen am liebsten auf einen imaginären Ausschalter an meinem Kopf hauen würden, damit sie stillschweigt.

Zum ersten Mal Bekanntschaft mit diesem Wecker machte ich bei einer christlichen Konferenz. Einer der Redner spornte die Männer an, den biblischen Auftrag zu erfüllen und die »Frau ihrer Jugend« zu finden, sie zu heiraten und Kinder mit ihr großzuziehen. Ein großartiger Rat. Das forderte natürlich den Widerstand einiger anwesender Frauen heraus, die sich zwar schon lange nach einer Ehe sehnten, aber nicht mehr in der Jugend und vermutlich auch nicht mehr fruchtbar waren. Werden sie – werden wir – übergangen, weil das Verfallsdatum unserer Eizellen bedrohlich nahe bevorsteht? Diese Ungerechtigkeit trieb vielen Frauen Tränen in die Augen.

Ladys, ihr habt mein volles Mitgefühl. Ich verstehe sehr gut, wie dringlich es sich anfühlt, wenn die Zeit in dieser Hinsicht verrinnt. Aber es gibt Hoffnung! Als ich einmal aufgrund meiner Kinderlosigkeit völlig verzweifelt war, zeigte mir der Herr eine sehr tiefgründige Wahrheit. Er erinnerte mich einfach daran, dass das Christentum auf wundersame Geburten durch angeblich unfruchtbare Frauen gegründet ist. Er ist derjenige, der den Mutterleib öffnet oder schließt. Die Bibel spricht sehr klar darüber (1. Mose 16,2; 29,31; 30,22; 1. Samuel 1,5). Viele der Stammmütter unseres Glaubens hatten mit Kinderlosigkeit zu kämpfen: Sarah, Rebekka, Rahel, Hanna und Elisabeth. Aber das Alter ist für unseren ewigen Gott irrelevant. Sarah war 91 Jahre alt, als sie schwanger wurde. Rebekka war jung, als sie heiratete, vermutlich keine zwanzig, und Isaak schon vierzig. Er betete zwanzig Jahre lang, dass sie schwanger werden möge. Als sie schließlich ein Kind gebar, war er sechzig und sie vermutlich um die vierzig Jahre alt. Isaak hatte eine junge Frau geheiratet, aber ihre Jugend war keine Garantie für Kinder, ebenso wenig wie Sarahs Alter ein Hindernis dafür war. Der Herr ist es, der das Leben gibt, und zwar zur von ihm bestimmten Zeit. In der Botschaft des Engels Gabriel an Maria kommt ein feines Mitgefühl zum Ausdruck. Als Bestätigung für Marias wundersame Schwangerschaft verwies er auf ihre Verwandte Elisabeth: »Und siehe, Elisabeth, deine Verwandte, ist auch schwanger mit einem Sohn, in ihrem Alter, und ist jetzt im sechsten Monat, von der man sagt, dass sie unfruchtbar sei. Denn bei Gott ist kein Ding unmöglich« (Lukas 1,36-37).

Denn bei Gott ist kein Ding unmöglich.

Elisabeth, von der man sagte, dass sie unfruchtbar sei, war ein wandelndes und einen Schwangerschaftsbauch bekommendes Zeichen dafür, dass bei Gott kein Ding unmöglich ist. Ich hoffe, dieses Zeugnis stärkt auch deinen Glauben, wenn du mit Kinderwunsch auf den Herrn wartest. Wie wir bereits in Kapitel 3 gesehen haben, erkennen wir in unseren gegenwärtigen Lebensumständen nicht unbedingt alles, was Gott in seiner Liebe und Güte für uns vorgesehen hat.

Das ultimative Erziehungsziel

Die meisten Leser dieses Buches werden eines Tages Eltern sein. Wenn also der Herr dir morgen Kinder schenken würde, wärst du in der Lage, sie zu erziehen? Kennst du Gottes Plan und Willen für die Kindererziehung? Es geht dabei nicht um Fußball, Musikstunden, regelmäßigen Mittagsschlaf oder Ernährungspläne. Es geht nicht darum, Kinder großzuziehen, die in der Schule oder später im Beruf erfolgreich sind. In der Bibel wird immer wieder deutlich: Gottes Ziel einer geglückten Erziehung ist Jüngerschaft.

»Eine Erziehung, deren Zentrum das Evangelium ist, beinhaltet ein authentisches Vorbild und biblische Unterweisung mit dem hohen Ziel der Evangeliumsverkündigung und Errettung«, sagt C. J. Mahaney, selbst Großvater. »Es geht darum, unseren Kindern die Autorität und Authentizität des Evangeliums zu vermitteln.«[4]

Das ist die Botschaft von Psalm 145,4, den ich einige Seiten zuvor bereits zitiert habe. Dieser Vers sagt uns, dass wir die mächtigen Werke Gottes rühmen und so von einer Generation an die nächste weitergeben sollen. Als Familie Gottes haben wir alle Anteil an dieser Verkündigung. Eltern tragen zwar eine besondere Verantwortung für ihre Kinder, doch haben wir alle Einfluss auf die Kinder, mit denen wir durch Gottes Führung in Kontakt stehen, vor allem in der Gemeinde. Wir sollten auch bedenken, dass die Autoren der Bibel vermutlich ein breiteres Verständnis von Familie und Verwandtschaft hatten als wir heute mit unserem westlichen, engen Verständnis der »Kernfamilie«.

Genau das habe ich erlebt, als ich Christin wurde. Zu den schönsten Dingen gehörte es, in eine Gemeinschaft einzutreten, in der alle quasi »vom selben Blatt singen«, was auch bedeutete, dass man von mir erwartete, mich an der Erziehung der kommenden Generation zu beteiligen – ob ich nun selbst Kinder hatte oder nicht. Alle in meiner Gemeinde waren sich über die Grundlagen von Disziplin und Benehmen einig, weil sie sich alle über das ultimative Ziel der Erziehung einig waren: Evangelisation. Wir alle versuchten, den Kindern ihr Herz zu zeigen und wie sündig dieses Herz ist, damit sie begriffen, dass sie einen Erlöser brauchten. Als ich auf diese Kinder aufpasste, sagte man mir, welche Charakterschwächen in der Erziehung derzeit im Fokus standen, und man bat mich, den Eltern meine Beobachtungen mitzuteilen und die Kinder zu ermutigen, entsprechend zu reagieren. Diese Eltern brachten mir bei, Kinder zu erziehen. Und ich war in der Lage, das Gelernte im Umgang mit diesen Kindern anzuwenden. Das war ein wunderbares Arrangement!

Aber – wie es oft bei TV-Vorführungen heißt – probiere das nicht selber zu Hause aus! Als ich einmal mit einem Mann aus einer anderen Gemeinde verabredet war, unterbrachen uns seine kleine Nichte und sein Neffe in respektloser Weise. Reflexhaft – aber freundlich – sagte ich ihnen, sie sollten ihre Frage doch noch einmal mit der richtigen Einstellung wiederholen. Damit hatte ich jedoch eine Grenze überschritten. Ich hatte meinen Gesprächspartner in Verlegenheit gebracht und seiner Meinung nach stand es mir nicht zu, die Kinder anderer Leute zu korrigieren. Und das stimmte. Ich hatte vergessen, dass ich nicht aufgefordert worden war, auch seine Familie mit meinen Erziehungsweisheiten zu beglücken.

Zu dem Privileg, eine solche Beziehung zu Kindern aufzubauen, müssen wir eingeladen werden oder es uns verdienen. Wenn uns diese Aufgabe anvertraut wird, sollten wir sie freudig annehmen. Zur Erfüllung unserer Weiblichkeit gehört es auch, heranwachsendes Leben zu fördern und zu hegen, egal, ob wir dieses Leben durch Schwangerschaft und Geburt selbst zur Welt gebracht haben oder nicht.

Vielleicht fällt es dir schwer, dir solche Gelegenheiten zur Erziehungsbeteiligung praktisch vorzustellen. Daher möchte ich zwei Möglichkeiten vorschlagen, wie wir in die Kinder in unserem Umfeld investieren können: der Einfluss einer Tante und die Bedeutung eines Au-pair-Mädchens, dessen beider Aufgaben über gelegentliches Babysitten hinausgehen.

Der Einfluss einer Tante

Alle waren frisch gebadet und hatten ihre schönsten Schlafanzüge an. Die Pyjama-Party konnte losgehen. Ich rief alle meine Nichten, damals vier bis sieben Jahre alt, zusammen und fragte sie, ob sie einen meiner Lieblingsfilme sehen wollten. Er handelte von einer englischen Frau, die in einem großen, wunderschönen Haus lebte.

»Ist sie eine Prinzessin?«, fragte Stephanie. Wenn man vier Jahre alt ist, ist jede Frau eine Prinzessin.

»Beinahe«, sagte ich. »Aber sie heiratet einen Prinzen. Darum geht es in der Geschichte.«

»Okay!«, riefen alle im Chor.

Natalie setzte sich neben ihre Kusinen auf das Schlafsofa. Ihre kleine Schwester Abigail war schon eingeschlafen. Ich startete den Film *Emma* und hielt den Atem an. Würde Jane Austens Sprachwitz sie fesseln oder langweilen? Schweigend sahen sie den Film an und offensichtlich genossen sie ihn. Gegen Ende nahm ich die Fernbedienung und stoppte eine Szene.

»Mr. Knightley gehört zu der Sorte Männer, von der ihr später einen heiraten solltet, Mädchen«, sagte ich. Mit großen Augen sahen sie mich an.

»Ist euch aufgefallen, wie wichtig ihm Emmas Charakter ist, ihr Verhalten und ihr Herz? Als sie gemein zu der alten Dame war, sagte Mr. Knightley deswegen zu ihr: ›Schlecht gemacht, Emma, ganz schlecht gemacht.‹ Er möchte, dass sie ein gutes Herz hat und von innen genau so schön ist wie von außen.«

»Ohh«, sagten sie alle und nickten bedächtig.

»Mr. Churchill gehört nicht zu der Sorte Männer, die ihr heiraten solltet«, fuhr ich fort. »Ist euch aufgefallen, dass er nur über die äußerliche Schönheit von Miss Fairfax gesprochen hat? Aber was wird passieren, wenn sie älter wird und nicht mehr so schön ist? Ist euch auch aufgefallen, wie oft Mr. Churchill andere belügt, nur damit er seinen Willen bekommt? Aber Mr. Knightley ist freundlich zu allen. Wenn ihr einmal heiraten wollt, ist es wichtig, dass der Mann diese Eigenschaften hat.«

Für den Rest des Films passten die Mädchen genau auf, wer der »gute Mann« war und wer der »schlechte Mann«. Meine Schwester Alice, die dabei war, war fasziniert, wie ich mit ihren Töchtern und unserer Nichte umging.

»Ich wäre nie auf die Idee gekommen, einen Jane-Austen-Film zu einer Unterrichtsstunde über den Charakter von Ehemännern zu machen«, sagte sie mit wissendem Lächeln. »Ich glaube, das ist der Vorteil, wenn man eine unverheiratete Tante hat. Ich denke einfach nicht mehr so.«

Ich frage mich, ob sich diese Mädchen eines Tages gegenseitig erzählen werden: »Weißt du noch, wie Tante Carolyn immer erklärt hat, wie wir einen guten Ehemann finden? Aber sie war *single!*«

Die Rolle einer Tante im Leben von Kindern scheint auf den ersten Blick eher nebensächlich, aber das muss nicht so sein. Ich glaube, es kommt darauf an, wie viel man in die Kinder investiert. Wir finden in der Bibel einen Bericht über eine heldenhafte Tante namens Joscheba (2. Könige 11,1; 2. Chronik 22,11). Sie rettete ihren Neffen Joasch vor seiner mörderischen Großmutter Atalja und bewahrte damit den letzten Erben Davids. Im Bericht in 2. Könige wird Joschebas Mann nicht erwähnt, aber in der Parallelstelle in den Chroniken wird Jojada, der Priester, als ihr Ehemann angegeben. Sie war zwar keine alleinstehende Frau, doch griff sie mutig ein, um das Leben ihres Neffen zu retten und die Erblinie Davids zu erhalten. Und das war keine kurzlebige Heldentat. Joasch lebte danach sechs Jahre lang bei seiner Tante und seinem Onkel.

Ich glaube, Joschebas Beispiel ist eins, dem wir folgen sollten, wenn der Herr unseren Geschwistern Kinder gegeben hat. Obwohl nur wenige von uns in Intrigen am Königshof verwickelt werden, glaube ich doch, dass der Herr unsere Nichten und Neffen aus gutem Grund in unser Leben gebracht hat. Wir haben die Möglichkeit, in diese Kinder unsere Zeit, Zuneigung, Ermutigung und unseren Rat zu investieren. Wir können ihre Eltern bei der Erziehung unterstützen, indem wir die Kinder ermutigen, ihre Eltern zu respektieren und zu ehren.

Vielleicht meinen wir, dass solche Beziehungen keinen großen Einfluss haben werden, aber das ist nicht wahr. Wir können niemals wissen, wie prägend unser Anteil ist oder wie sehr unsere Worte zu Herzen genommen werden. Meine Schwestern erzählen mir oft, dass ihre Kinder wiederholen, was ich ihnen gesagt habe. Eines der schönsten Geschenke, das ich je bekommen habe, war eine kleine Holzfigur, die eine betende Frau darstellt. Meine Nichte Natalie hat sie mir von dem Geld gekauft, das sie für ihr gutes Benehmen bekommen hatte. Anstatt etwas für sich selbst zu kaufen, schenkte sie mir diese Figur. Später erzählte mir Natalie, dass diese Figur sie an mich erinnerte. Wenn ich daran denke, kommen mir heute noch die Tränen! Diese Figur steht in meinem Bücherregal neben den Bibelkommentaren und Auslegungen, damit ich immer daran denke, wie wichtig es ist, für diese kostbaren Kinder zu beten.

Ab und zu habe ich Gelegenheit, ausgiebig Zeit mit meinen Nichten und Neffen zu verbringen, wenn ich zum Beispiel für mehrere Tage auf sie aufpasse, weil ihre Eltern verreist sind. Jedes Mal bewundere ich danach meine Schwestern und Schwager dafür, wie selbstlos sie als Eltern sind. Denn ich merke in dieser Zeit, wieviel Energie es erfordert, für Kinder zu sorgen, besonders wenn sie noch sehr jung sind. Ich bin nach jedem Besuch ernüchtert (aber nicht abgeschreckt!) bezüglich meines Gebetsanliegens, Mutter zu werden.

Jedes dieser Kinder hat Gaben, die gefördert werden sollten. Jedes hat auch selbstsüchtige Verhaltensmuster, die ihnen aufgezeigt und behutsam korrigiert werden müssen. Schon im jungen Alter haben sie Talente, die ich nie besessen habe. Mein siebenjähriger Neffe Patrick wird vermutlich eines Tages ein großartiger Ingenieur. Er kann ohne Anleitung die kompliziertesten Lego-Spielzeuge zusammenbauen –, die mich noch verwirren, selbst wenn er sie mir erklärt hat. *Dabei* kann ich ihm nicht helfen, aber ich kann ihn ermutigen, sich in Sanftmut und Barmherzigkeit zu üben und ihn darin bestärken, ein junger Mann zu sein. Einmal habe ich ihm erklärt, dass Mannhaftigkeit bedeutet, dass Gott ihn dazu gemacht hat, für Frauen zu sorgen und sie zu beschützen. Das könne er zeigen, wenn er für seine Schwester die Tür aufmacht. Ab und zu läuft er voraus, um die Tür zu öffnen. Selbst wenn ich mich dann über ihn strecken und der Tür noch einen kleinen Hilfeschubs geben muss, scheint er sich zu freuen, weil er daran gedacht hat.

Weil ich das älteste Kind war, weiß ich sehr genau, wie die Älteren oft ihre jüngeren Geschwister herabwürdigen oder entmutigen. Leider hab ich das erst als Erwachsene gelernt. Meine beiden jüngeren Schwestern waren offenbar robust genug und ich bin froh, sie heute zu meinen besten Freundinnen zählen zu können. Ich erinnere meine beiden ältesten Nichten oft daran, dass es wichtig ist, immer geduldig mit ihren jüngeren Geschwistern umzugehen. Ich ermutige sie, im Rahmen ihrer Möglichkeiten darauf achtzugeben.

Eines Tages rief mich meine Nichte Claire an und sagte, sie brauche meinen Rat, um ein gutes ältestes Kind zu sein. Da ihre Eltern selbst jüngere Kinder gewesen waren, hatte sie das Gefühl, mit einer »erfahrenen Erstgeborenen« sprechen zu müssen. Claire sagte am Telefon, dass es eine große Verantwortung war, auf die jüngeren Geschwister aufzupassen, wenn ihre Mutter Hilfe brauchte, und dass das nicht immer gut klappte. Wir sprachen darüber, wie man ein Diener sein kann, auch wenn man etwas älter ist und schon etwas Autorität über die jüngeren Geschwister hat. Ich sagte ihr auch, dass dies ein gutes Training für die Zeit ist, wenn sie selbst einmal Mama sein wird, sofern das Gottes Plan für sie ist. Ihre Mutter, meine Schwester Alice, berichtete mir später, dass dieses Gespräch genau zur richtigen Zeit stattfand. Claire hatte ihr nämlich kurz zuvor gesagt, sie wisse nicht, ob aus ihr eine gute Mutter werden würde. Obwohl Alice Claire ermutigt hatte, half es Claire, auch von einem anderen Erwachsenen eine positive Einschätzung zu hören.

Meine Nichten und Neffen sind für mich eine bleibende Quelle kostbarer Erinnerungen. Ich bin glücklich darüber, dass sie gern Zeit mit mir verbringen. Bislang wurden unsere gegenseitigen Besuche immer mit großer Vorfreude erwartet. Ich hoffe jedes Mal, dass es so bleibt. Weiterhin so viele kreative Pläne für unsere gemeinsamen Unternehmungen zu machen, wird mich allerdings auf Trab halten. Ich habe für jedes Kind ein »Tanten-Tagebuch« angelegt, in dem ich mich an sie als spätere Erwachsene wende und Beobachtungen und Erinnerungen von gemeinsamen Zeiten in ihrer Kindheit schildere. Ich freue mich auf den Tag, an dem ich ihnen die vergilbten Tagebücher übergeben werde, und hoffe, dass dadurch Erinnerungen entfacht werden und meine Zuneigung zu ihnen ganz deutlich wird.

Die Bedeutung eines Au-pairs

In meiner Gemeinde habe ich einige junge Frauen aus dem Ausland kennengelernt, die hierher gezogen sind, um für eine bestimmte Zeit bei einer Familie zu leben und sich um die Kinder zu kümmern. Um ein Au-pair zu sein, muss man allerdings nicht unbedingt umziehen. Eine gute Freundin von mir hat sich entschieden, auf vergleichbare, aber inoffizielle Weise in eine Familie zu investieren, und für diese selbstlose Entscheidung habe ich sie lange bewundert.

Theresa Wheeler, die mittlerweile vierzig ist, lebte fünfzehn Jahre lang mit ihren Freunden Marc und Terry Fortier zusammen. Theresa und Terry lernten sich kennen, als Terry an einem evangelistischen Einsatz in einem Heim teilnahm, in dem Theresa zu dieser Zeit lebte. Die Fortiers boten Theresa an, in ihrem Haus zu wohnen, was sie dankend annahm.

»Ich dachte nicht, dass ich lange bleiben würde. Nur bis ich verheiratet war«, sagt Theresa mit ihrem ansteckenden Lachen. »In erster Linie wollte ich dort wohnen, weil ich vorher keine Familie hatte.«

Theresa, eine Schwarze, war als Einzelkind bei ihrer Urgroßmutter aufgewachsen. Sie war ihrer Familie entfremdet und wusste nicht, wo ihr Vater war. Der Rest der Familie war überall verstreut: Ihre Brüder waren bei der Mutter aufgewachsen, ihre Schwester bei der Großmutter. »Es war für mich schwer, eine Beziehung zu meiner Familie zu pflegen, weil wir so verschieden waren«, sagt sie. »Ich schätze sehr, was meine Urgroßmutter für mich getan hat, aber ich habe mich immer nach einer richtigen Familie gesehnt. Die Beziehung zu Marc und Terry beruhte auf Gegenseitigkeit.«

Die Fortiers sind weiß und adoptierten später vier Kinder. Zwei aus Russland, eins aus Rumänien und eins aus Washington D. C. »Eigentlich bin ich auch adoptiert worden«, sagt Theresa. »Manchmal erkläre ich den Leuten, dass ich die Erstgeborene bin, also die Erstadoptierte. Wir sind wirklich eine internationale Familie.«

Theresa hat auch schon in einem Singlehaushalt gewohnt, aber sie lebt lieber in einer Familie. »Ich mag es lieber. Nicht nur, weil ich jetzt die Familie habe, die mir früher gefehlt hat, sondern auch, weil ich durch meinen derzeitigen Putzdienst gemerkt habe, wie nötig viele Familien Hilfe brauchen«, sagt sie. »Ich kann Babysitten, der Mutter morgens etwas Zeit für sich schenken oder beim Einkaufen und der Hausarbeit helfen. Als Terry Teilzeit gearbeitet hat, habe ich gesehen, wie schwer es für sie war, die Zeit für ihren Mann und ihre Arbeit in Einklang zu bringen und rechtzeitig zu Hause zu sein, um das Essen zu machen und in der Gemeinde mitzuarbeiten.«

Kurz bevor die Fortiers ihr erstes Kind adoptierten, las Theresa Johannes 15,13: »Größere Liebe hat niemand als die, dass er sein Leben hingibt für seine Freunde.« Sie sagt, dieser Vers habe ihre Entscheidung gefestigt, bei den Fortiers zu bleiben, auch wenn sie Kinder haben. Als die Fortiers beschlossen, ihre Kinder zu Hause zu unterrichten und ihnen zu ermöglichen, eine zweite Sprache zu erlernen, beteiligte sich Theresa an dieser Aufgabe. Marc senkte ihre Miete und Theresa reduzierte ihre Arbeitszeit, um an zwei Vormittagen in der Woche beim Unterricht helfen zu können.

»Viele finden, ich sei eine Heldin. Aber das bin ich nicht«, sagt sie. »Ich habe ein gutes Gespür für die Bedeutung von Familie. Die Fortiers sind der Bereich, in dem ich derzeit hauptsächlich diene, und daran erkenne ich, dass Gott der Familie einen hohen Wert beimisst. Ich weiß, wie leicht Probleme aufkommen können, die dieses reiche Geschenk Gottes entstellen. Aufgrund dieser Überzeugung habe ich mich auch um weitere Familien gekümmert. Ehe und Familie erfordern sehr viel Arbeit, Weisheit und Abhängigkeit von Gott. Eigentlich gibt es nichts Romantisches daran. Die Hochzeit ist romantisch, aber später müssen selbst Abende, an denen das Paar miteinander ausgeht, ganz pragmatisch geplant werden, zumindest bis die Kinder groß sind.«

Welchen Einfluss hat Theresa, die liebevoll ReeRee genannt wird, auf das Leben der Fortier-Kinder? Am Muttertag bekommen sowohl Terry als auch ReeRee Blumen, wobei Terry die größere Anerkennung zukommt. Megan Fortier sagt oft, dass sie drei Mütter hat: ihre leibliche Mutter, Terry und ReeRee.

»Es ist etwas so Schönes, diesen Kindern, die in eine Familie adoptiert wurden, zu erklären, dass das genau so ist, wie die Adoption in die Familie Gottes«, sagt Theresa.

Aber was ist mit ihren persönlichen Zielen? Ist dieses Arrangement nicht etwas merkwürdig? Theresa meint, dass es zwar ungewöhnlich, aber zugleich ein Segen ist. »Ich bin sicher, dass es für die Welt so aussieht, als hätte ich überhaupt nichts erreicht«, räumt sie ein. Aber sie erzählt auch davon, dass Gott mehrere Menschen aus ihrer Gemeinde geführt hat, sie aus ihrem finanziellen Überfluss zu segnen. Insbesondere ein Paar erkennt in Theresas Leben eine Berufung, der Gemeinde und den Familien zu dienen. Deshalb haben sie Theresa sehr unterstützt, z. B. indem sie ihre Autoreparaturen bezahlten oder ihr halfen, Urlaubsreisen zu finanzieren.

Über die Jahre wurde Theresas Beziehung zu ihrer Mutter geheilt und, was noch wichtiger ist, ihre Mutter wurde Christin. Sie schätzt Theresas Beziehung zu den Fortiers. Theresa sagt, ihre Mutter fühlte sich durch die »Konkurrenz« der Fortiers nicht bedroht, weil auch sie die Liebe und Fürsorge dieser Familie zu spüren bekommen durfte. »Sie schätzt meine Beziehung zu ihnen und sie respektiert Terry sehr.«

Theresa schätzt, dass sie im Laufe der Jahre Beziehungen zu fast einhundert weiteren Kindern in ihrer Gemeinde aufgebaut hat.

Das verwundert sie, da sie in ihrer eigenen Kindheit solche Beziehungen vermisst hat. »Meine Nichtigkeit und mein Alleinsein ohne Familie wandte der Herr zum Guten. Er gab mir nicht nur eine Familie, er gab mir viele«, sagt sie mit einiger Verwunderung. »Ich habe den Reichtum dieser Familien auch in meinem Leben. Nicht nur, weil ich mich um sie kümmere, sondern auch, weil sie mir so viel zurückgeben. Es war sehr bereichernd.«

Kommt eine Adoption in Frage?

Wann immer man über Singlefrauen und Kinder spricht, kommt unweigerlich das Thema Adoption zur Sprache. Ich habe viele Singlefrauen in den Dreißigern kennengelernt, die sich fragten – wenn auch vielleicht nur kurz –, ob sie ein Kind adoptieren sollten. Auch ich habe mit diesem Gedanken gerungen. Insbesondere die Not der Aids-Waisen berührt mich. Ich habe mich oft gefragt, ob Gott für die unzähligen Alleinstehenden in den westlichen Ländern und die unzähligen Waisen in anderen Nationen einen Plan hat. Das müsste nicht zwingend Adoption bedeuten, aber ich habe mich gefragt, wie Gott den Kinderwunsch gebrauchen könnte, um diesen Waisen zu dienen.

Ernüchtert wurde ich allerdings durch eine Woche, in der ich mich um meine kranken Nichten kümmerte, als wir uns alle einen Mageninfekt eingefangen hatten. Ich konnte kaum meinen Kopf vom Kissen heben, so schlecht ging es mir, aber die zwei kleinen kranken Mädchen waren da und sie brauchten mich. Nach dieser Feuerprobe war ich mir nicht mehr sicher, ob es weise wäre, diesen Weg freiwillig allein zu gehen.

Bevor ich fortfahre, möchte ich darauf hinweisen, dass es für Entscheidungen wie diese keine festen Regeln gibt. Hier geht es um *Weisheit.* Meine Hoffnung ist, dass dieses Kapitel einige Perspektiven aufzeigt, die alleinstehende Frauen und ihre Ratgeber bedenken sollten.

Auf der einen Seite gibt es wirklich Kinder, die in fürchterlichen Umständen leben und Hilfe und Fürsorge bräuchten. Die Bibel ermahnt die Gläubigen, ihren echten Glauben dadurch zu zeigen, dass sie sich um Witwen und Waisen kümmern (Jakobus 1,27). Für die kinderlose Frau, die sich danach sehnt, Mutter zu sein, kann dies wie ein Fanfarenstoß, ein auffordernder Startschuss sein. Aber er muss mit sachlichen Fragen in nüchterne und vernünftige Bahnen gelenkt werden. Jakobus schreibt: »Ein reiner und unbefleckter Gottesdienst vor Gott und dem Vater ist dieser: Waisen und Witwen in ihrer Bedrängnis zu besuchen, sich selbst von der Welt unbefleckt zu erhalten«. Die die englische Bibelübersetzung *New International Version* übersetzt »besuchen« mit »nach ihnen sehen«. Menschen zu besuchen oder nach ihnen zu sehen ist etwas anderes als eine Adoption. Das sollten wir uns ehrlicherweise bewusst machen.

Auch Vaterlosigkeit hat reale und dokumentierte Auswirkungen auf Kinder. Die *National Fatherhood Initiative* untersucht dieses Phänomen seit mittlerweile zehn Jahren. Diese Studie führte zu einer traurigen Statistik: »Kinder, die getrennt von ihren biologischen Vätern aufwachsen, weisen ein durchschnittlich zwei- bis dreifach erhöhtes Risiko für Armut, Drogensucht, Probleme in den Bereichen Erziehung, Gesundheit, Emotionalität und Verhalten auf, sie werden häufiger Opfer von Missbrauch und werden öfter straffällig als Gleichaltrige, die mit ihren verheirateten biologischen Eltern oder mit Adoptiveltern aufwachsen.«[5] Solltest du alleinerziehend sein, sei dadurch bitte nicht zu sehr entmutigt. Statistiken berücksichtigen niemals Gottes souveränes, liebevolles und direktes Eingreifen. Diese Studie ist allerdings relevant im Hinblick auf Adoption.

Wenn du gegenwärtig über Adoption nachdenkst, profitierst du vielleicht von der Erfahrung meiner Freundin Angela. Der Rat, der ihr gegeben wurde, als sie ernsthaft über Adoption nachdachte – und die fünf Jahre, die sie in diese Sache investiert hat –, könnten auch für dich hilfreich sein. Ich habe einige der Fragen aufgelistet, die ihr gestellt wurden, als sie diesen Schritt mit ihrer Familie, ihrer Hauskreisleitung und ihrem Pastor besprach. Die Fragen sind großartig dazu geeignet, sowohl die eigenen Motive für eine mögliche Adoption zu prüfen als auch Defizite in der Vorbereitung.

- Möchtest du zu diesem Zeitpunkt ein Kind adoptieren, weil du Gott nicht vertraust, dass er dir rechtzeitig einen Ehemann geben wird?
- Was ist dein Motiv für eine Adoption? Erkennst du Anzeichen von Menschenfurcht oder Eigennutz?
- Wie siehst du Gottes Anteil an dieser Entscheidung? Ist dieses Vorhaben allein deine Initiative oder ist es von Gott bewirkt?
- Hat dein Wunsch möglicherweise mit einer Midlife-Crisis zu tun, weil du bald vierzig wirst?
- Glaubst du, dass Gott souverän ist und die Waisenkinder auch ohne deine Hilfe retten kann?
- Wie würdest du dich praktisch um das Kind kümmern?
- Wie würdest du damit umgehen, wenn du oder dein Kind langfristig krank werdet?
- Was würdest du tun, wenn du deine Arbeitsstelle verlierst? Wie sieht dein Notfallplan aus?
- Welche Vorkehrungen würdest du für den Fall treffen, dass du an einer Behinderung leiden oder vorzeitig sterben würdest?
- Wie würde die Adoption sich auf dein Gemeindeleben auswirken?
- Findest du dich selbst in der biblischen Beschreibung einer Mutter wieder?
- Welche Überzeugungen hast du in Bezug auf Erziehung und Disziplinierung?
- Bist du darauf vorbereitet, dass sich dein Wunsch zu heiraten möglicherweise noch verstärkt?
- Kannst du sehen, dass Gottes Gnade dich auf den Dienst der Mutterschaft vorbereitet hat?
- Was würdest du tun, wenn in Zukunft ein Mann mit dir eine Beziehung aufbauen möchte? Wie würde sich das auf dein Kind auswirken und umgekehrt? Bedenkst du die Interessen eines potenziellen Ehemannes?
- Wie würdest du mit praktischen Anforderungen wie der Kinder-Tagesbetreuung umgehen?
- Wer würde sich als Bezugsperson deines Kindes zur Verfügung stellen, falls dir etwas zustößt?

- Wie stehst du zum Schulunterricht und kannst du z. B. eine christliche Privatschule finanzieren?
- Hätte dein Kind männliche Vorbilder?

Wie du siehst, ist Adoption ein sehr ernster Schritt, der mit Weisheit und viel Beratung angegangen werden muss. Wenn du über Adoption nachdenkst, beachte bitte, wie lange Angela sich mit dieser Idee beschäftigt hat und wie viele Menschen involviert waren. Eine Freundin von mir drückte es so aus: »Ein Kind zu adoptieren ist nicht das Gleiche wie einen Hundewelpen ins Haus zu holen – man kann es nicht mehr rückgängig machen.« Ein sinnvoller Realitätscheck kann sein, sich zuerst als Pflegemutter zu bewerben. Eine solche Verpflichtung kann notfalls wieder abgegeben werden.

Zuletzt möchte ich noch eine vorsichtige Warnung mit auf den Weg geben: Wenn du bisher keine Erfahrungen im Dienst an Kindern und mit den daraus aufgebauten Beziehungen hast, kannst du deine Motive für den Adoptionswunsch unter Umständen noch nicht wirklich klar erkennen.

Praktische Anwendung

Wenn ich über diese Themen schreibe, spreche ich mich nicht dafür aus, etwas Bestimmtes zu tun – und schon gar nicht Adoption –, sondern überhaupt etwas zu tun. Ich glaube, dass der Heilige Geist uns befähigen kann, den Kindern in unserem Umfeld zu dienen, und dass unsere Hirten und Bezugspersonen in unserer Gemeinde diese Führung Gottes bestätigen werden. Aber ich möchte unser Denken und die Grundannahmen, die unsere Kultur uns vermittelt, ein wenig herausfordern.

In einer anderen Familie zu leben, könnte uns beispielsweise merkwürdig erscheinen. So ging es mir mit Theresa und den Fortiers zunächst auch. Aber als ich diese Familie beobachtete, erkannte ich, dass das Zusammenleben für beide Seiten ein großer Segen war. Als ich vor einigen Jahren mein Haus kaufte, lebte ich davor über mehrere Monate in einer anderen Familie. Es war eine Ehre, Teil dieser Familie sein zu dürfen. Aber es erforderte auch

Veränderungen. Ich hatte solange im Lebensrhythmus eines Singles gelebt, dass es für mich ein kleiner Kulturschock war, als ich mich auf das Tempo (und den Lärmpegel) einer großen Familie einstellen musste. Wie schnell ich mich angepasst hatte, wurde mir allerdings erst bewusst, als ich in mein neues Haus gezogen war. Wenn ich die Tür öffnete, war dahinter Stille. Keine kleinen Stimmen begrüßten mich mit: »Carolyn ist zu Hause!« Keine kleinen Mädchen warteten darauf, mir auf den Arm zu springen oder meinen Schmuck auszuprobieren. Kein Kleinkind bot mir großzügig seine klebrige Trinktasse an. Der Alltag des Singles war ruhig. Sehr ruhig.

Vielleicht bist du der Meinung, schon zu alt zum Babysitten zu sein. Aber, liebe Freundinnen, denkt doch mal an die Familien in euren Gemeinden. Bei der Aufgabe, auf Kinder aufzupassen und sich mit ihnen anzufreunden geht es um mehr als bloßes Babysitten. Es ist auch eine Chance, die Ehen der Brüder und Schwestern in der Gemeinde zu stärken, und das ist nicht der Job der Teenager. Die Kraft und das Zeugnis deiner Gemeinde hängen stark von der Qualität der Beziehungen ab – der Beziehungen quer über alle Altersgruppen und Lebensphasen. Du ermöglichst nicht nur einem Ehepaar das, was du selbst gern genießen würdest – ein romantisches Date. Du hilfst ihnen darüber hinaus, eine harmonische Ehe zu führen, was wiederum zur Harmonie und Vitalität deiner Gemeinde beiträgt. Wenn du die Zeit, die du gibst, als Investition in die nächste Generation betrachtest, geht dein Dienst über bloßes Aufpassen auf die Kinder hinaus. Denke daran, dass diese Kinder die Menschen unserer Zukunft sind. Sie werden diejenigen sein, die deine Gemeinde oder möglicherweise sogar die Nation leiten, wenn wir im Altenheim wohnen. Spornt dich das nicht an, alles, was du hast, in sie zu investieren?

Gemeinden brauchen das Engagement aller Erwachsenen für die Aufgabe, die kommende Generation zu Jüngern zu machen. Mutterschaft ist eine lohnende, aber auch aufopferungsvolle Rolle. Wenn es das ist, wonach du dich sehnst, warum solltest du dich dann nicht schon vorher etwas »warmlaufen« und ein paar Stunden deines Wochenendes opfern, um einem Paar einen gemeinsamen

Abend zu ermöglichen? Oder vielleicht unternimmst du etwas mit einem Kind aus einer Großfamilie, nur ihr zwei allein. Vielleicht könntest du in der Kinderstunde oder Jungschar deiner Gemeinde mitarbeiten oder in einem Dienst für Krisenschwangerschaften? Oder du könntest vielleicht – vertrauteres Terrain – einem alleinerziehenden Elternteil helfen. Ich kenne in der Gemeinde mehrere alleinstehende Männer, die sich mit den Söhnen alleinerziehender Mütter angefreundet haben. Sie fahren mit ihnen zelten, trainieren sie in ihrer Sportart und vieles mehr. Meine Freundin Dawn half so einem alleinerziehenden Vater. Für ein Jahr »adoptierte« sie seine vorpubertierende Tochter und besuchte Mutter-Tochter-Veranstaltungen und Gottesdienste mit ihr.

Der entscheidende Punkt ist, dass die Kinder der Frau aus Sprüche 31 sie »glücklich preisen« für das gottgefällige Leben, das sie ihnen vorgelebt hat, und für ihre Fürsorge und treue Unterweisung. Auch wir können glücklich gepriesen werden, wenn wir unser Leben für die Kinder in unserem Umfeld opfern, anstatt unsere Benachteiligung zu beklagen. Es gibt so viele Kinder auf der Welt, die die feinfühlige Zuwendung einer Frau brauchen. Wir sollten uns vor unserem Schöpfer demütigen und seiner Weisheit und seinem Zeitplan für unser Leben vertrauen. Zahlreiche Kinder warten schon darauf, den Nutzen und Segen einer Singlefrau zu erleben, die ihr Vertrauen und ihren Glauben auf den Herrn gesetzt hat.

Zum vertiefenden Studium

- *Eltern – Hirten der Herzen* von Tedd Tripp. Ein biblischer Leitfaden, nicht nur über den Umgang mit dem äußerlichen Benehmen, sondern auch über die Sorge für das Herz eines Kindes und dessen Motivationen. Ich erinnere mich, dass ich dieses Buch das erste Mal gelesen habe, als ich auf die fünf Kinder einer befreundeten Familie aufpasste – und niemand von ihnen daran dachte, ins Bett zu gehen. Ich weiß noch, wie sehr ich mich bei dieser großartigen Lektüre gestört fühlte, als ich zum x-ten Mal nach oben gehen musste und auf jeder Stufe vor mich hin schimpfte … Ich war nicht einmal fünf Stufen weit gekommen, als mich die Erkenntnis traf: Auch mein Herz braucht diese Hilfe!

- *Das (Alp)traum-Alter – Keine Angst vor Teenagern* von Paul David Tripp, dem Bruder von Tedd Tripp. Hier wird ein vollkommen neuer Gedanke vorgestellt: Teenager-Jahre müssen nicht von Rebellion geprägt sein. Das Nachfolgebuch von *Eltern – Hirten der Herzen*.
- Jay Adams hat mehrere Bücher über Familie und Erziehung geschrieben, die alle sehr empfehlenswert sind. Auch zum Thema Scheidung und Wiederheirat (was bei Alleinstehenden ein Thema sein kann) gibt es ein Buch von ihm: *Marmor, Stein und Eisen bricht – Ehe, Scheidung und Wiederverheiratung.*
- Entsprechende Ergänzung des deutschen Herausgebers: Von den Brüdern Tripp sind auch Audio- und Video-Vorträge zum Thema Erziehung auf Deutsch erhältlich. Außerdem sind in der »Kleinen Seelsorge-Reihe« vom 3L Verlag einige Artikel von Paul David Tripp über Erziehung, Teenager etc. erschienen.

10

Trügerische Schönheit

Trügerisch ist Anmut und nichtig die Schönheit;
eine Frau aber, die den HERRN *fürchtet,*
die soll man rühmen.
Sprüche 31,30

Eine meiner frühesten Kindheitserinnerungen ist der Wunsch nach langem Haar. Ich hatte den für Vorschulkinder typischen Pagenkopf, wollte aber, dass meine Haare über die Schultern fielen. Eines Tages stand ich in der Küche und wusste plötzlich die Lösung. Ein Küchenhandtuch hatte genau die richtige Länge. Ich legte es mir um den Kopf und ließ es mir über die Schultern fallen. Meine jüngeren Schwestern hielten das ebenfalls für eine vorbildliche Idee und deshalb gibt es jetzt jede Menge Fotos von uns Dreien, wo wir zufrieden grinsend gestreifte Handtücher auf dem Kopf tragen.

Ab der sechsten Klasse machte ich Ernst. Ich hatte ein Ritual entwickelt, das ich in meinem ersten Tagebuch »Vorbereitungen für einen Schönheitstag« nannte. Als Siebtklässlerin listete ich meine Schätze der Weiblichkeit auf: drei BHs, ein *eigenes* Deodorant (ein eigenes Deodorant zu haben war offensichtlich etwas ganz Besonderes, denn vorher hatte ich bereits eine ganze Seite darüber in mein Tagebuch geschrieben), Noxzema Gesichtsreiniger, Make-up, Nagellack, eine Strumpfhose, eine Handtasche und – aus unerfindlichen Gründen – ein Radio. Ich fügte dem Ablauf meiner Schönheitspflege außerdem einen weiteren Punkt hinzu: Benutze täglich einen Springstock (*Pogo Stick* genannt, falls dir das etwas sagt. Es ist eine Art Einzel-Stelze für beide Beine mit Federung, und damit kann man sich – sofern man geschickt und kräftig genug ist – hüpfend fortbewegen. Offensichtlich war ich der Ansicht, dass mich diese Übung hervorragend in Form bringen würde.)

In meinem letzten Highschool-Jahr jobbte ich als Aushilfe bei einem Friseur in der Nachbarschaft. Damals hatte ich lange Haare und sie noch nie gefärbt oder sonst irgendwie behandelt. Der Anblick meines »naturbelassenen« Haars war für die Friseure unwiderstehlich und sie wollten mir unbedingt eine ausgefallene Frisur verpassen. Sie umlauerten mich wie ein Rudel hungriger Wölfe. Einige Monate lang konnte ich sie mir vom Leib halten, aber eines Tages gab ich nach. Und ich schlug hart auf. Ich bekam Stufen, Dauerwellen und eine Henna-Tönung. Alles auf einmal. Innerhalb weniger Momente waren meine Haare ruiniert. Das Ergebnis war alles andere als glamourös. Ich wollte aussehen wie Brooke Shields, aber mit der hennaroten Farbe und den krausen Stufen sah ich eher aus wie die Comicfigur »Kleine Waise Annie«.

Ich war traumatisiert. Weinend lief ich nach Hause, rannte in mein Zimmer, schlug die Tür zu und schluchzte heftig in mein Kissen. Meine Mutter versuchte, mich aus dem Zimmer zu locken, weil sie meine neue Frisur sehen wollte. »Es ist bestimmt nicht so schlimm, Schatz«, sagte sie. »Komm doch raus. Lass mich mal sehen, damit ich dir helfen kann.«

Ich weigerte mich lange. Schließlich kam ich doch heraus und rief von der obersten Treppenstufe aus nach ihr. Sie erschien am Fuß der Treppe, schaute nach oben und – zweifellos gegen ihren Willen und wider besseres Wissen – brach in schallendes Gelächter aus. Ich war entsetzt! *Meine eigene Mutter lachte über meine Haare!*

Viele weitere schlechte Haarschnitte sollten folgen. Als Erwachsene ließ ich mir einen Kurzhaarschnitt aufschwatzen. Es war so schlimm, dass die Friseurin mir riet, immer Ohrringe und Make-up dazu zu tragen. Ich hörte genau heraus, dass es unweiblich aussah, und ich war wütend, weil sie mir das angetan hatte. Ich weinte auf dem ganzen Heimweg, die ganze Nacht, und noch vielmehr, als ich am nächsten Morgen versuchte, mich für die Arbeit fertig zu machen. Mit meinem roten, aufgedunsenen, vom Weinen fleckigen Gesicht sah ich aus wie eine Figur aus der Geisterbahn. So konnte ich auf keinen Fall zur Arbeit gehen. Immer noch schluchzend rief ich meine Abteilungsleiterin an (die glücklicherweise eine Frau mit reichlich Erfahrung in Sachen »Bad Hair Days« war).

»Ich … ich kann heute … *schnief* … nicht zur Arbeit kommen«, sagte ich weinend und schluchzend.

»Oh nein! Was ist passiert?«, fragte sie besorgt. »Geht es dir nicht gut?«

»Ich … ich … ich war beim Friseeeuuur!«, heulte ich.

Von schlechten Dauerwellen über orangefarbene Selbstbräunungscremes und fürchterliche Haarfarben (»Hast du dir Schuhcreme in die Haare geschmiert?«) bis hin zu den tausenden Kratzern und Schnitten, die ich meinen Beinen zugefügt habe, sollte man meinen, ich wäre mit den Jahren klüger geworden. Aber dem Sirenengesang der kosmetischen Kunstgriffe kann man (oder besser gesagt frau …) einfach nicht widerstehen.

Zu Beginn dieses Buches hatte ich ja schon von meinem Klassentreffen zwanzig Jahre nach dem Schulabschluss und von meinem Gefühl als einzige Single dort berichtet. Es gab noch einen weiteren Grund für meine Angst vor diesem Klassentreffen: Ich hatte mir an diesem Tag zum ersten Mal in meinem 38-jährigen Leben die Augenbrauen gewachst. Zupfen war bisher immer gut genug gewesen. Aber als die Nagelstylistin vorschlug, die Augenbrauen zu wachsen, trottete ich brav wie ein Lamm zur Schlachtbank. *Na klar, warum nicht? In wenigen Stunden beginnt das große Ereignis und da meine Haut blass ist und empfindlich auf Sonnenlicht und Reize reagiert, warum sollte dann nicht ausgerechnet jetzt ein bisschen heißes Wachs aufgetragen werden?* Innerhalb von Sekunden brannten meine Augenlider. Als ich zu Hause ankam, war die Schwellung mit einem Magenta-Farbton untermalt, der bisher selbst im Farbsortiment von Faber-Castell noch nicht enthalten sein dürfte.

Ich war in Panik und telefonierte wild herum. Ich brauchte Rat, dringend, sofort. »Versuch es mit Zaubernuss-Extrakt.« »Tu sofort Neosporinsalbe drauf.« »Hast du es mit Eis versucht?« »Zerdrücke eine Aspirintablette, mache eine Paste daraus und lass sie einwirken, bis sie trocken ist.« Alle Vorschläge setzte ich sofort in die Tat um – was meine Haut zweifellos noch stärker reizte. *Du bist ein*

Idiot, schimpfte ich mich selbst, als ich den Lidschatten auftrug. *Was hast du dir dabei gedacht?*

Welche Frau kennt ihn nicht, diesen »Schönheitsstress«? Genau aus diesem Grund nehmen wir uns diesen Vers vor: »Trügerisch ist Anmut und nichtig die Schönheit; eine Frau aber, die den HERRN fürchtet, die soll man rühmen« (Sprüche 31,30). Die Schlachter-Bibel übersetzt: »Anmut ist nichtig und Schönheit vergeht« und betont damit die flüchtige Natur äußerlicher Attraktivität. Es ist eine Warnung für Singlefrauen, die sich Erfolg aufgrund äußerlicher Schönheit erhoffen. Und er ist eine Ermutigung für Singlefrauen, die sich mit anderen Frauen vergleichen und erkennen, dass sie äußerlich nicht mithalten können. Uns allen verhilft dieser Vers zur richtigen Einstellung zur Schönheit. Sechs Dinge werden wir bei seiner genaueren Betrachtung untersuchen:

- Die vergängliche Natur der Schönheit
- Extreme vermeiden
- Die Macht der Schönheit
- Wie Schönheit verblasst
- Eine Form von Schönheit, die für Gott und andere attraktiv ist
- Wessen Schönheit wird gepriesen werden?

Der Wettlauf gegen den Verfall

Wenn ich allmorgendlich in meiner täglichen Dosis Haarspray zu ersticken drohe, muss ich immer an Sisyphos denken. Diese Figur aus der griechischen Mythologie war dazu verdammt, in der Unterwelt auf ewig eine völlig aussichtslose Aufgabe auszuführen: Er musste einen Felsblock einen steilen Berg hinaufwälzen, und kurz vor dem Gipfel rollte der Felsblock stets wieder hinunter.

Sisyphos wartet jeden Morgen im Spiegel auf mich. Tag für Tag mühe ich mich ab, den Felsblock den Berg hinaufzuwälzen und einen »Good Hair Day« zu haben – nur um am nächsten Morgen den Klotz wieder am Fuß des Berges wiederzufinden – mit Bettfrisur. So viel Mühe ich auch in meine Schönheitsrituale investiere, es ist immer ein Wettlauf gegen den Verfall.

Der griechischen Mythologie zufolge war Sisyphos der Gründer und König von Korinth. Ich finde, dass dieser Gedanke auf amüsante Weise ironisch ist, weil Paulus ausgerechnet an die fleischlichen, streitsüchtigen Korinther diese vertrauten Worte richtete:

> Deshalb ermatten wir nicht, sondern wenn auch unser äußerer Mensch aufgerieben wird, so wird doch der innere Tag für Tag erneuert. Denn das schnell vorübergehende Leichte unserer Bedrängnis bewirkt uns ein über die Maßen überreiches, ewiges Gewicht von Herrlichkeit, da wir nicht das Sichtbare anschauen, sondern das Unsichtbare; denn das Sichtbare ist zeitlich, das Unsichtbare aber ewig (2. Korinther 4,16-18).

Frauen fortgeschrittenen Alters, insbesondere jene, die näher an der Rente als am Schulabschluss sind, erleben die Wahrheit dieser Worte täglich. Äußerlich *werden* wir aufgerieben. Ein paar graue Haare hier, einige Lachfältchen dort, ein Oberarm, der beim Applaudieren schlabbert, Rückenschmerzen allein vom Schlafen – das sind die Zeichen des Alterns. Und es wird nicht besser werden. Meine Mutter erzählte mir, wie sehr sie sich manchmal erschreckt, wenn sie im Spiegel eine alte Dame sieht, oder wenn ihr auffällt, dass aus ihren Ärmeln die Hände ihrer Großmutter hervorkommen.

Wenn du jung und faltenfrei bist, findest du dieses Thema vielleicht beunruhigend und du nimmst es nicht mit demselben schwarzen Humor wie wir Älteren. Aber wenn du auf die Unvermeidbarkeit des Alterns nicht vorbereitet bist, kann der Tag, an dem du das erste graue Haar oder die erste Lachfalte entdeckst, traumatisch werden. Ich erinnere mich gut, wie ich den Verlust meiner Jugend betrauert habe. Das ist keineswegs untypisch, zumal ich damals noch nicht die Perspektive der Ewigkeit hatte. Kürzlich sprach ich mit einer Singlefrau, die zehn Jahre jünger als ich und in Tränen aufgelöst war, weil sie die ersten grauen Haare auf ihrem Kopf entdeckt hatte. Deshalb hoffe ich, dass du weiterliest, denn eines Tages wird auch dir das passieren – und zwar schneller, als du denkst. Ich bin zuversichtlich, dass die Wahrheiten dieses Kapitels dich befähigen werden, diesen kommenden Tag anzunehmen, anstatt ihn zu betrauern.

Eine weitere Überlegung: Vor Kurzem wurde mir klar, dass es Gottes Gnade ist, die uns so schwach werden lässt, wenn wir altern. Wie demütigend ist es, wenn das Leben eines Geschöpfes in Abhängigkeit von anderen endet, unfähig, so zu funktionieren wie einst, und nicht mehr attraktiv wie in seiner Blütezeit. Dieser Umstand macht unmissverständlich deutlich, dass es nur Einen gibt, dessen Herrlichkeit unveränderlich ist. Wenn wir diese Lektion nicht als junge Erwachsene lernen, werden wir sie mit Sicherheit später nachholen. Wir können darüber schimpfen, wir können hart daran arbeiten, die Auswirkungen zu verbergen, aber an der unabänderlichen Tatsache des körperlichen Abbaus werden wir nichts ändern: »Denn ›alles Fleisch ist wie Gras und alle seine Herrlichkeit wie des Grases Blume. Das Gras ist verdorrt, und die Blume ist abgefallen; aber das Wort des Herrn bleibt in Ewigkeit‹« (1. Petrus 1,24-25).

Schönheit im richtigen Maß

Heißt das, dass ich mein Haarspray weglegen und den Spiegel ab sofort meiden soll? Nein, nicht unbedingt. Gott hat die Frauen so geschaffen, dass sie für Männer schön sind. Es ist nichts Verkehrtes an dem Bemühen, weiblich und attraktiv zu sein. Die Bibel lobt weibliche Schönheit durchaus, was ein kurzer Blick in das Hohelied Salomos bestätigt: »Wie schön bist du, und wie lieblich bist du, Liebe voller Wonnen« (Hoheslied 7,7). Die Frau meines Pastors, Carolyn Mahaney, schreibt, dass Frauen danach streben sollten, attraktiv zu sein, insbesondere für ihre Ehemänner: »Wir müssen herausbekommen, was uns für unsere Ehemänner attraktiv sein lässt. Welche Kleidung, welche Frisur oder welches Make-up findet er am anziehendsten? Und wir sollten auf unser Äußeres achten – nicht nur, wenn wir ausgehen, sondern auch zu Hause, wo uns nur unser Mann sieht.«[1] Als Singlefrauen sollten wir allerdings auf die Herzensangelegenheiten achtgeben, die mit diesem Thema einhergehen. Wir könnten von einem Extrem ins andere geraten, wenn wir uns über äußerliche Schönheit zu viele Gedanken machen. Wir sollten weder Sklavinnen des Spiegels werden noch ihn ignorieren. Wie bei so vielen Dingen liegt die Weisheit in einer guten Ausgewogenheit.

Zunächst möchte ich auf etwas eingehen, das für ältere Singlefrauen eine Versuchung sein kann: resignieren. Ich erinnere mich an ein Gespräch mit einer älteren Frau vor ein paar Jahren. Sie hatte sich entschlossen, dass ihr Mann sie nur wegen ihres Charakters lieben sollte. Aber als ich sie so ansah, fragte ich mich, ob sie es ihrem Mann vielleicht etwas einfacher machen könnte, ihren Charakter wahrzunehmen. Sie machte den Eindruck, nachlässig mit ihrem Körper umzugehen und viel zu früh unansehnlich gewordenen zu sein. Die ganze Zeit über dachte ich: *Hey, gib dem Bruder doch eine Chance und dir ein bisschen Mühe mit deinem Erscheinungsbild!*

In einer Radiosendung für alleinstehende Frauen sprach die Moderatorin Nancy Leigh DeMoss mit ihren Zuhörerinnen über diese Versuchung: »Mir ist aufgefallen, dass Frauen, die über längere Zeit Single sind, oft unweiblicher werden – zumindest, was das Äußere betrifft. Ich sage nicht, dass dies auch auf ihr Herz zutrifft, aber in Sachen Aussehen und Auftreten sind sie manchmal etwas weniger feminin.«[2]

Ich möchte niemandem gegenüber hart sein. Lass dich bitte nicht entmutigen. Ich weiß, wie praktisch es ist, in »bequemen Klamotten« herumzulaufen. Ich weiß, wie es ist, älter zu werden und zu erleben, wie der eigene Körper einen Strich durch all die Mühen um Fitness oder einen ausgeglichenen Stoffwechsel macht. Aber Männer schätzen es, wenn wir uns zumindest *etwas* Mühe geben. Es fällt ihnen auf, wenn Frauen einen gewissen Wert auf ihre Erscheinung legen und feminin sein möchten. Du musst nicht perfekt sein, aber feminin ist gut.

Philipper 2,4 sagt uns, dass wir auf die Interessen anderer schauen sollen. Denken wir einen Moment über unsere potenziellen Ehegatten nach. Männer sind darauf gepolt, Schönheit an Frauen wahrzunehmen. Aber unsere Kultur ist von einem Schönheitsideal besessen, das sogar für Models in ihrem Privatleben unerreichbar bleibt. In überirdischer Perfektion werden sie gekleidet, gestylt und mit Bildbearbeitungsprogrammen digital optimiert. Gläubige Männer werden darüber hinaus durch die Unmoral unserer Kultur negativ beeinflusst. Sowohl im realen Leben als auch in den Medien sind Sex und Unmoral ständig präsent. Ein gläubiger Mann wird sein Bestes tun, um diesen Fallgruben aus dem Weg zu gehen, aber wie schwer muss es für Männer sein, *nicht* durch unsere Kultur beeinflusst zu werden. Inmitten dieses Bombardements aus Fleisch bitten wir christliche Männer darum, sich für den Rest ihres Lebens auf eine einzige Frau festzulegen. Wäre es nicht ein Segen für sie, wenn wir uns bemühen würden, sowohl geistlich als auch äußerlich so gut zu sein, wie wir können? Diese Sichtweise hat mich viele Male zu sportlicher Betätigung getrieben. Nicht nur aus Eitelkeit. Ich bin mir sicher, dass unsere zukünftigen Gatten gesunde Ehefrauen zu schätzen wissen.

Schauen wir uns die andere Seite der Medaille an und befassen uns mit der Eitelkeit. Es ist nicht falsch, wenn eine Frau sich herausputzt. Aber die Bibel warnt vor übertriebener Eitelkeit, die zu unverhohlener, prahlerischer Selbstdarstellung führen oder zum wichtigsten Lebensinhalt werden kann. Das hebräische Wort für *nichtig* (in »Schönheit ist nichtig«) ist *hebel.* Es bedeutet »Leere oder Eitelkeit, etwas Vergängliches und Ungenügendes«.[3] Es ist auch das Schlüsselwort im Buch Prediger. Dort wird der Sinn des Lebens untersucht, aber schon im zweiten Kapitel stellt der Autor Salomo fest, dass Vergnügen, Lachen, harte Arbeit, Häuser, Gärten, Herden, Diener, Gold, Silber und sogar Weisheit *nichtig (hebel)* sind! Diese Übertreibung führt Salomo dann weiter aus und setzt diese Nichtigkeiten mit einem »Haschen nach Wind« gleich. Viele gute Dinge nennt er *nichtig*, weil wir ebenso wenig Erfüllung von ihnen bekommen, wie wir den Wind nicht erhaschen können. An den aufgezählten Aktivitäten ist an sich nichts falsch, aber sie werden uns nicht die Erfüllung bringen, die wir uns davon versprechen.

In derselben Weise ist auch Schönheit *nichtig.* Es ist nichts grundsätzlich falsch an der Schönheit, aber Sinn und Erfüllung, die wir darin suchen, werden uns wie Wind durch die Finger schlüpfen.

Die Macht der Schönheit

Warum also liegt uns so viel daran, schön zu sein? Warum sind wir nicht zufrieden mit der Attraktivität, die Gott uns zugemessen hat? Aus einem einzigen Grund: Schönheit wirkt auf Männer. »Im Herzen jedes Mannes gibt es einen geheimen Nerv, der auf die Strahlen der Schönheit reagiert«, schreibt der amerikanische Journalist Christopher Morley. Männer bemerken Schönheit. Sie kämpfen um die Gunst einer schönen Frau. Sie setzen Schönheit in der Kunst ein Denkmal. Sie schreiben Gedichte über Schönheit.

> In ihrer Schönheit wandelt sie
> Wie wolkenlose Sternennacht;
> Vermählt auf ihrem Antlitz sich'
> Des Dunkels Reiz, des Lichtes Pracht:
> Der Dämmrung zarte Harmonie,
> Die hinstirbt, wann der Tag erwacht.
>
> George Gordon Byron[4]

Jede Frau möchte einem Mann diese Art überschwänglicher Reaktion entlocken. Das ist der zweite Grund für unser Bemühen: »Jede Frau *möchte*.« Oder vielleicht wäre es ehrlicher, zu sagen: Jede Frau sehnt sich danach oder begehrt es. Joshua Harris schreibt über diese Begierde:

> Ein Mann ist dazu geschaffen zu erobern und er findet das Eroberungsstreben anregend. Eine Frau ist dazu geschaffen, sich nach dem Erobertwerden zu sehnen und das findet sie anregend … Begierde verzerrt und verbiegt wahre Männlichkeit und wahre Weiblichkeit auf ungesunde Art. Sie macht aus dem guten Eroberungswunsch des Mannes eine »Vereinnahmung« und ein »Benutzen« und das gute Schönheitsstreben der Frau zu »Verführung« und »Manipulation«. Männer und Frauen werden von der Begierde ganz unterschiedlich versucht: Für Männer ist der Anreiz das Vergnügen, das die Begierde zu bieten scheint, und bei Frauen lockt die Macht, die die Begierde verspricht.[5]

Zu unserem Thema lässt sich diese letzte Aussage treffend erweitern: »Frauen lockt die Macht, die die Begierde verspricht, *reizend auf die Männer anderer Frauen zu wirken.*« Vielleicht denkst du, dass du diese Art von Aufmerksamkeit von verheirateten Männern nicht möchtest. Gut. Ich hoffe, dass es so ist. Aber sehen wir den Tatsachen ins Gesicht: Wenn wir versuchen, das Interesse von möglichst vielen Singlemännern zu wecken, versuchen wir eigentlich, Männer zu ködern, die in Zukunft die Ehemänner anderer Frauen sein werden. Ich gehe mal vertrauensvoll davon aus, dass wir ihre Aufmerksamkeit nicht mehr suchen werden, sobald diese Männer verheiratet sind. Aber warum wollen wir sie jetzt? Weil wir auf sündige und egoistische Weise die Macht und Aufmerksamkeit genießen, die in solcher Attraktivität liegt. Doch wir können auf das Interesse, das wir geweckt haben, nicht in all diesen Fällen eingehen.

Du wirst vielleicht vermuten, ich hätte selber reichlich Erfahrung mit dieser Anziehungskraft. Das habe ich tatsächlich. In meinem Herzen und in meinen Tagträumen. Wenn es das ist, wonach wir uns sehnen, ist es im Grunde gleichgültig, ob wir *tatsächlich* Scharen von Männern den Kopf verdrehen. Ich kenne eine Frau, die mir ehrlich bekannt hat, was der Hauptgrund dafür war, dass sie stark abgenommen hat: Sie wollte figurbetonte und sexy wirkende Kleidung tragen können, um möglichst viel Aufmerksamkeit auf sich zu ziehen. Sie ist eine gläubige Frau und hat diese Sünde bekannt und Buße getan, aber es war dringend nötig, dass sie ihre Motive hinterfragte.

Das Schwein vergolden

Wir sehen es täglich in den Medien: Umwerfende Frauen schockieren uns durch ihr skandalöses Benehmen und ihre bisweilen unfassbare Vulgarität. Mitunter hat es den Anschein, dass ihr Niveau proportional zu ihrer äußeren Attraktivität abnimmt. In unserer Zeit wird die Macht, die Frauen sich von ihrer Begierde versprechen, nicht nur toleriert, sondern regelrecht zelebriert. Während ich an diesem Kapitel arbeite, ist Amerika schockiert über das geschmacklose und anstößige Verhalten eines weiblichen Stars im Live-Fernsehen. Ich brauche hier nicht ins Detail gehen, denn in ein paar Wochen wird jemand anderes ihr die Show stehlen und diese Episode nur eine Randnotiz der Geschichte sein.

Warum bin ich mir da so sicher? Weil eine der scharfsinnigen Beobachtungen aus dem Buch der Sprüche feststellt, dass fehlender Anstand bei Frauen aller Altersgruppen nicht ungewöhnlich ist. Sprüche 11,22 macht es mit humorvoller Übertreibung unmissverständlich deutlich: »Ein goldener Ring im Rüssel einer Sau, so ist eine Frau, die schön, aber ohne Anstand ist.«

König Salomo, der diesen Spruch verfasste, war mit seinen 700 Ehefrauen und 300 Nebenfrauen in der Lage, seine Beobachtung anhand empirischer Studien zu belegen. Zudem lernte er auf die harte Tour den verderblichen Einfluss kennen, den seine Schwelgerei mit so vielen Frauen hatte. Herbert Lockyer schreibt:

> Nie zuvor gab es einen Mann, der so viel Erfahrungen mit Frauen hatte wie König Salomo, der »viele fremde Frauen« liebte. Wie zu erwarten, äußert sich Salomo über die Tugenden und Laster der Frauen, insbesondere im Buch der Sprüche … In keinem anderen Buch der Bibel finden wir so viele Textstellen über leichte Frauen und strenge Warnungen davor, sich mit ihnen zu verbinden, wie im Buch der Sprüche.«[6]

Was bedeutet es, wenn eine Frau »keinen Anstand« hat? Vielleicht vergleichen wir uns mit der Frau aus dem letzten Medienskandal und denken, wir wären dagegen ganz okay. Aber das ist nicht der Maßstab für eine gottgefällige Frau. Nancy Leigh DeMoss schreibt über die ehebrecherische Frau aus Sprüche 7:

> Die törichte Frau aus Sprüche 7 nähert sich ihrer Beute mit einem kühnen Gruß. Sie schmeißt sich diesem Mann an den Hals, mit Leib und Worten. Sie zeigt genau den Mangel an Anstand und Zurückhaltung, der heute zwischen Mann und Frau üblich ist. Selbst in christlichen Gemeinden ist es nicht ungewöhnlich, dass Frauen lässig und gedankenlos Männer umarmen. Dahin-

> ter stehen vielleicht keine unmoralischen Absichten, aber es ist töricht. Bestenfalls weicht es die angemessenen Schranken auf, die es zwischen Mann und Frau geben sollte; schlimmstenfalls kann es zu schwerer Sünde gegen Gott führen … Die törichte Frau ist unanständig. Sie spricht frei über intime Dinge, die dem Austausch mit ihrem Ehemann vorbehalten sein sollten. An den öffentlich ausgeschlachteten Sexskandalen der letzten Jahre finde ich am beunruhigendsten, dass private Dinge unverhohlen und quer durch alle Medien breitgetreten werden. Explizit sexuelle Ausdrücke, die einst außerhalb des Schlafzimmers als unpassend galten, sind heute Teil unseres Alltagsvokabulars … Wir müssen jungen Frauen beibringen, dass es Dinge gibt, die man in Anwesenheit beiderlei Geschlechter nicht bespricht. Es gibt des Weiteren persönliche Angelegenheiten zwischen Ehemann und Ehefrau, die nicht einmal mit anderen Frauen besprochen werden sollten.[7]

Eine gute Sprache und Ausdrucksweise werden wir uns im nächsten Kapitel noch näher ansehen. Hier ist es wichtig festzuhalten, dass das, was über unsere Lippen kommt, unsere Anziehungskraft erheblich schmälern kann. Selbst Lord Byron lobt in seinem berühmten Gedicht, aus dem ich oben eine Strophe zitiert habe, sowohl das gute Aussehen der schönen Frau als auch ihre Gedanken und Worte:

> Kein Licht zuviel, kein Schatten fehlt –
> sonst wär's die tiefe Anmut nicht,
> die jede Rabenlocke strählt
> und sanft verklärt ihr Angesicht,
> wo hold und hell die Seel erzählt
> Von lieben Träumen, rein und licht.[8]

Falls du dich wunderst: Diese alten Sentimentalitäten leben bis heute weiter, weil sie in Gottes zeitloser Wahrheit wurzeln. Ein lediger Mann aus meinem Freundeskreis machte einmal folgende Bemerkung, die ich mir sofort aufschrieb: »Wenn ich eine äußerlich attraktive Frau sehe, die etwas Törichtes oder Weltliches sagt oder tut, ist das wie ein Schlag ins Gesicht für mich. Ich kann mich gar nicht schnell genug abwenden. Aber wenn eine geistlich gesinnte Frau etwas tut, um jemanden zu ermutigen, danke ich Gott für sie und schon mehr als einmal hat so etwas dazu geführt, dass ich auch im Gebet an sie dachte.«

Schönheit in Verbindung mit Anstand

Die Bibel berichtet von einem Schönheits-Vorbild in Verbindung mit Anstand: Abigail in 1. Samuel 25. Sie war die Frau eines sehr wohlhabenden, aber törichten Mannes namens Nabal. In Vers 3 heißt es: »Der Name des Mannes aber war Nabal und der Name seiner Frau Abigail. Sie war eine Frau von klarem Verstand und von schöner Gestalt. Der Mann aber war roh und boshaft in seinem Tun.«

David hatte Nabals Herde und Hirten in der Wüste beschützt. Er erwartete, dass Nabal ihn dafür belohnen würde und sandte ihm zur Zeit der Schafschur Grüße und Friedenswünsche. Aber Nabal reagierte mit Verachtung, was Davids Zorn heraufbeschwor. Als Abigail das hörte, schritt sie schnell ein. Sie sandte Esel zu David, die mit Gaben beladen waren, und als sie David fand, fiel sie vor seinen Füßen nieder und bat ihn, keine Rache zu üben. Ihre Bitte endete: »Und es wird geschehen, wenn der HERR meinem Herrn all das Gute tun wird, das er dir zugesagt hat, und dich zum Fürsten über Israel bestellt, so wird dir, meinem Herrn, das kein Anstoß und kein Vorwurf des Herzens sein, dass du ohne Ursache Blut vergossen habest und dass mein Herr sich mit eigener Hand geholfen habe. Und wenn der HERR meinem Herrn wohltun wird, so denke an deine Magd!« (1. Samuel 25,30-31).

David begriff sofort die Weisheit ihrer Worte und rief: »Gepriesen sei der HERR, der Gott Israels, der dich an diesem Tag mir entgegengesandt hat! Und gepriesen sei deine Klugheit, und gepriesen seist du, dass du mich heute davon zurückgehalten hast, in Blutschuld zu geraten und mir mit meiner eigenen Hand zu helfen! Aber, so wahr der HERR, der Gott Israels, lebt, der mich bewahrt hat, dir Böses zu tun: Wenn du mir nicht eilends entgegengekommen wärest, so wäre dem Nabal bis zum Morgenlicht nicht einer, der männlich ist, übrig geblieben!« (1. Samuel 25,32-34).

Zuerst preist David den Herrn für seine Souveränität, die diese Begegnung zustande gebracht hatte. Dann preist er Abigail für ihre Klugheit. Beachte, dass David *nichts* über ihre Schönheit sagt. Wenn sie hübsch genug war, um in der Bibel als »von schöner Gestalt« bezeichnet zu werden (Vers 3), muss das zweifellos auch David aufgefallen sein. Aber dafür hat er sie nicht gepriesen. Er schaute darauf, wie Gott sie in seinem Leben eingesetzt und wie weise sie zu ihm gesprochen hatte. Als ihr Mann Nabal zehn Tage später starb, hatte David es sehr eilig, diese schöne und weise Frau darum zu bitten, seine Frau zu werden.

Diese Art von Anziehungskraft sollten wir haben: Schönheit im Äußeren *und* in unseren Worten, so dass ein Mann sagt: »Gepriesen sei der Herr, der dich heute zu mir gesandt hat.«

Innere Schönheit: kostbar vor Gott

Doch so attraktiv diese Art von Anziehungskraft für Männer auch sein mag, wichtiger ist, wie Gott sie betrachtet. In 1. Petrus 3,3-4 heißt es: »Euer Schmuck sei nicht der äußerliche durch Flechten der Haare und Umhängen von Gold oder Anziehen von Kleidern, sondern der verborgene Mensch des Herzens im unvergänglichen Schmuck des sanften und stillen Geistes, der vor Gott sehr kostbar ist.« In diesem Vers finden wir nicht nur eine Form unvergänglicher Schönheit, sondern wir erfahren auch, dass diese Schönheit vor Gott sehr *kostbar* ist.

Carolyn Mahaney schreibt darüber:

> Gottes Definition von Schönheit steht in starkem Gegensatz zu dem, was unsere Kultur als schön definiert. Unsere Kultur bewertet Schönheit nach dem Augenschein; vor Gott ist entscheidend, was uns innerlich ausmacht.
>
> Unsere Kultur errichtet ein Schönheitsideal, das für die meisten unerreichbar ist; Gott hat ein Schönheitsideal, das wir alle

erreichen können, wenn wir auf sein Wirken und seine Gnade in unserem Leben reagieren.

Unsere Kultur ermutigt Frauen, oberflächliche Schönheit zu pflegen; Gott sagt uns, dass wir nach einer inneren Schönheit streben sollen, die sehr wertvoll ist.

Unsere Kultur ermutigt Frauen, eine Schönheit zu pflegen, die nur von kurzer Dauer sein wird; Gott ermutigt Frauen, eine Schönheit zu pflegen, die niemals vergehen und mit der Zeit noch größer werden wird.

Unsere Kultur fordert uns auf, nach einer Schönheit zu streben, die andere beeindruckt; Gott beruft uns dazu, nach Schönheit zu streben, die vor allem für *ihn* gilt.

Unsere Kultur verlockt uns dazu, der Schönheit eines Supermodels oder der einer prominenten Schauspielerin nachzueifern; Gott bittet uns, die Schönheit heiliger Frauen der Vergangenheit zu erstreben, die ihre Hoffnung auf Gott gesetzt haben.

Siehst du den Unterschied? Die Schönheit, die unsere Kultur wertschätzt, mag bewirken, dass sich einige nach uns umdrehen, aber die Schönheit, zu der Gott uns beruft, wird ewige Auswirkungen haben. Wenn eine äußerlich schöne Frau vorbeigeht, fällt es den Leuten auf – besonders den Männern. Aber das ist alles. Ihre Schönheit hinterlässt einen flüchtigen, kurzlebigen Eindruck. Aber eine Frau, die innere Schönheit pflegt, weil sie Gott fürchtet und dafür lebt, anderen zu dienen, beeinflusst Menschen nachhaltig. Ihre Schönheit hat eine dauerhafte Wirkung auf andere in ihrem Umfeld. Gottgemäße, innere Schönheit hinterlässt einen bleibenden Eindruck im Leben anderer und verherrlicht Gott.[9]

Innere Schönheit: attraktiv für andere

Es mag schwierig sein, sich vorzustellen, wie ein »stiller und sanfter Geist« Frauen schön machen sollte. Es klingt eigentlich eher nach einem Duckmäuschen. Zumindest habe ich das gedacht, als ich diese Passage als junge Christin zum ersten Mal las. Meine Ansichten waren durch temperamentvolle Diven der Popkultur geprägt:

charismatische, egozentrische Frauen mit einem Hang zur Dramatik, die die Männer an einem Haken in der Nase hinter sich herzuschleppen schienen. Solche Divas verlangen Aufmerksamkeit. Aber eine sanfte und stille Frau? Wie könnte sie schön sein?

Ich habe seitdem gelernt, dass eine stille und sanfte Frau nicht von Stress, Ärger oder Ungeduld geplagt wird. Ihr Gesicht ist nicht von Stirnrunzeln, sondern vom Lachen geprägt. Sie wird nicht von Hetze, Hysterie oder Misstrauen aus der Bahn geworfen. Sie ist nicht so unflexibel, dass Probleme oder Sorgen sie gleich in Furcht und Zittern versetzen. Stattdessen hat diese Frau gelernt, was die Schriftstellerin Marguerite Gardiner einmal folgendermaßen ausdrückte: »Es gibt kein wirksameres Schönheitsmittel als das Glück.«

Eine stille und sanfte Frau ist wie ein gestilltes, gesättigtes Kind. Sie vertraut dem Herrn, und deshalb hat sie keine Angst und strahlt. In Psalm 34,5-6 heißt es:

> Ich suchte den HERRN, und er antwortete mir;
> und aus allen meinen Ängsten rettete er mich.
> Sie blickten auf ihn und strahlten,
> und ihr Angesicht wird nicht beschämt.

Wenn du entmutigt bist, weil du älter wirst und die Schönheit im Sinne der Welt verblasst, dann hoffe ich, dass diese Verse dir Mut machen. Du kannst ganz einfach strahlende Schönheit pflegen, indem du dem Herrn in allen Lebenslagen vertraust – auch in deinem Singledasein. Du wirst nie beschämt oder enttäuscht, wenn du auf ihn schaust! Du wirst umso strahlender, wenn du den Herrn suchst, sobald Angst dich versucht, und wenn du ihm vertraust, dass er dir beisteht.

Ich versichere dir: »Gute« Singlemänner bemerken diese Art von Schönheit sehr wohl. Ich weiß aus sicherer (männlicher) Quelle, dass Männer von Frauen begeistert sind, die in Gott ruhen und von ihm erfüllt sind. Darin liegt ein faszinierendes Geheimnis. Außerdem verstehen und schätzen sie den Wert der inneren Schönheit. Vor Kurzem rief mich ein Freund an, der sich offensichtlich Gedanken über mein Allein-im-Restaurant-Dilemma aus Kapitel 7 gemacht hatte. Ich hatte ihm schon früher davon erzählt, und wir hatten darüber gelacht, dass es mit fortschreitendem Alter einfacher wird, sich nicht so sehr darum zu sorgen, was Fremde wohl von einem denken könnten. Wochen später rief er mich zurück. Er sagte, er habe über diese Situation nachgedacht. Er wollte mir sagen, dass die Gäste im Restaurant nur eine 40-jährige Frau allein beim Abendessen sahen, aber nicht wissen konnten, was an mir wichtig ist. Sie sahen mich nur von außen. Aber ohne mit mir zu sprechen oder mich in anderen Situationen zu kennen, konnten sie nicht wissen, wer ich war und ob ich innere Schönheit habe. Dann nannte er mir konkret einige Charakterzüge, die seiner Meinung nach Gott verherrlichten.

Ich hörte ihm mit einiger Verwunderung zu. So hatte ich über dieses Erlebnis noch nicht nachgedacht. Aber es machte mich demütig, weil *er* das getan hatte. Seine Ermutigung war für mich so unerwartet wie bedeutsam. Seine Worte stärkten mich für die niemals endende Aufgabe, meine unbändigen Leidenschaften und meine rastlose Zunge zu beherrschen, um einen stillen und sanften Geist zu erlangen. Seine Beobachtung war tiefgründig: »Innere Schönheit zielt auf den Himmel; äußere Schönheit auf Verfall.«

Der Preis der ewigen Schönheit

Liebe Freundin, vielleicht hast du dieses Kapitel mit einigen Bedenken gelesen. Vielleicht leidest du an einer körperlichen Einschränkung oder hast ein Merkmal, das du als unschön betrachtest. Ich bete, dass die Perspektive der ewig währenden inneren Schönheit dich ermutigt. Vielleicht heitern dich auch die Worte der querschnittsgelähmten Joni Eareckson Tada auf, die solche Herausforderungen besser kennt als ich:

> Das Leiden lässt unsere Füße anschwellen, so dass uns unsere irdischen Schuhe nicht mehr passen. Meine verkümmerten Beine, meine geschwollenen Fußgelenke, verkrümmten Finger und kraftlosen Handgelenke können im Kindergottesdienst als Anschauungsmaterial für die Verse von Jesaja dienen: »Alles Fleisch

> ist Gras … Das Gras ist verdorrt, die Blume ist verwelkt. Aber das Wort unseres Gottes besteht in Ewigkeit« (Jesaja 40,6.8).

Joni strahlt innere Schönheit aus, obwohl sie – mit ihrem Rollstuhl und allen anderen Einschränkungen – auch äußerlich eine schöne Frau ist. Ich habe an mehreren Feiern teilgenommen, bei denen sie die Gäste mit ihrem schönen Gesang erfreute und klangvolle alte Kirchenlieder anstimmte. Es ist faszinierend, sie zu beobachten. Ihre Freude verlangt einfach nach Aufmerksamkeit. Dennoch räumt Joni ein, dass sie sich als Querschnittsgelähmte an allen vier Gliedmaßen nach der Erfüllung von Jesaja 35,4-6 sehnt:

> »Sagt zu denen, die ein ängstliches Herz haben: Seid stark, fürchtet euch nicht! Siehe, da ist euer Gott … Er selbst kommt und wird euch retten. Dann werden die Augen der Blinden aufgetan und die Ohren der Tauben geöffnet. Dann wird der Lahme springen wie ein Hirsch, und jauchzen wird die Zunge des Stummen« (Jesaja 35,4-6.) Für mich sind derartige Verse keine Verheißungen, die voller Sehnsucht in eine unbestimmte, nebulöse, weit entfernte Zeit weisen. Sie sind Teil der Hoffnung, in die ich bereits eintrete, Teil der Zeit, wenn Jesus »unseren Leib der Niedrigkeit umgestalten wird zur Gleichgestalt mit seinem Leib der Herrlichkeit« (Philipper 3,21). Mir gefällt die Stelle, die vom neuen Körper handelt. Doch meine Hoffnung beschränkt sich nicht auf einen herrlichen Leib. Sie geht weit darüber hinaus.[10]

Was einen Christen in diesem auferweckten Leib erwartet, ist ein Rätsel. Einige Hinweise finden wir jedoch in der Bibel. Wie Randy Alcorn schreibt, könnte es der innere Mensch sein, der erkennbar wird – eine Bestätigung der ewigen Qualität innerer Schönheit:

> Die Auferstehung Christi ist das Modell und der Prototyp für unsere eigenen himmlischen Leiber (1. Korinther 15,20.48-49; Philipper 3,21; 1. Johannes 3,2). Was immer auf Jesu Auferstehungsleib zutrifft, wird voraussichtlich auch für uns gelten.

> Nach seiner Auferstehung betonte Jesus, dass er kein »Geist« – kein körperloses Wesen – war, sondern einen echten Leib hatte (Lukas 24,37-39). Einige Male wurde Jesus nicht sofort erkannt (Johannes 20,15; Lukas 24,15-16), was nahelegt, dass seine äußere Erscheinung verändert war. (Die meisten von uns würden gewisse Veränderungen bei sich vermutlich sehr begrüßen.) Nachdem seine Jünger einige Zeit mit ihm verbracht hatten, erkannten sie ihn plötzlich (Johannes 20,16; Lukas 24,31). Das lässt vermuten, dass trotz aller äußerlichen Veränderungen die Identität einer Person dennoch erkennbar bleibt.[11]

Ich bin mir ziemlich sicher: So herrlich diese neuen Leiber oder wie strahlend unsere innere Schönheit auch sein werden, wenn die Sünde vollkommen beseitigt ist, werden wir uns im Himmel all dessen gar nicht bewusst sein. Stattdessen denke ich, wird sich unsere Aufmerksamkeit auf etwas ganz anderes konzentrieren: Wir werden von der Schönheit des Lammes Gottes vollkommen in Beschlag genommen sein.

Es gibt keine Beschreibung, wie Jesu während seines irdischen Dienstes aussah. Der Prophet Jesaja sagte über ihn voraus: »Er hatte keine Gestalt und keine Pracht. Und als wir ihn sahen, da hatte er kein Aussehen, dass wir Gefallen an ihm gefunden hätten« (Jesaja 53,2). Der Apostel Johannes sah ihn in seiner Vision auf Patmos jedoch als in den Himmel aufgefahrenen, verherrlichten Herrn. Er war atemberaubend schön in seiner Herrlichkeit und zugleich furchterregend:

> Und ich wandte mich um, die Stimme zu sehen, die mit mir redete, und als ich mich umwandte, sah ich sieben goldene Leuchter, und inmitten der Leuchter einen, gleich einem Menschensohn, bekleidet mit einem bis zu den Füßen reichenden Gewand, und an der Brust umgürtet mit einem goldenen Gürtel, sein Haupt aber und die Haare waren weiß wie weiße Wolle, wie Schnee, und seine Augen wie eine Feuerflamme, und seine Füße gleich glänzendem Erz, als glühten sie im Ofen, und seine Stimme wie das Rauschen vieler Wasser, und er hatte in seiner

> rechten Hand sieben Sterne, und aus seinem Mund ging ein zweischneidiges, scharfes Schwert hervor, und sein Angesicht war, wie die Sonne leuchtet in ihrer Kraft. Und als ich ihn sah, fiel ich zu seinen Füßen wie tot. Und er legte seine Rechte auf mich und sprach: Fürchte dich nicht! Ich bin der Erste und der Letzte und der Lebendige, und ich war tot, und siehe, ich bin lebendig von Ewigkeit zu Ewigkeit und habe die Schlüssel des Todes und des Hades (Offenbarung 1,12-18).

Er ist der, den wir in alle Ewigkeit anbeten werden. Und wir werden in überirdischer Schönheit wohnen. Johannes beschreibt seine Vision des neuen, heiligen Jerusalem, das aus dem Himmel herabkommt: »... und sie hatte die Herrlichkeit Gottes. Ihr Lichtglanz war gleich einem sehr kostbaren Edelstein, wie ein kristallheller Jaspisstein« (Offenbarung 21,11). Diese Stadt braucht keinen Mond und keine Sonne als Lichter, »denn die Herrlichkeit Gottes hat sie erleuchtet, und ihre Lampe ist das Lamm« (Vers 23).

Wenn wir uns dieser Schönheit und Majestät bewusst werden, wird klar, dass unsere eigene äußerliche Schönheit *nichtig* ist. Das Geschöpf soll das geringere Wesen sein, und das erinnert uns daran, dass wir existieren, um Gott, unseren Schöpfer, zu verherrlichen. Ja, liebe Freundinnen, äußerlich vergehen wir. Aber das ist nicht das Ende. Die Bibel sagt uns, dass wir die Ewigkeit damit zubringen werden, über Gottes immerwährende Schönheit nachzusinnen.

Vielleicht sollten wir uns Davids Worte aus Psalm 27 neben unseren Spiegel hängen:

> Eins habe ich vom HERRN erbeten,
> danach trachte ich:
> zu wohnen im Haus des HERRN
> alle Tage meines Lebens,
> um anzuschauen die Freundlichkeit des HERRN
> und nachzudenken in seinem Tempel. (Psalm 27,4)

Zum vertiefenden Studium

- Beim Thema Schönheit gibt es noch einen weiteren wichtigen Aspekt: ein anständiger Kleidungsstil. Weil es zu diesem Thema schon so viele großartige Materialien gibt, bin ich in diesem Kapitel nicht darauf eingegangen. Zwei Empfehlungen: Erstens eine Audiobotschaft und ein daraus abgeleiteter Artikel, beide von C. J. Mahaney, mit dem Titel *The Soul of Modesty* (»die Seele der Sittsamkeit«). Als Download zu finden unter http://www.sovereigngraceministries.org mit dem Suchbegriff »Modesty«. Zweitens das Buch *The Look: Does God Really Care What I Wear?* (»Der Look: Ist es Gott wirklich nicht egal, was ich anziehe?«) von Nancy Leigh DeMoss.
- Anstand ist die Frucht einer Entscheidung für Reinheit. Ich habe in einem früheren Kapitel bereits Joshua Harris' Buch *Frösche, Prinzen und der Frust mit der Lust* empfohlen. An dieser Stelle möchte ich Randy Alcorns Buch *Behüte dein Herz – warum es wichtig ist, mit Sexualität richtig umzugehen* hinzufügen. Dieses kleine Buch zeigt klipp und klar, wie wir es schaffen, uns nicht solange auf den Abgrund zuzubewegen, bis die Schwerkraft Überhand nimmt und wir fallen.
- Eine großartige Übersicht über die Geschichte weiblicher Selbstquälerei für die Schönheit wurde von Robin Marantz Henig geschrieben. Sein Artikel *The Price of Perfection*, der 1997 im *Journal of Biblical Counselling* (Ausgabe 35/2/1997) erschien, ist unter http://www.nasw.org/users/robinhenig/price_of_perfection.htm abrufbar.
- Carolyn Mahaneys Buch *Anziehungskraft ist mehr als Mann sieht* möchte ich nochmals ausdrücklich empfehlen, und auch ihr Buch *Biblical Womanhood in the Home* ist sehr gut. Es enthält das Kapitel »True Beauty«, das ich sehr empfehle. Carolyn stellt darin folgenden »Herzens-Check« vor, mit dem wir unser eigenes Schönheitsstreben überprüfen können. Ich schließe dieses Kapitel mit ihrer Checkliste, die eine großartige Hilfe ist, die Beschreibung von Schönheit aus Sprüche 31 praktisch umzusetzen.

Der »Schönheits-Herzens-Check«

1. Verbringe ich täglich mehr Zeit mit der Pflege meiner äußeren Erscheinung als mit Bibelstudium, Gebet und Anbetung?
2. Gebe ich sehr viel Geld für Kleidung, Make-up und den Friseur aus? Oder ist diese Summe in einem Rahmen, der Gott ehrt?
3. Möchte ich mein Gewicht reduzieren, damit ich mich »besser fühle«? Oder möchte ich dadurch Selbstdisziplin zur Ehre Gottes üben?
4. Möchte ich schlank sein, um andere zu beeindrucken? Oder versuche ich, Essgewohnheiten zu pflegen, die Gott ehren?
5. Treibe ich Sport für eine »sexy Figur«? Oder tue ich es im Rahmen angemessener Körperpflege und um meinen Körper gesund und fit für den Dienst für Gott zu halten?
6. Gibt es etwas an meinem Körper, das ich ändern würde, wenn ich nur könnte? Oder bin ich Gott dankbar dafür, dass er mich so geschaffen hat, wie ich bin?
7. Bin ich neidisch auf das Aussehen anderer? Oder gönne ich es anderen Frauen, attraktiver zu sein als ich?
8. Begehre ich die Garderobe meiner Nächsten? Oder freue ich mich aufrichtig mit, wenn andere sich neue Kleidung leisten können?
9. Vergleiche ich mich auf Veranstaltungen, Unternehmungen und an der Arbeits- oder Ausbildungsstätte mit anderen? Oder bitte ich Gott, mir zu zeigen, wem ich in Liebe dienen könnte?
10. Kleide ich mich manchmal unanständig oder mit der Absicht, Aufmerksamkeit auf mich zu ziehen? Oder kleide ich mich stets in einer Weise, die Gott ehrt?

11

Weise Worte

Ihren Mund öffnet sie mit Weisheit,
und freundliche Weisung ist auf ihrer Zunge.
Sprüche 31,26

Ich war müde, hungrig und im hormonellen Tief. Mein Tag war vollgestopft mit Deadlines. Mein Koffeinpegel war auf Höchststand und ich war hektisch darum bemüht, alles zu schaffen, was die Agenda vorgab. Auf dem Weg von einem Meeting zum nächsten wäre ich an einer Ecke beinahe mit meinen Chef Boris zusammengeprallt.

»Was steht heute Nachmittag auf deinem Terminplan?«, fragte er.

Anstatt einfach auf diese simple Frage zu antworten, versuchte ich zu erahnen, was vielleicht seine nächste Frage sein könnte. Oder seine übernächste. Diese typisch weibliche Angewohnheit kann einen wahnsinnig machen. Im Bruchteil einer Sekunde spulte sich eine Kaskade von Sorgen in meinem Kopf ab: *Er fragt mich nach meinem Terminkalender. Er muss vorhaben, meine Termine umzuplanen. Das darf ich nicht zulassen, ich habe zu viele Deadlines. Wenn ich die nicht einhalte, wird er mir das später sehr übel nehmen. Ausgerechnet dann, wenn ich versuche, alles pünktlich zu schaffen, will er die Planung ändern! Ich schaffe es einfach nie.*

»Ich kann heute Nachmittag auf keinen Fall noch etwas hineinquetschen«, antwortete ich schnippisch. Dann brach es aus mir heraus: »Ich bin es leid, ständig ermahnt zu werden, meine Deadlines einzuhalten und dann kommt mir jedes Mal irgendwas in die Quere. Das ist ein echtes Dilemma und der liebe XY macht es auch nicht gerade einfacher.« Und so weiter. Du verstehst sicher, worum es geht.

Ich überschüttete Boris mit meinem Ärger. Er hörte geduldig zu und antwortete lediglich: »Wir reden später drüber.« Dann entschuldigte er sich.

Innerhalb weniger Minuten überführte mich der Heilige Geist und die Sündenerkenntnis lastete auf mir wie Blei. *Was habe ich getan? Warum habe ich meinem Chef so sündig und falsch geantwortet?* Die Krone an der Sache ist, dass ich für ein christliches Werk arbeite und meinen Job liebe. Die Charaktere meiner Kollegen sind täglich ein Vorbild für mich. Aber offensichtlich hielten mich auch diese hervorragenden Bedingungen nicht davon ab, mich vorhin so falsch zu verhalten. Was in aller Welt hatte mich veranlasst, so zu reagieren?

Der Herr hatte die Antwort. Jesus sagte:

> Aus der Fülle des Herzens redet der Mund. Der gute Mensch bringt aus dem guten Schatz Gutes hervor, und der böse Mensch bringt aus dem bösen Schatz Böses hervor. Ich sage euch aber, dass die Menschen von jedem unnützen Wort, das sie reden werden, Rechenschaft geben müssen am Tag des Gerichts; denn aus deinen Worten wirst du gerechtfertigt werden, und aus deinen Worten wirst du verdammt werden (Matthäus 12,34-37).

Von jedem unnützen Wort. Diese Verheißung ist ernüchternd. Vor allem, wenn man die Warnung aus Sprüche 10,19 dazunimmt: »Wo viele Worte sind, da geht es ohne Sünde nicht ab; wer aber seine Lippen im Zaum hält, der ist klug.« Dieser Spruch trifft auf mein Leben zu, und ich habe viele Lektionen auf die harte Tour lernen müssen. Ich bin eine gesprächige Frau, daher sündige ich hier leicht. Über die Jahre habe ich versucht, meine Sprache zurechtzustutzen wie eine zu hoch geschossene Hecke: Ein bisschen vom Geschwätz weg, eine kräftiger Schnitt bei den zornigen Worten, ein wenig Trimmen beim Prahlen – das sollte in etwa genügen … für eine Weile. Doch während ich mich mit den Zweigen herumschlug, ließ ich die Wurzel des Problems völlig außer Acht: *mein Herz.* Es reicht nicht aus, einfach die Worte zu beschneiden. Ich musste alles entwurzeln und neu pflanzen.

»Wenn wir unser Sprache-Problem begreifen wollen, müssen wir mit dem Herzen anfangen«, schreibt der biblische Seelsorger Paul Tripp. »Unsere Zunge ist voll mit Bösem. Der Grund dafür ist: ›Überaus trügerisch ist das Herz und bösartig; wer kann es ergründen?‹ (Jeremia 17,9). Probleme mit Worten offenbaren Probleme des Herzens. Die Menschen und Situationen um uns herum sind nicht die Ursache für das, was wir sagen; sie sind nur die *Gelegenheiten* für unser Herz, sich durch unsere Worte zu offenbaren.«[1]

Wie unser Herr andeutet, brauche ich, brauchen wir alle, eine gründliche Erneuerung unseres Herzens. Unsere Frau aus Sprüche 31 liefert uns ein Vorbild für jemanden, der eine solche Herzensarbeit absolviert hat. In Vers 26 heißt es: »Ihren Mund öffnet sie mit Weisheit, und freundliche Weisung ist auf ihrer Zunge.« Aus ihrem Herzen fließen Worte der Weisheit und Freundlichkeit. Wahrscheinlich ist es kein Zufall, dass diese Beschreibung der vorbildlichen Frau am Ende einer Sammlung von Weisheitssprüchen steht, in denen es zu einem großen Teil um die Wirkungen unserer Worte geht. In diesem Kapitel werden wir die Wirkung weiblicher Worte untersuchen und uns anschauen, wie wir sündiges Reden durch gottgefälliges ersetzen können. Wenn wir damit jedoch gleich am Anfang beginnen, würden wir uns wieder nur mit den Zweigen abgeben und eine Verhaltensweise gegen eine andere austauschen. Aber um unser Herz zu prüfen und unsere Worte von ihrer Wurzel her zu ändern, müssen wir beim Wort Gottes beginnen.

Worte haben für Gott große Bedeutung

Reden ist eine der ersten Handlungen in der Bibel. Als Gott schuf, *sprach* er: »Und Gott sprach: Es werde Licht! Und es wurde Licht« (1. Mose 1,3). Gottes kreative Kraft lag in seinen Worten, und durch seine Worte wurde die Welt erschaffen. Kannst du dir den Klang seiner kreativen Schöpfermacht vorstellen?

> Durch des HERRN Wort ist der Himmel gemacht
> und all sein Heer durch den Hauch seines Mundes.

Er sammelt das Wasser des Meeres wie einen Wall,
legt in Behälter die Fluten.
Es fürchte den HERRN die ganze Erde;
mögen sich vor ihm scheuen alle Bewohner der Welt!
Denn er sprach, und es geschah; er gebot, und es stand da.
Psalm 33,6-9

Nachdem Gott Himmel und Erde geschaffen hatte und alles, was darauf war, schuf er einen Mann und eine Frau nach seinem Ebenbild. Auch sie konnten hören und sprechen. Er unterwies sie in seinen Wegen und segnete sie.

Aber im Garten gab es noch eine weitere Stimme. Es war die erste Stimme, die eine Frage stellte: »Hat Gott wirklich gesagt: Von allen Bäumen des Gartens dürft ihr nicht essen?« (1. Mose 3,1), fragte die Schlange. Zum ersten Mal stellte ein Redender die Autorität und Worte Gottes in Frage. Adam und Eva ließen sich auf diese Stimme ein. Mit diesem Schlag begann der Krieg – und er hält bis heute an.

Aber, Gott sei Dank endet die Geschichte nicht hier. Gott beschloss, seinen Sohn, das Wort, in diese gefallene Welt zu senden. Sein Sohn sollte unser Fleisch annehmen und als Stellvertreter die Strafe für unsere Sünden tragen. Johannes 1,14 sagt: »Und das Wort wurde Fleisch und wohnte unter uns, und wir haben seine Herrlichkeit angeschaut, eine Herrlichkeit als eines Eingeborenen vom Vater, voller Gnade und Wahrheit.« Paul Tripp reflektierte über diese herrliche Wahrheit:

> Denken wir einmal darüber nach: Der Gott, der die Sprache erschaffen hat und die Welt durch seine Worte erschuf – der Gott, der menschliche Worte gebrauchte, um sich seinem Volk im Laufe der Zeitalter zu offenbaren, kommt als das Wort in diese Welt – zu den Menschen, die ihn verworfen haben. Er sagt nicht nur die Wahrheit, er ist Wahrheit und nur in ihm gibt es Hoffnung für uns. Nur im Wort finden wir die Hoffnung, den Krieg der Worte gewinnen zu können und wieder gemäß dem Vorbild und Plan unseres Schöpfers zu sprechen. Das Wort

> wurde Fleisch, weil es keinen anderen Weg gab, das wiederherzustellen, was an uns kaputtgegangen war.[2]

Das ist Gottes Mittel, damit unser Herz erneuert wird. Weil das Wort Fleisch wurde, um das wiederherzustellen, was an uns kaputtgegangen war, haben »wir aus seiner Fülle empfangen, und zwar Gnade um Gnade. Denn das Gesetz wurde durch Mose gegeben; die Gnade und die Wahrheit ist durch Jesus Christus geworden« (Johannes 1,16-17). Mit dieser Gnade und Wahrheit haben wir alles, was wir brauchen, um in Gott wohlgefälliger Weise zu sprechen. Wir haben für unsere Worte auch einen wunderbaren Auftrag empfangen: »So sind wir nun Gesandte an Christi Statt, indem Gott gleichsam durch uns ermahnt; wir bitten für Christus: Lasst euch versöhnen mit Gott!« (2. Korinther 5,20). Wir sind damit beauftragt, die Botschaft des Evangeliums denen zu sagen, die sie noch nie gehört oder verstanden haben.

Das Problem ist, dass wir als Boten Gottes ständig innerlich vom Feind attackiert werden. Wir öffnen den Mund, um für den Herrn zu sprechen, und stattdessen kommen Worte aus unseren sündigen Herzen hervor. Jakobus 3,6-10 spricht das unverhohlen an:

> Auch die Zunge ist ein Feuer; als die Welt der Ungerechtigkeit erweist sich die Zunge unter unseren Gliedern, als diejenige, die den ganzen Leib befleckt und den Lauf des Daseins entzündet und von der Hölle entzündet wird. Denn jede Art, sowohl der wilden Tiere als auch der Vögel, sowohl der kriechenden als auch der Seetiere, wird gebändigt und ist gebändigt worden durch die menschliche Art; die Zunge aber kann keiner der Menschen bändigen; sie ist ein unstetes Übel, voll tödlichen Giftes. Mit ihr preisen wir den Herrn und Vater, und mit ihr fluchen wir den Menschen, die nach dem Bild Gottes geschaffen worden sind. Aus demselben Mund geht Segen und Fluch hervor. Dies, meine Brüder, sollte nicht so sein!

Aus demselben Mund geht Segen und Fluch hervor – wie wahr! Wie können wir jemals das Problem der unbändigen, giftigen Zunge mit unserer Rolle als Boten Gottes, die Gnade und Wahrheit reden, in Einklang bringen?

Wir müssen unsere Worte prüfen, um zu erkennen, was in unseren Herzen lagert. Jakobus sagt uns, dass wir geduldig sein und unsere Herzen stärken sollen (Jakobus 5,8). Das griechische Wort für »stärken« ist *sterizo*. Wörtlich bedeutet es, »sich entschlossen in eine bestimmte Richtung wenden«.[3] Das ist eine große Aufgabe. Aber wir haben alles, was wir für den Sieg brauchen, denn wir empfangen Gnade um Gnade durch Gottes Wort.

Schauen wir uns an, welche Bedeutung dies für meine Auseinandersetzung mit meinen Chef Boris hat, von der ich am Anfang des Kapitels berichtete.

Worte offenbaren

Boris' simple Frage lautete: »Was steht heute Nachmittag auf deinem Terminplan?« Wenn ich mein Herz vorher zur Bruderliebe gestärkt und in Geduld geübt hätte, wäre meine Antwort anders ausgefallen. Ja, ich war erschöpft, hungrig und im hormonellen Tief. Ja, ich hatte viel Arbeit auf meinem Schreibtisch. Aber weder diese Umstände noch Boris' Frage waren die eigentliche Ursache dafür, dass ich so ungeistlich reagierte. Vielmehr offenbarte seine Frage, wovon mein Herz zum Bersten gefüllt war. Ich verstehe jetzt, dass meine Worte Folgendes verdeutlichten:

1. Ich war *egozentrisch* und respektierte die Position und die Autorität meines Vorgesetzten nicht. Ich hatte vergessen, dass nicht mein Chef mir dient, sondern ich ihm. Wenn ich mein Herz mit dieser richtigen Perspektive gestärkt hätte, hätte ich nicht so egozentrisch reagiert.
2. *Ich habe über seine Motive, mir diese Frage zu stellen, geurteilt.* Boris hatte mich um eine Information gebeten, aber ich bestimmte, *warum* er mich danach fragte, und reagierte entsprechend dieser Unterstellung. (Liebe Frauen, das ist ein sehr verbreitetes weibliches Verhaltensmuster, das viele Männer provoziert. Wenn wir lernen würden, allein die gestellte Frage zu be-

antworten, hätten wir wesentlich weniger Konflikte.) Wenn ich mein Herz darin gestärkt hätte, nur das Beste von anderen zu denken, hätte ich angenommen, dass er mich schlicht um eine Information bittet.

3. *Ich verurteilte meinen Chef dafür, dass er es ignorierte oder sich nicht dafür interessierte, wie viele Aufgaben ich zu bewältigen hatte.* Diese Verurteilung widersprach vielen mündlichen und schriftlichen Beweisen dafür, dass er tatsächlich *sehr* um mich besorgt war. Ich dagegen vermutete aufgrund seiner Frage, er wolle mir noch mehr Arbeit aufladen.
4. *Ich beklagte mich über mein Arbeitspensum.* Statt dankbar zu sein, dass ich einen Job hatte und mich über die Gelegenheit zu freuen, meinem Chef helfen zu können, war ich über meine Arbeit verärgert.
5. *Ich hielt mich selbst für wichtiger als andere.* Boris' Frage offenbarte meine Überzeugung, dass mein Leben und meine Tagesordnung nicht unterbrochen werden durften. Mit anderen Worten: Ich glaubte, dass meine Pläne und Interessen wichtiger seien als die Bedürfnisse meiner Kollegen. Das ist das Gegenteil der Gesinnung von Philipper 2,3-4: »… dass ihr nichts aus Eigennutz oder eitler Ruhmsucht tut, sondern dass in der Demut einer den anderen höher achtet als sich selbst; ein jeder sehe nicht auf das Seine, sondern ein jeder auch auf das der anderen!«
6. *Ich verbreitete Klatsch (und verschob so die Schuld), als ich die angeblich fehlende Unterstützung durch XY ansprach.* XY war nicht anwesend, um sich zu verteidigen, und seine Arbeit hatte zudem nichts mit Boris' ursprünglicher Frage zu tun.

Wow, diese Liste holt einen auf den Boden der Tatsachen zurück. In meinem Herzen hatte sich so einiges abgespielt. Und vermutlich gibt es dort noch vieles mehr, von dem ich noch nichts weiß. Sprüche 12,18 sagt: »Da ist ein Schwätzer, dessen Worte sind Schwertstiche; aber die Zunge der Weisen ist Heilung.« Das ist eine passende Beschreibung für meine Begegnung mit meinem Chef. Er bat mich um eine Information und ich reagierte mit Schwertstichen der Zunge.

Worte können heilen

Bist du nun entmutigt, was den Gebrauch des Mundwerks betrifft? Ich wäre es, wenn ich mir nicht einer sehr wichtigen Tatsache bewusst wäre. Durch das Kreuz wohnt der Heilige Geist in meinem Herzen und erneuert mich täglich innerlich. Trotz meiner Neigung zur Sünde schenkt mir der Heilige Geist die Gnade, gottgefällig zu reagieren. Er gibt mir die Kraft, damit ich mit weiser Zunge Heilung verbreite. Der Heilige Geist kann aus mir eine Sprüche-31-Frau machen, die ihren Mund »mit Weisheit« öffnet.

Konkret ausgedrückt: Wir sollten mit einer *Pause* beginnen, oder noch besser mit dem bekannten PAUSE-Prinzip.*

In Jakobus 1,19-20 steht: »Ihr wisst doch, meine geliebten Brüder: Jeder Mensch sei schnell zum Hören, *langsam zum Reden*, langsam zum Zorn! Denn eines Mannes Zorn wirkt nicht Gottes Gerechtigkeit.« Wenn ich langsam zum Reden bin, wenn ich innehalte und meine Worte gut überlege, habe ich Zeit, Gott um Hilfe für weise Worte zu bitten. Auch wenn ich erschöpft und ausgepowert bin, wie bei der Begegnung mit meinem Chef. Boris war mir darin ein Vorbild. Als ich ein paar Stunden später zu ihm ging, um ihm meinen Fehler und meine Sünde zu bekennen und ihn um Vergebung zu bitten, war er sofort bereit, mir zu vergeben. Als wir uns dann unterhielten, fühlte ich mich noch schlechter wegen meines Verhaltens, denn er war an diesem Tag ebenfalls krank. Er antwortete mir, dass er dankbar für die Gelegenheit war, den Heiligen Geist um Weisheit für eine angemessene Antwort zu bitten. Ihm wurde klar, dass er seine Zunge hüten sollte. Als er mir von diesem weisen Verhalten erzählte, wünschte ich, ich hätte dasselbe getan.

---

* Anm. des deut. Herausgebers: Gemeint ist hier das PAUSE-Prinzip der biblischen Konfliktlösung. Das Akronym PAUSE steht hier für *Prepare* (vorbereiten), *Affirm relationships* (Beziehungen stärken), *Understand interests* (Interessen verstehen), *Search for creative solutions* (kreative Lösungen suchen), *Evaluate options objectively and reasonably* (Möglichkeiten objektiv und vernünftig auswerten). Dieses Prinzip wird ausführlich erklärt in Ken Sande: *Sei ein Friedensstifter*, Kapitel 11: Achte auf die Interessen des anderen.

Eine Pause (oder *die* PAUSE) ist allerdings nur ein Mittel, um die Weisheit abzurufen, die wir zuvor in unseren Herzen sammeln sollten. Wenn wir keine Weisheit angesammelt haben, wird die Pause nur ein Luftholen sein, bevor wir erneut Sünde ausspeien. Aber wie erlangen wir diese Weisheitsansammlung? In 1. Korinther 1,30 heißt es: »Aus ihm aber kommt es, dass ihr in Christus Jesus seid, *der uns geworden ist Weisheit* von Gott und Gerechtigkeit und Heiligkeit und Erlösung.« Jesus ist unsere Weisheit von Gott. Paulus schreibt dies im Zusammenhang von »Gerechtigkeit und Heiligkeit und Erlösung«. Damit unser Herz also erneuert und voll geballter Weisheit wird, müssen wir unser Denken auf das Evangelium, das Kreuz und den Erlöser fokussieren! Wenn wir an unseren Herrn und Heiland denken, werden wir erlösungsgemäße Worte der Gnade reden und uns als würdige Boten Gottes erweisen, die nicht verletzende, sondern heilende Worte verbreiten.

Nach C. J. Mahaney kann man auf fünf verschiedene, aber sehr einfache Weisen Evangeliumsweisheit sammeln:

1. Präge dir das Evangelium tief ein. »Alle Verheißungen und Gebote Gottes sind kostbar, aber die Verse, die uns vom Sohn Gottes berichten, der sein Leben an unserer Stelle gegeben hat, sind die kostbarsten von allen.«
2. Bete das Evangelium. »Das ist nicht schwer. Um das Evangelium zu beten, beginne ganz einfach damit, Gott für das ewige Leben zu danken, das er dir durch den Tod seines Sohnes erkauft hat. Danke ihm dafür, dass das Erlösungswerk Christi deine Gebete überhaupt erst ermöglicht.
3. Singe das Evangelium. »Das Herz eines Christen sollte jeden Tag Lieder über Golgatha hervorsprudeln lassen … Es gibt zahllose Loblieder, aber es ist wichtig, solche auszuwählen, die unsere Aufmerksamkeit auf die überwältigende Wahrheit lenken, was Gott für uns getan hat.
4. Bedenke, wie sehr das Evangelium dich verändert hat. »Auch wenn du keine Drogen- oder Knastvergangenheit hast, ist dein Lebenslauf dennoch ein Wunder der Gnade Gottes. Du hast deinen Lebenslauf nicht selbst geschrieben. Gott hat einge-

griffen. Gott hat dein Herz verändert. Gott hat dich gerettet. Nimm dir Zeit, darüber nachzudenken.«

5. Studiere das Evangelium. »Sei niemals mit deinem augenblicklichen Verständnisgrad des Evangeliums zufrieden. Das Evangelium ist eine lebensprägende, weltbewegende, das Universum umwälzende Wahrheit. Es hat mehr Facetten als jeder Diamant.«[4]

Nun schauen wir uns an, wie das Evangelium uns verändert, damit wir nicht mehr unbesonnen und leichtfertig reden, sondern erlösungsgemäße Worte der Gnade verbreiten. Dazu untersuchen wir die fünf sündigen Bereiche, die mir durch mein Gespräch mit Boris klar geworden waren: Respektlosigkeit, Ärger, Klatsch, Klagen und Verurteilung.

Von Respektlosigkeit zu Respekt

Ich glaube, dass wir Frauen in Sachen Sprachgebrauch einen besonderen Auftrag haben, der in unserer heutigen Kultur besonders wichtig ist. Dieser Auftrag lautet: Respekt. Epheser 5,31-33 sagt: »›Deswegen wird ein Mensch Vater und Mutter verlassen und seiner Frau anhängen, und die zwei werden ein Fleisch sein.‹ Dieses Geheimnis ist groß, ich aber deute es auf Christus und die Gemeinde. Jedenfalls auch ihr – jeder von euch liebe seine Frau so wie sich selbst; *die Frau aber, dass sie Ehrfurcht vor dem Mann habe!*«

Respekt ist ein schwammiger Begriff. Er bezeichnet etwas Immaterielles, eine innere Haltung. Die Auswirkungen von Respekt oder aber Respektlosigkeit sind dagegen sehr greifbar. Die einzige Möglichkeit, den Respekt eines Menschen zu bemessen, besteht darin, seine Worte zu prüfen. Ich denke, deshalb warnt das Buch der Sprüche:

> Besser ist es, im Land der Wüste zu wohnen, als eine zänkische Frau und Verdruss. (Sprüche 21,19)
>
> Ein tropfendes Dach, das einen vertreibt am Tag des Regengusses, und eine zänkische Frau gleichen sich. Wer sie zurück-

halten will, hält Wind zurück, und seine Rechte greift nach Öl. (Sprüche 27,15-16)

Für den Fall, dass die Botschaft beim Leser noch nicht angekommen sein sollte, greift Sprüche 25,24 diese Verse mit exakt denselben Worten und Bildern erneut auf:

> Besser auf dem Dach in einer Ecke wohnen, als eine zänkische Frau und ein gemeinsames Haus.

Diese Sprüche betonen nachdrücklich, dass es besser ist, in der Wüste oder auf einem Dach widrigen Lebensumständen ausgesetzt zu sein, als den zerstörenden Worten einer streitsüchtigen, nörgelnden Frau. Das ist das biblische Bild dafür, wie unsere Worte auf Männer wirken.

Unserem sündigen Wesen gefällt es nicht, Respekt zu zeigen. Einige werden vielleicht mit rollenden Augen denken: »Ich verschenke Respekt nicht einfach so. Ich werde ihn zollen, wenn ihn jemand verdient.« Hier sollten wir die Dinge aber nicht auf den Kopf stellen! Die Bibel beauftragt nicht die Männer, dafür zu sorgen, dass ihre Frauen sie respektieren. Gottes Wort beauftragt die Frauen, sich vor Respektlosigkeit zu hüten. Warum? Weil der Respekt bzw. die Ehrfurcht einer Frau gegenüber ihrem Mann das Geheimnis offenbart, wie Christus und die Gemeinde zueinander stehen. Die freudige Reaktion einer Frau auf ihren Mann soll der freudigen Reaktion der Braut auf ihren Bräutigam, das Lamm Gottes, entsprechen. Diese Evangeliums-Weisheit sollen wir in unserem Herzen ansammeln!

Männer scheinen von ihrem Hersteller mit einem vorinstallierten Respekt-Sensor ausgestattet worden zu sein. Sie nehmen weibliche Respektlosigkeit sehr gut wahr. Unsere Worte wirken auf sie, sei es zum Guten oder zum Schlechten. Ich erinnere mich gut, wie eine Freundin mit diesem Sensor Bekanntschaft machte. Ein paar Wochen vor ihrer Hochzeit sprach ihr Verlobter sie behutsam auf ihre zänkische Art an, die er zu Recht als Respektlosigkeit wertete. Er nannte ihr einige Beispiele dafür, wie sie reagierte, wenn ihr seine Entscheidungen nicht gefielen. Ihr beständiges Missfallen zermürbte ihn und er spürte, dass er sich innerlich von ihr distanzierte. Letztendlich verletzten ihre Worte sie also beide. Sie war entsetzt, als sie erfuhr, wie er sich aufgrund ihrer Worte fühlte, und sie bat ihn sofort um Vergebung. »Durch meine Worte fühlt er sich entweder wie ein König oder wie ein Schuft«, jammerte sie. »Ich habe diesen wunderbaren Mann klein gemacht, als ich ihn eigentlich aufbauen und ihm das Gefühl geben sollte, ein König zu sein!«

Es gibt viele Möglichkeiten, schon vor der Ehe weiblichen Respekt zu pflegen. Römer 13,7-8 sagt uns: »Gebt allen, was ihr ihnen schuldig seid: die Steuer, dem die Steuer; den Zoll, dem der Zoll; die Furcht, dem die Furcht; *die Ehre, dem die Ehre gebührt!* Seid niemand irgendetwas schuldig, als nur einander zu lieben! Denn wer den anderen liebt, hat das Gesetz erfüllt.« Diese Ermahnung steht im Kontext, wie wir zur staatlichen Obrigkeit stehen sollen. Auch wenn wir keinen Ehemann haben, leben wir doch alle unter unterschiedlichen Autoritäten: Eltern, Gemeindehirten, Vorgesetzte und viele andere. Erweisen wir ihnen den Respekt, der für ihre Position angemessenen ist? Wie sprechen wir *von* und *mit* diesen Autoritätspersonen?

Sprüche 7,25-26 warnt vor der eigensinnigen, törichten Ehebrecherin und der Wirkung ihrer Worte: »Nicht schweife dein Herz ab zu ihren Wegen, verirre dich nicht auf ihre Pfade! Denn viele sind die Erschlagenen, die sie niedergestreckt hat, und zahlreich alle, die sie ermordete.« Nancy Leigh DeMoss erklärt, wie ein »Niederstrecken« oder »zu Fall bringen« von Männern praktisch aussehen kann:

> Die törichte Frau streckt viele Männer »nieder«. Das kann sie durch sexuelle Verführung tun, wie die in Sprüche 7 beschriebene Frau. Sie kann aber auch auf subtilere Weise vorgehen: durch Entmutigung, geistlichen Stolz oder Einschüchterung. Wenn ich in eine Besprechung mit Männern gehe, kann sich die Stimmung im Raum in einem einzigen Moment allein durch meine Ausstrahlung ändern …
>
> Eine »politisch korrekte« Art, wie Frauen Männer nieder-

> strecken, besteht darin, sie verbal kleinzumachen – mit »Männerwitzen« oder indem sie den Männern das Wort abschneiden. Natürlich ist es ebenso unpassend, wenn Männer Frauen verbal kleinmachen, aber die Frau ist der Abglanz des Mannes (1. Korinther 11,7). Wenn wir Worte sprechen, die herabwürdigen, demütigen oder verletzen – auch im Scherz –, dann schaden wir damit denen, die wir eigentlich aufbauen sollten …
>
> Beim Lesen dieser Passage frage ich mich, wie viele verwundete oder starke Männer ich niedergestreckt habe. Vielleicht nicht moralisch, aber geistlich. Wie viele Männer habe ich entmutigt oder eingeschüchtert? Unsere Berufung für unser Zusammenleben mit dem Mann, den Gott in unser Leben gestellt hat, ist es, wie ein Cheerleader zu sein. Wir sollen ihre Hände stärken und für sie beten. Sie haben Schwächen, ebenso wie wir, aber wir müssen sie ermutigen, beten und Gott vertrauen, dass er sie zu mächtigen Gottesmännern macht. Das ist unsere hohe und heilige Berufung.[5]

Wenn wir aufhören, Männer abzuwerten, werden wir zu Frauen, die in unserer Kultur gegen den Strom schwimmen. Das erfordert beständige Wachsamkeit. Das Abwerten von Männern ist Teil unserer Kultur, unseres Humors und wird durch die Medien gefördert. Ich habe das als ein sehr schädliches Unkraut in meinem Leben erkannt, und es ist schwieriger auszureißen als der Löwenzahn mit seinen tiefen Wurzeln. Wenn ich nur den Inhalt meiner Worte ändere, rupfe ich bloß die Blüte des Löwenzahns ab. Um aber dieses Unkraut komplett zu entfernen, bevor es neue Blüten treibt, muss ich meine Denkmuster untersuchen und ändern.

Ein weiterer Gedanke: Wir können Männer niederstrecken, indem wir ihre Meinung nicht akzeptieren – selbst ihre positive Meinung von uns. Wenn ein Mann (oder irgendjemand) uns ein Kompliment machen möchte, sollten wir alles dafür tun, es nicht abzulehnen. Ein einfaches »Dankeschön« ist die beste Antwort. Ich habe oft aus falsch verstandener Demut die Komplimente anderer abgewehrt. Ich sage hier »falsch verstandene Demut«, weil wahre Demut die Meinung anderer wertschätzt. Ein Kompliment abzulehnen, bedeutet letztendlich, die Einschätzung eines anderen abzulehnen. Es anzunehmen, ist eine gute Gelegenheit, Gott dafür zu danken, dass andere uns wahrnehmen.

Von Wut und Ärger zu Sanftmut

Die Bibel beschreibt Gott als langsam zum Zorn, also sollten wir genauso sein. »Gnädig und barmherzig ist der HERR, langsam zum Zorn und groß an Gnade« (Psalm 145,8). Sanftmut ist die Eigenschaft, die Wut und Ärger zügelt. Sie ist eine erlösungsgemäße Eigenschaft, die wir unbedingt üben sollten. Matthew Henry schrieb im 17. Jahrhundert: »Wie die Geduld bei Kummer, so ist die Sanftmut bei Zorn dazu da, die Seele im Zaume zu halten.«[6]

Sanftmut bedeutet nicht, ein Fußabtreter zu sein. Sie ist die Stärke, mit der wir unsere unbändigen Leidenschaften beherrschen können, um Jakobus 1,19 zu erfüllen: langsam zum Reden und langsam zum Zorn zu sein. Sprüche 16,32 besagt, dass Sanft- und Langmut noch besser sind als ein tapferer Krieger: »Besser ein Langmütiger als ein Held, und besser, wer seinen Geist beherrscht, als wer eine Stadt erobert.« Sprüche 15 spricht ebenfalls von der Weisheit der Sanftmut: »Eine sanfte Antwort wendet Grimm ab, aber ein kränkendes Wort erregt Zorn« (Sprüche 15,1).

David zeigt sich in Psalm 39 als ein großartiges Vorbild der Sanftmut. Matthew Henry schreibt:

> Wenn unser Herz innerlich heiß wird, ist es gut zu schweigen und den Frieden zu halten, so wie David es tat (Psalm 39,3). Als er schließlich sprach, tat er es als Gebet zu Gott und nicht als Antwort auf die Gottlosen … Wer sich ungerecht behandelt und gekränkt fühlt, mag der Meinung sein, ihm sei aufgrund seiner Gefühle erlaubt zu sprechen. Aber es ist besser zu schweigen, als verkehrt zu reden und Buße tun zu müssen. Wer in einem solchen Moment seine Zunge im Zaum hält, der bewahrt auch seinen Frieden. Durch nüchterne Überlegung werden wir feststellen, dass unsere Worte oft, aber unser Schweigen selten die Dinge verschlimmert haben … Denn es sollte nichts im Affekt

gesagt oder getan werden. Es ist immer besser, es auf später zu verschieben. Wenn wir ruhig sind, werden wir wahrscheinlich alles mit besserer Absicht tun und sagen können. Eine notwendige Wahrheit, die im Affekt ausgesprochen wird, kann mehr schaden als nützen und eher kränken als überzeugen.[7]

Liebe Freundinnen, für die unbezahlbare innere Schönheit ist Sanftmut erforderlich. Der Ausdruck »sanfter und stiller Geist« für eine Frau von innerer Schönheit (1. Petrus 3,4) wird auch übersetzt mit »sanftmütige und stille Gesinnung«. Barbara Hughes schreibt, dass diese Eigenschaft »keine Schwäche oder Rückgratlosigkeit ist, ebenso wenig wie Schüchternheit oder bloße Nettigkeit. Im klassischen Griechischen beschreibt dieses Wort gezähmte Tiere, lindernde Medizin, ein freundliches Wort oder eine sanfte Brise. Es klingt an ein zärtliches Streicheln an.«[8] Dieser Gedanke gefällt mir. Wenn wir sprechen, können wir andere entweder wie mit einem Schwert durchbohren oder mit dem Streicheln unserer Worte heilen und Schmerzen lindern. Das ist die erlösungsgemäße Eigenschaft der Sanftmut.

Von Geschwätz zur Besonnenheit

Ich mag Knaller-News. Wenn es Gutes zu berichten gibt, möchte ich es wissen. Dagegen kann ich nichts tun. Ich bin ausgebildete Journalistin, was aber nicht heißt, dass ich mich überall einmische. Na gut, vielleicht mische ich mich *manchmal etwas* ein. Okay okay, ich sage es ganz ehrlich: Einmischen und Mitreden ist für mich eine große Versuchung. Ich schreibe diesen Abschnitt mit einem etwas beklommenen Gefühl, weil ich weiß, dass meine lieben Freundinnen mir meine eigenen Worte künftig vorhalten werden. Das ist so sicher wie die Sonne auf- und wieder untergeht. Und das liegt nicht daran, dass *sie* so vorhersehbar sind, sondern *ich*.

Sprechen wir ganz offen. Uns allen »juckt es« in den Ohren, weil wir eingeweiht sein möchten. Wissen ist Macht. Deshalb möchten wir nicht die Letzten sein, die etwas mitbekommen, sei es Gutes oder Schlechtes. Ich nenne gute Neuigkeiten »Knaller-News«, um sie von üblem Geschwätz und verleumderischer Nachrede abzugrenzen. Im Kern besteht jedoch kaum ein Unterschied. In beiden Fällen geht es um Neuigkeiten über jemand anderen.

Als ich neu in meiner Gemeinde war, hörte ich manchmal Leute mit aufrichtiger Sorge fragen: »Glaubst du, dass das, was ich eben gesagt habe, jemanden in schlechtem Licht erscheinen lässt?« Damals war das für mich eine merkwürdige Frage. »Jemanden in schlechtem Licht erscheinen lassen?« Und wenn, was macht das schon? Schließlich ist es doch die Wahrheit! Ich dachte so, weil ich etwas Wichtiges an Geschwätz noch nicht verstanden hatte: »Die Worte des Verleumders sind wie Leckerbissen, sie gleiten hinab in die Kammern des Leibes« (Sprüche 18,8). Mit anderen Worten: Klatsch wird von uns verinnerlicht und bleibt uns »schwer im Magen liegen«. Von dort vergiftet er unseren gesamten Körper. Außerdem hatte ich nicht bedacht: Nur in den seltensten Fällen entspricht der Bericht eines Einzelnen der Wahrheit. Sprüche 18,17 sagt: »Im Recht scheint, wer in seiner Streitsache als Erster auftritt, bis sein Nächster kommt und ihn ausforscht.«

Liebe Frauen, die Bibel sagt uns, dass wir hier eine Schwäche haben. Paulus schrieb an Timotheus, dass junge Witwen nicht ins Witwen-Verzeichnis der Gemeinde eingetragen werden sollten. Denn wenn diese Frauen ihren Lebensunterhalt von der Gemeinde bekämen, würde sie das zu Geschwätzigkeit versuchen:

> Jüngere Witwen aber weise ab! Denn wenn sie Christus zuwider üppig geworden sind, wollen sie heiraten und fallen unter das Urteil, dass sie das erste Gelöbnis verworfen haben. Zugleich aber lernen sie auch, müßig in den Häusern umherzulaufen, nicht allein aber müßig, sondern auch geschwätzig und vorwitzig, indem sie reden, was sich nicht geziemt. Ich will nun, dass jüngere Witwen heiraten, Kinder gebären, den Haushalt führen, dem Widersacher keinen Anlass zur Schmähung geben (1. Timotheus 5,11-14).

Dem *Widersacher* keinen Anlass zur Schmähung geben? Als ich diesen Vers zum ersten Mal las, dachte ich, der Apostel meint, die unverheirateten Frauen seien eine Schande für die Gemeinde und Schmähung oder Verleumdung *zielten auf sie ab*. Richtiger ist aber, dass wir ungewollt zu einem *Werkzeug* für unseren geistlichen Widersacher werden können, denn er möchte Gott und seine Geschöpfe schmähen. Es kann uns also passieren, dass wir Lügen weitergeben, die direkt aus der Hölle kommen. Das ist eine ernste Angelegenheit. Geschwätz ist tödlich für jede Gemeinschaft. Schon viele Gemeinden wurden durch Klatsch und Tratsch gespalten. Tratsch hat Freundschaften zerstört und Ehen zerrüttet. Schlechtes Gerede ist eine dämonische Waffe und der Feind sucht nach Gelegenheiten, sie einzusetzen.

Paulus bringt hier noch eine weitere Sorge zum Ausdruck. In Vers 13 beschreibt er zwei Arten schlechten Redens: Tratsch (»geschwätzig«) und Wichtigtuerei (»vorwitzig«). Tratsch sind Aussagen, die den Ruf anderer beschädigen. Allein schon die Motivation für Tratsch ist sündig, und außerdem ist er in den meisten Fällen nicht wahr. Ein Wichtigtuer gibt Dinge weiter, die nicht unbedingt negativ (vielleicht sogar positiv) und auch kein Tratsch sind, die aber besser nicht weitergesagt werden sollten. Ich habe lange gebraucht, um das wirklich zu begreifen, aber schließlich doch gelernt, dass diese Regel auch für gute Neuigkeiten wie beispielsweise eine Verlobung gilt. Warum den anderen die Show stehlen? Wir sollten ihnen die Gelegenheit geben, ihre gute Neuigkeit selbst zu erzählen. (Versteh mich bitte nicht falsch. Ich meine nicht, dass wir niemals gute Neuigkeiten weitergeben dürfen. Wenn wir allerdings einem menschlichen Nachrichtensender ähneln, der pausenlos funkt, dann mischen wir uns vermutlich zu viel ein und sind vorwitzig oder wichtigtuerisch.)

Die erlösungsgemäße Eigenschaft, die das positive Gegenstück zum sündigen oder eitlen Reden bildet, ist Besonnenheit – mit Bedacht und wohlüberlegt zu reden. Eine solche Verschwiegenheit ist eine Frucht der Weisheit. In Sprüche 2 erklärt der Autor seinem Sohn den Segen, sich um Einsicht und Weisheit zu bemühen. Ein solches Weisheitsstreben wird Frucht bringen: »Besonnenheit wacht über dir, Verständnis wird dich behüten« (Sprüche 2,11). Besonnenheit schützt uns davor, etwas zu sagen, was wir später bereuen würden. Ich stelle mir die Besonnenheit gerne als Gottes »Plauderkontrolle« vor.

Der folgenden Richtlinien helfen, besonnen zu werden und wohlüberlegt zu reden:

- Würde es mich in Verlegenheit bringen, wenn die Person, über die ich spreche, hören könnte, was ich sage?
- Bin ich oder mein Gesprächspartner an dem Problem oder der Lösung beteiligt? Wenn nicht, schwätze ich vermutlich.
- Muss ich beim Erzählen den Namen einer bestimmten Person nennen oder würde eine anonyme Fassung ausreichen?

Bedenke ich die Auswirkung meiner Worte? Philipper 4,8 enthält eine Liste, welche Dinge wir »erwägen« sollten: »alles, was wahr, alles, was ehrbar, alles, was gerecht, alles, was rein, alles, was liebenswert, alles, was wohllautend ist, wenn es irgendeine Tugend und wenn es irgendein Lob gib, das erwägt!« Daran angelehnt können wir das kurze Akronym EWIG zur Hilfe nehmen und prüfen: E – Entspricht es der Wahrheit? W – Wie wichtig ist es? I – Ist es hilfreich? G – Gelingt dadurch Frieden und Freundlichkeit? Wenn nicht, bin ich vermutlich auf dem besten Weg, zu einem Werkzeug in der Hand des Feindes zu werden.

Die Schönheit der Besonnenheit liegt darin, dass sie liebevoll ist: »Wer Vergehen zudeckt, strebt nach Liebe; wer aber eine Sache immer wieder aufrührt, entzweit Vertraute« (Sprüche 17,9). Das beschreibt, was Jesus am Kreuz für uns getan hat. In Liebe deckte er unsere Vergehen zu (er tilgte sie gänzlich – durch sein Blut!) und gab uns, die wir von ihm getrennt waren, ewiges Leben. Wenn wir das PAUSE-Prinzip lernen (oder zumindest den EWIG-Check) und genau prüfen, ob unsere Worte besonnen und wohlüberlegt sind, sind wir auf dem besten Weg, andere so zu lieben, wie Jesus uns liebt.

Vom Klagen zum Danken

In Kapitel 3 erwähnte ich Mark Devers lehrreiche Predigt über das Buch Rut und Noomis Klage gegen Gott. Dabei machte Dever eine kluge Feststellung: Jeder Atemzug ist ein Geschenk Gottes. Daher sollten wir unser Mundwerk sehr gut hüten.

Philipper 2,14 sagt: »Tut alles ohne Murren und Zweifel.« Alles? Ja, alles. Der nächste Vers sagt uns, warum: »... damit ihr tadellos und lauter seid, unbescholtene Kinder Gottes inmitten eines verdrehten und verkehrten Geschlechts, unter dem ihr leuchtet wie Himmelslichter in der Welt.« Man kann auch übersetzen: »Tut alles, ohne euch zu beschweren oder zu meckern.« Klagen, murren, meckern, zweifeln – all das sind Anzeichen eines verdrehten und verkehrten Geschlechts. Wenn wir das vermeiden, leuchten wir wie die Sterne in der Nacht.

Warum beschäftigt sich die Bibel mit dem Klagen? Klagen verschleiern unser Zeugnis davon, dass Gott gut ist und uns auf dem besten Weg führt. Das ist auch für unser Singlesein von Bedeutung. Wenn wir murren, meckern und zweifeln und uns über unser Singledasein beklagen, widersprechen wir damit unserem Zeugnis als Christen. Letztendlich drücken wir durch unser Klagen aus: Die Errettung ist zwar gut, aber nicht ganz so gut, wie verheiratet zu sein. Vielleicht glauben wir, das Recht zu haben, uns über unser Alleinsein oder irgendetwas anderes zu beklagen. Kürzlich sagte unser Prediger Chris Silard: »Wenn wir unser Klagen rechtfertigen, streichen wir aus Philipper 2,14 das Wort ›alles‹«.

Warum ist diese Sache so ernst? Chris erklärte in seiner Predigt: Weil es die Harmonie in der Gemeinde stört und das Werk der Gnade und des Evangeliums behindert. Und er fügte hinzu: »Aber es ist noch ernster. Wenn wir murren, zweifeln und klagen, spielen wir uns zu Richtern Gottes auf. Wir sagen ihm damit mindestens zwei Dinge: Erstens reichst du allein mir nicht aus. Ich kann mich mit meiner Situation nicht zufrieden geben. Sie ist so schwer für mich zu ertragen, dass ich damit nicht so umgehen kann, wie es dir gefällt. Du allein reichst nicht aus und bietest mir letztendlich nicht die Erfüllung. Ich möchte einen anderen Gott. Zweitens: Du bist nicht weise. Wenn ich du wäre, Gott, dann würde ich es anders machen. Du hättest mich fragen sollen, bevor du diese Probleme in meinem Leben zugelassen hast. Oder bevor du dich entschieden hast, mir das vorzuenthalten, was ich so gern hätte.«[9]

Welche erlösungsgemäße Eigenschaft können wir gegen das Klagen eintauschen? Die Danksagung. »Betet unablässig! Sagt in allem Dank! Denn dies ist der Wille Gottes in Christus Jesus für euch« (1. Thessalonicher 5,17-18).

Als Chris diese Predigt hielt, waren meine Nichte Natalie und mein Neffe Patrick mit mir zusammen in der Gemeinde. Nach dem Gottesdienst wollten wir zusammen essen gehen. Unterwegs sprachen wir darüber, wie wir die Predigtbotschaft schon bei unserem Essen anwenden konnten. Wir einigten uns darauf, uns nicht darüber zu beschweren, wenn es lange dauert, bis das Essen serviert wird. Warum? Auch wenn es länger dauern sollte, können wir im Normalfall doch damit rechnen, letztendlich etwas Essbares auf den Tisch zu bekommen – mehr als viele Kinder auf der Welt an Nahrung bekommen. Wir können Danke sagen für diese gute Versorgung. Das Klagen über die Umstände sollten wir uns verbeißen, weil wir reich gesegnet sind. Angesichts unseres Überflusses ist unser Klagen doppelt skandalös.

»Durch ihn nun lasst uns *Gott stets ein Opfer des Lobes darbringen!* Das ist: Frucht der Lippen, die seinen Namen bekennen« (Hebräer 13,15).

Vom Verurteilen zum liebevollen Beurteilen

Ich habe festgestellt, dass sündigen Worten am häufigsten ein sündiges Verurteilen zugrunde liegt. Verurteilen bedeutet, dass wir glauben, alle Details einer Situation zu kennen, nichts übersehen zu haben, und zu wissen, warum jemand etwas gesagt oder getan (oder unterlassen) hat. Wir meinen, es könne keinen vernünftigen Grund zur Annahme geben, dass die Situation anders ist, als wir glauben. Deshalb versuchen wir gar nicht erst, weitere Informationen durch Fragen einzuholen, sondern wir legen gleich mit dem Verurteilen los. Solche Verurteilungen beginnen meistens mit Phrasen wie diesen:

- »Ich weiß, warum du das gesagt (oder getan) hast …«
- »Immer machst (sagst) du …«

- »Nie machst (sagst) du …«
- »Ich bin es leid, dass du immer …«

Ken Sande, Autor des bekannten Buches *Sei ein Friedensstifter*, schreibt klipp und klar über dieses Thema:

> Ich will damit nicht sagen, dass es an sich verkehrt wäre, andere zu beurteilen oder innerhalb gewisser Grenzen zu verurteilen. Wie wir noch in Kapitel 7 sehen werden, lehrt die Schrift, dass wir das Verhalten anderer durchaus aufmerksam verfolgen und beurteilen sollen, damit wir darauf reagieren und ihnen dienen können – auf angemessene Weise, wozu auch liebevolle Korrektur gehört (s. Matthäus 7,1-5; 18,15; Galater 6,1).
>
> Wenn wir aber anfangen, andere auf sündige Weise zu richten, ist das eine Grenzüberschreitung. Diese zeichnet sich durch Überlegenheitsgefühle, Widerwillen, Verdammen, Verbitterung oder Groll aus. Sündiges Richten beinhaltet oft, dass man über die Motive anderer spekuliert. Vor allem aber offenbart es, dass man weder echte Liebe zu ihnen noch Sorge um sie hat. Wenn eine solche Gesinnung vorhanden ist, dann hat unser Richten die Grenze dahin überschritten, dass wir Gott spielen.[10]

Wer sich so verhält, den bezeichnet das Buch der Sprüche als »Tor«: »Einem Toren ist es nicht ums Lernen zu tun, sondern darum, zu enthüllen, was er weiß … Wer Antwort gibt, bevor er zuhört, dem ist es Narrheit und Schande« (Sprüche 18,2.13).

Die erlösungsgemäße Eigenschaft, die den positiven Gegensatz zum Verurteilen bildet, ist das wohlwollende und liebevolle Beurteilen. Wenn wir versucht sind, in Bezug auf eine Situation vom Schlimmsten auszugehen, sollten wir uns bewusst machen, dass wir den großen Zusammenhang nicht kennen. Wir sollten uns immer entscheiden, *das Beste anzunehmen*, bis unsere Fragen etwas anderes offenbaren. Wenn sich beispielsweise eine Freundin längere Zeit nicht gemeldet hat, könnten wir sie verurteilen, weil wir sie für desinteressiert halten. Wir können die Situation aber auch wohlwollend beurteilen und davon ausgehen, dass es für ihr Schweigen ganz andere, gute Gründe geben wird, bis wir die Fakten kennen. In den meisten Fällen wird sich herausstellen, dass sie auf Reisen oder krank war, überhäuft mit Arbeit oder rund um die Uhr beschäftigt, weil sie für jemand anderen da sein wollte.

Hier können wir Demut als erlösungsgemäße Weisheit in unserem Herzen ansammeln, wenn wir in solchen Situationen anerkennen, dass wir alle Sünder sind, für die Jesus gestorben ist. Anderen gegenüber sollten wir niemals selbstgerecht sein, ob sie nun tatsächlich gesündigt haben oder wir das nur vermuten. Stattdessen sollten wir dem Prinzip aus Philipper 4,8 folgen: »Übrigens, Brüder, alles, was *wahr*, alles, was *ehrbar*, alles, was *gerecht*, alles, was *rein*, alles, was *liebenswert*, alles, was *wohllautend* ist, wenn es irgendeine *Tugend* und wenn es irgendein *Lob* gibt, das erwägt!« Das Wahrste, Ehrbarste, Gerechteste, Reinste, Liebenswerteste, Wohllautendste und Tugendhafteste, an das wir denken können, ist das Kreuz – der Ort, an dem Barmherzigkeit und Gerechtigkeit zueinander kamen.

Jederzeit zur Antwort bereit

Zum Abschluss möchte ich auf einen Bereich der weisen Worte zu sprechen kommen, der exklusiv den Singles vorbehalten ist. Er erfordert die volle Weisheit und Freundlichkeit der Frau aus Sprüche 31.

Dazu muss ich noch einmal auf mein Klassentreffen zurückkommen, von dem ich in Kapitel 1 berichtet habe. Dort hatte man mir all die »wenig hilfreichen Fragen« über das Singledasein gestellt. Das war so eine Situation, die erlösungsgemäße Weisheit und Worte der Gnade erforderte. Besonders herausfordernd wird es, wenn uns weltliche Weisheit als »Lösung« für unser gegenwärtiges Singledasein angeboten wird. 1. Petrus 3,15-16 sagt: »… haltet den Herrn, den Christus, in euren Herzen heilig! *Seid aber jederzeit bereit zur Verantwortung* jedem gegenüber, der Rechenschaft von euch über die Hoffnung in euch fordert, aber mit *Sanftmut* und *Ehrerbietung!* Und habt ein gutes Gewissen, damit die, welche euren guten Wandel in Christus verleumden, darin zuschanden werden, worin euch Übles nachgeredet wird.«

Wenn ich diese dummen Single-Fragen höre, möchte ich sie am liebsten gleich abwimmeln und das Thema wechseln. Aber das ist nicht der Rat, den Petrus gibt. Er sagt, dass wir erstens den Herrn, Christus, in unseren Herzen heilig halten sollen. Christus ist der Herr auch über unser Singledasein und über das Gespräch, das wir gerade führen. Sobald wir das aus dem Blick verlieren, verlassen wir den Pfad der Weisheit. Zweitens müssen wir vorbereitet sein. Es sollte uns nicht überraschen, wenn bei einer Hochzeit jemand einen Witz macht, oder wenn die Kollegen fragen, ob wir denn am Valentinstag ein »Date« haben. Wir sollten eine wohlüberlegte, bewährte und zuvorkommende Antwort parat haben, die sanftmütig und respektvoll ist (nicht Schwerthiebe, sondern sanfte Worte). Solche Fragen sind eher ein Anlass, Gott zu danken, als sich bei ihm zu beklagen. Fragen können Türen öffnen, um ein Glaubenszeugnis zu geben. Aber wir müssen vorbereitet sein.

Diese Einstellung steht allerdings konträr zu meinen natürlichen Instinkten. Ich persönlich verstecke mich lieber hinter Humor. Wenn jemand fragt: »Was macht das Liebesleben?«, bin ich versucht, zu antworten: »Warum fragst du – hast du Probleme mit *deinem* Liebesleben?« Wenn jemand fragt: »Bist du immer noch Single?«, möchte ich antworten: »Bist du immer noch so taktlos?« Und so weiter. Aber diese Antworten halten weder Christus in meinem Herzen heilig noch sind sie freundlich oder respektvoll.

Wir sollten sowohl auf längere, tiefere Gespräche mit guten Freunden und Verwandten vorbereitet sein als auch auf Smalltalk, der manchmal eine vorbereitete, treffsichere Antwort erfordert. Ein sehr häufiger Rat für Singles ist, viel »rauszugehen« und von einer Veranstaltung zur nächsten zu hetzen, um »den Horizont zu erweitern«. Wer Singlefrauen solche Ratschläge gibt, meint es sicher gut, hat aber in seinem Denken keinen Platz für Gott. Er kann sich keinen Gott vorstellen, der in unserem Leben alles arrangiert – unseren gesamten Lebenszeitplan inklusiver aller Veranstaltungen und kleinsten Details. Das ist dann eine wunderbare Gelegenheit, Zeugnis zu geben von dem Gott, der den Anfang vom Ende her sieht, der immer da war und sein wird und der an jedem Ort präsent ist. Einen weiteren Horizont als diesen kann man nicht bekommen. Dieser Gott ist es außerdem, der über uns wacht und unsere Gebete erhört.

Ladys, unsere Frau aus Sprüche 31 ist das Vorbild für Gottes Maßstab für unser Reden. Durch seine Gnade können wir geistlich reifen, um diesem Maßstab zu entsprechen. Mögen wir in allen unseren Gesprächen innehalten, an das Evangelium und unsere Aufgabe als Gesandte an seiner Statt denken und die Weisheit aus Sprüche 16,24 beherzigen:

> Freundliche Worte sind Honig,
> Süßes für die Seele und Heilung für das Gebein.

Zum vertiefenden Studium

- Ich empfehle sehr das Buch *Krieg der Worte* von Paul David Tripp. In diesem Kapitel habe ich durch die Zitate daraus schon einen kleinen Vorgeschmack gegeben. Es liefert jede Menge Hinweise für die praktische Anwendung, doch der Kern des Buches ist das Evangelium.
- *The Quest for Meekness and Quietness of the Spirit* von Matthew Henry ist ein Klassiker. Obwohl es aus einem vergangenen Jahrhundert stammt, ist es nicht schwer zu lesen und jede Mühe wert. Ein typisches Zitat: »Ein sanfter und stiller Christ lebt sehr komfortabel, denn er freut sich über sich, über seine Freunde, an Gott und er macht all das unerreichbar für seine Feinde, so dass er beim Genuss all dieser Freuden nicht gestört wird.«
- Ich habe aus Ken Sandes Buch *Sei ein Friedensstifter – ein biblischer Leitfaden zur Lösung persönlicher Konflikte* zitiert. Wenn du dieses Buch gelesen hast, wirst du Konflikte mit anderen Augen sehen, denn sie sind eine Möglichkeit, Gott zu verherrlichen. Außerdem finden sich auf der Webseite von Ken Sandes Peacemaker Ministries viele weitere nützliche Artikel: http://www.peacemaker.net.

12

Den Armen die Hände entgegenstrecken

Ihre Hand öffnet sie dem Elenden
und streckt ihre Hände dem Armen entgegen.
Sprüche 31,20

Heute schafft man es kaum, die Weihnachtsdekoration wegzuräumen, bevor die Läden wieder rot und pink für den Valentinstag dekoriert sind. Die Vorlaufzeit für diesen »Nationalen Gedenktag des Singleseins«, wie eine meiner Freundinnen ihn einmal nannte, dauert in Amerika drei bis vier Wochen. Das ist fast ein ganzer Monat voller Diamantring-Werbung, Rosenhändler und herzförmiger Pralinenschachteln. Überall prangen Fotos glücklich lächelnder Paare, die einander verzückt und bewundernd anblicken. Als Single kann man kaum irgendwo hingehen, ohne daran erinnert zu werden, dass man an diesem nationalen Liebesfest keinen Anteil hat.

Als ich einmal um diese Zeit aus einem Einkaufszentrum kam, zog ich einen dicken grauen Rattenschwanz aus Selbstmitleid hinter mir her. An meinem Auto angekommen warf ich einen verstohlenen Blick auf ein Zentrum für betreutes Wohnen, das bedrohlich auf der anderen Straßenseite aufragte. Es ist eine schöne Anlage, die sich gut zwischen den benachbarten Wohnhäusern einfügt, und plötzlich kam mir ein Gedanke. Ich fragte mich, wie viele der Bewohner dort am Valentinstag wohl allein waren. Als ich das dachte, hörte ich ein leises »Plopp« in meiner Seele und fühlte mich erleichtert. Der dicke graue Batzen Selbstmitleid, den ich mit mir herumgeschleppt hatte, hatte sich in Luft aufgelöst.

Ein paar Wochen später stand ich mit Freunden in einem der Empfangsräume des Zentrums für betreutes Wohnen. Wir waren eine kleine Truppe, die alles für eine Party mit dabei hatte. Wir hatten schönes Geschirr, Tischtücher, Kerzen, Tee und Kuchen mitgebracht, um einige Bewohner zu einer Valentinsfeier einzuladen. Die Männer aus meinem Hauskreis organisierten am Valentinstag sonst immer etwas Nettes für die Frauen des Hauskreises. Aber dieses Jahr hatten wir uns entschieden, nach außen aktiv zu werden. Joanie, eine Frau aus meinem Hauskreis, kannte dieses Heim, weil sie hier ihre Großmutter öfters besuchte. Deshalb hatten wir beschlossen, Joanies Großmutter zum Ehrengast unser Valentinsfeier zu machen und ihre Freunde ebenfalls einzuladen.

Als unsere Gäste eintrafen, platzierten wir sie an kleine Tische mit jeweils unterschiedlichen Mitgliedern unseres Hauskreises. Meine Freunde stellten Fragen, um unsere Gäste kennenzulernen, und so kam bald eine lebhafte Gesprächsrunde auf: »Wie wurde früher der Valentinstag gefeiert?« »Was war Ihr schönster Valentinstag?« »Was würden Sie jungen Erwachsenen raten, wie sie diesen Tag feiern sollten?« Und so weiter. In einigen Fällen führten diese Fragen zu Gesprächen über das Evangelium und unsere Gemeinde. Am Schluss beteten wir für unsere Gäste und dankten ihnen für ihr Kommen.

Dieser Abend ging unglaublich schnell rum. Er hinterließ schöne Erinnerungen und schmutziges Geschirr. Beim Aufräumen waren wir uns einig: Das war bisher unser schönster Valentinstag! Anstatt uns um uns selbst zu drehen, waren wir zu Boten geworden, die anderen ganz praktisch Gottes Liebe zeigten. Daran gab es nichts Heldenhaftes. Wir haben nicht die Probleme der Welt gelöst. Wir haben nur ein bisschen Zeit und etwas Kuchen investiert, um andere zu überraschen und zu erfreuen.

Berufen, den Fokus zu ändern

Seien wir ehrlich. Eine der großen Versuchungen des Singleseins ist der ununterbrochene Fokus auf uns selbst. Wir müssen uns daran erinnern, von unseren Lebensumständen und uns selbst wegzuschauen. Aus diesem Grund habe ich die Geschichte der Valentinstagsüberraschung ausgesucht, obwohl sie weder ein überwältigender Missionsbericht ist noch ein aufwändiges Großprojekt beschreibt. Eigentlich ist nichts Besonderes daran. Aber sie trifft den Kern eines häufigen Problems – einer wiederkehrenden Versuchung. Wenn wir am Valentinstag leiden, weil wir glauben, alle anderen feiern ihre Beziehung (was unter Ehepaaren gar nicht so üblich ist, wie wir meinen), dann lenken wir den Blick nach innen und vergehen vor Selbstmitleid. Wir setzen Singlesein mit Einsamkeit gleich.

Liebe Freundinnen, wenn solche Versuchungen kommen, sind das Momente der Gnade. Denn bei diesen Gelegenheiten müssen wir Gott um die Gnade bitten, anders zu reagieren, als unsere Impulse uns verleiten möchten. Wie Eltern bei einem Kleinkind, das gerade laufen lernt, ruft Gott uns auf weiterzugehen. Mach den nächsten Schritt. Streck deine Hand aus und bitte ihn um Hilfe. Unser Vater ist bereit, uns alles zu geben, was wir für ein Leben zu seiner Ehre brauchen. Seine Gnadenerweise hängen zwar nicht von unseren Bitten ab, aber es ist eine wunderbare Übung, ihn zu bitten.

Wenn wir der Einsamkeit mit den Augen des Glaubens begegnen, entdecken wir eine Möglichkeit, anderen mit Liebe zu dienen. Die Gnade verwandelt das Singlesein in ein Ausstrecken zu anderen. Am Valentinstag oder Silvester oder auch bei Partys und Hochzeiten gibt es viele Menschen, die jemanden brauchen, der ihnen Gottes Liebe nahebringt. Wenn wir das aus dieser Perspektive betrachten, erinnern uns Gefühle von Einsamkeit oder Unbehagen daran, dass andere in unserer Umgebung sich möglicherweise genau so fühlen.

Gelegenheiten, anderen in Liebe zu dienen, sind reichlich vorhanden. Das ist die wesentliche Aussage von Sprüche 31,20: »Ihre Hand öffnet sie dem Elenden und streckt ihre Hände dem Armen entgegen.« Der Dienst an Armen und Elenden bringt dreierlei Segen: 1. Er verherrlicht Gott und segnet andere. 2. Er trägt zum Gemeindebau bei. 3. Er bildet einen starken Gegenpol zum Selbstmitleid. Darum geht es in diesem Kapitel. Wir werden uns verschiedene Möglichkeiten ansehen, wie wir dieses Prinzip in unserem Leben umsetzen können.

Wer sind die Armen und Elenden?

Worte wie »Arme und Elende« lassen uns oft an die überwältigende Armut in den Entwicklungsländern denken. Die Verzweiflung dort ist so groß, dass es uns beinahe abstumpft, wenn wir darüber nachdenken. Aus der großen Distanz können wir nur schwer sehen, wie wir effektiv helfen könnten. Oft sind wir zudem versucht zu denken, dass wir allein ohnehin nichts ausrichten können und tun daher schließlich gar nichts.

Ich glaube, wir sollten dort beginnen, wo auch die Frau aus Sprüche 31 anfängt. Die Verben »öffnen« und »entgegenstrecken« beschreiben eine aktive Fürsorge und beinhalten Initiative. Der Vers vermittelt ein Bild, in dem die Elenden und Armen nicht sehr weit entfernt sind, aber doch gerade so weit, dass sie leicht ignoriert oder übersehen werden könnten. Doch diese Frau streckt sich aus und hilft ihnen in ihrer Not. Sie streckte sich aus zu denen, die sie erreichen *konnte* und die ihren Weg kreuzten.

Aber das ist nur ein Anfang. Da die modernen Massenmedien es uns ermöglichen, die Wege fast jedes Menschen auf der Welt »zu kreuzen«, haben wir heute ein breiteres Verständnis der Elenden und Armen als zu alttestamentlicher Zeit. Ich hoffe, diese Erkenntnis verursacht nicht noch mehr »Krisenmüdigkeit«, sondern erinnert uns daran, wie begrenzt wir sind, und inspiriert uns, inständig zu Gott zu beten, dessen Möglichkeiten nicht begrenzt sind. Wir müssen unseren himmlischen Vater bitten, dort zu helfen, wo wir nicht hingehen können. Wir sollten nach seiner Leitung suchen, um unsere Ressourcen – Zeit, Begabung, finanzielle Mittel – sinnvoll zu nutzen. Wir können sicher keine Kriege und Genozide beenden, aber wir können jeden Tag für die Opfer beten. Wir können keine Hungersnöte verhindern, aber wir können finanziell mit Gemeinden, Missionswerken und christlichen Hilfsorganisationen zusammenarbeiten, die sich nicht nur um die natürlichen Bedürfnisse in diesen Gebieten kümmern, sondern auch um die ewigen.

Und wer weiß? Wenn wir den Willen Gottes suchen, kann er uns so führen, dass wir uns in diesen Diensten auch direkt engagieren.

So war es bei meiner Freundin Joanie. Sie diente und unterrichtete zwei Jahre in Burkina Faso in Westafrika. Nachdem sie zurückgekehrt war, war auch ihre Einstellung zum Dienen in ihrer Gemeinde von diesem Einsatz geprägt. Sie diente sowohl älteren Menschen als auch Kindern im Alltag. Ich weiß von anderen alleinstehenden Frauen, die sich in der Gemeindearbeit für Aids-Waisen engagieren. Es gibt zahllose Beispiele.

Ein altes Sprichwort sagt: Auch die weiteste Reise beginnt mit einem einzigen Schritt. Welches ist der nächste Schritt, mit dem wir die Frau aus Sprüche 31 nachahmen können? Wo sind die Elenden und Armen in unserer Reichweite? Wo sind sie in unserer Gemeinde, unserer Nachbarschaft oder sogar in unserer Familie? Wer würde profitieren, wenn wir uns »entgegenstrecken«? Das hebräische Wort für »Elende« in Sprüche 31,20 ist *ânîy*, was so viel bedeutet wie »Menschen, die im Gemüt oder in ihren Lebensumständen niedergedrückt sind oder niedergeschlagen, schwach, bedürftig, arm.«[1] Das Wort für »Arme« ist *ebyôn*, das den Aspekt des Mangels stärker betont bzw. den Zustand der Mittellosigkeit, wie bei einem Bettler.[2]

Diese Beschreibung lässt sich auf viele Menschen in unserer direkten Umgebung anwenden. Wir müssen nicht lange suchen, um sie zu finden. Ja, es ist der Herr selbst, der sie direkt vor uns hinstellt.

Eine arrangierte Beziehung

Ich stand gerade in der Nähe des Empfangstresens, als Sheryl das erste Mal in meiner Gemeinde anrief. Sie hatte eine Einladung zu unserem Weihnachtsgottesdienst bekommen und suchte eine Mitfahrgelegenheit zu dieser Veranstaltung. Ich konnte nicht anders, als das Gespräch mitzuhören – wirklich nicht. Der Mitarbeiter am Empfang sprach sehr laut: »Ja! Genau, Heiligabend, *nicht* am ersten Weihnachtstag. … Nein, *kein* Bus. Wir haben keinen Bus. Jemand kann Sie im Auto mitnehmen. Wo wohnen Sie? … *wohnen!* Wo ist ihr Haus? … Wie heißt die Straße …?«

Sheryl wohnte ganz in der Nähe meiner Hauskreis-Familie. Ich ging davon aus, dass jemand aus dieser Gegend sie mitnehmen würde. Aber offensichtlich hatte der Herr eine andere Idee. Niemand konnte ihr helfen. Offensichtlich gab es einen Grund dafür, dass gerade ich in der Nähe war, als sie anrief, und zwar nicht nur wegen einer Mitfahrgelegenheit. Der Herr führte es so, dass dadurch eine Beziehung zustande kam.

Das ist über fünf Jahre her. Seitdem sind wir Freunde. Sheryl ist eine alleinstehende Frau und nur zwei Jahre älter als ich. Wenn wir ausgehen, schiebe ich sie zu meinem Auto, helfe ihr beim Einsteigen und verstaue ihren Rollstuhl im Kofferraum. Während der Fahrt können wir uns nur an roten Ampeln unterhalten, wenn ich mich ihr zuwenden und sie beim Sprechen ansehen kann. Sie muss meine Lippen sehen, um mich verstehen zu können, denn sie hört so schlecht, dass alles nur dumpf klingt. Ihre Sehkraft ist so schwach, dass sie ausschließlich Großdruck lesen kann, aber sie erkennt immer die Cafés, wenn wir vorbeifahren. Kaffee ist eine ihrer wenigen Freuden.

Sheryls Leben änderte sich einschneidend, als sie 13 Jahre alt war. Damals litt sie unter sehr starken Kopfschmerzen. Untersuchungen brachten den gefürchteten Grund für die Beschwerden ans Tageslicht: Ein gutartiger Tumor wucherte in ihrem Hirnstamm. Der Tumor war zu sehr mit lebenswichtigen Nerven und Arterien verwoben, um eine Operation riskieren zu können. Als Sheryl 17 war, war das Wachstum des Tumors durch Bestrahlung verlangsamt worden, was ihr ein kurzes Zeitfenster »normalen Lebens« ermöglichte. Sie machte den Highschool-Abschluss, arbeitete und lebte einige Jahre selbständig. Doch allmählich nahm ihr der Tumor erneut ihre Unabhängigkeit. Er schwächte ihre Sehkraft, ihr Gehör und die Motorik.

Was er ihr nicht nahm, war der Wunsch nach den Annehmlichkeiten eines normalen Lebens. Jetzt, mit 42, lebte sie in einer Wohngruppe für Menschen mit Kopfverletzungen und Hirnschäden. Ihre Mitbewohnerin Kathy hatte als Teenager schwere Verletzungen durch einen Unfall erlitten, den ein betrunkener Autofahrer verursacht hatte. Seitdem sitzt sie im Rollstuhl.

Einmal schauten wir uns in der Wohngruppe zu dritt Highschool-Jahrbücher an und tauschten unsere Erinnerungen aus. Es war ernüchternd zu erkennen, unter welch ähnlichen Bedingungen wir aufgewachsen waren. Niemand von uns hatte während der Highschool erwartet, dass unsere Zukunft einmal so aussehen würde, wie sie jetzt war. Ich muss Sheryl zugutehalten, dass sie sich auf ihr Klassentreffen zum 20-jährigen Highschool-Abschluss freute – im Gegensatz zu mir, ihrer so ungemein selbstbewussten Freundin. Sie machte sich keine Sorgen darüber, dass sie im Rollstuhl saß. Sie wollte ihre Freunde von früher wiedersehen. Mein Hauskreis sprang ein und kaufte ihr ein neues Kleid. Eine der Frauen kümmerte sich um ihr Make-up, ich machte ihr die Haare. Sheryl sah an diesem Tag sehr schön aus. Aber ich glaube, was sie vor allem attraktiv machte, war ihr freudiges Lächeln.

Mir ist bewusst, dass ich an jenem Dezembertag am Gemeindeempfang eine Wahl hatte. Ich glaube, dass Gott mir Sheryl über den Weg geschickt hat. Daran gibt es keinen Zweifel. Aber ich habe sie nie nur als »Evangelisationsobjekt« gesehen. Es ist einfach ein Segen für sie, wenn ich ihr meine Hand zur Freundschaft entgegenstrecke. Sheryl hat unsere Freundschaft sogar in gewisser Hinsicht stärker angestrebt als ich. Ist sie eine dieser Armen aus Sprüche 31,20? Sie hat kein eigenes Einkommen, aber dank ihrer Familie und staatlicher Hilfen ist sie nicht mittellos. Ist sie eine der Elenden? Sie ist definitiv körperlich stark beeinträchtigt. Aber mit größter Anerkennung muss ich sagen, dass ich sie nie darüber klagen gehört habe. Allerdings hat sie keinen großen Freundeskreis, weshalb ich es als Privileg ansehe, dazugehören zu dürfen.

Die Hand weit öffnen

Wenn wir großzügig zu den Armen und Elenden sind, ehrt das Gott und spiegelt seine Großzügigkeit uns gegenüber. Sprüche 14,31 sagt: »Wer den Geringen unterdrückt, verhöhnt den, der ihn gemacht hat; aber ihn ehrt, wer sich über den Armen erbarmt.« Großzügigkeit und Barmherzigkeit sind Gottes Wesen. Er ist der ultimative Retter. Deshalb sagt Psalm 72,12-13 von ihm: »Denn retten wird er den Armen, der um Hilfe ruft, und den Elenden und den, der keinen Helfer hat. Er wird sich erbarmen des Geringen und des Armen, und das Leben der Armen wird er retten.«

Gott hat in der Bibel vieles darüber gesagt, wie wir mit den Armen umgehen sollen. Im 5. Mose 15 gibt Gott den Israeliten eine Reihe von Geboten, die sie davor bewahren sollen, geizig gegenüber ihren in Not geratenen Brüdern und Schwestern zu sein. Vers 11 sagt: »Denn der Arme wird nicht aus dem Land verschwinden. Darum befehle ich dir: Deinem Bruder, deinem Elenden und deinem Armen in deinem Land sollst du deine Hand weit öffnen.«

Die Anweisung, die Hand weit zu öffnen, ist nicht nur eine Empfehlung für eine bestimmte Volksgruppe in einer bestimmten Ära, sondern ein Gebot. Die Gebote des Alten Testaments werden im Neuen Testament verstärkt und erweitert. Lukas 12,33 fordert zu ausgesprochener Großzügigkeit auf: »Verkauft eure Habe und gebt Almosen; macht euch Beutel, die nicht veralten, einen unvergänglichen Schatz in den Himmeln, wo kein Dieb sich naht und keine Motte zerstört!« In Apostelgeschichte 4,34-35 findet sich eins der wenigen Beispiele für Gehorsam gegenüber diesem Gebot. In Bezug auf die Zeit der Gemeinde in Jerusalem heißt es dort: »Denn es war auch keiner bedürftig unter ihnen, denn so viele Besitzer von Äckern oder Häusern waren, verkauften sie und brachten den Preis des Verkauften und legten ihn nieder zu den Füßen der Apostel; es wurde aber jedem zugeteilt, so wie einer Bedürfnis hatte.«

Einen Gegensatz dazu bildet das Verdammungsurteil über Sodom in Hesekiel 16,49: »Siehe, das war die Schuld deiner Schwester Sodom: Hochmut, Fülle von Brot und sorglose Ruhe hatte sie mit ihren Töchtern, aber die Hand des Elenden und des Armen stärkte sie nicht.« Das literarische Stilmittel, Sodom hier als »Frau« mitsamt ihren »Schwestern« zu beschreiben, erleichtert uns die Anwendung auf unsere heutige Situation: Hochmut, Fülle von Brot und sorglose Ruhe – ich denke, das beschreibt recht genau das Leben in den heutigen westlichen Wohlstandsländern.

Vor ein paar Jahren wurde ich auf beschämende Weise an diese Schriftstelle erinnert, als ich mich zu einem sehr teuren Friseurbesuch hatte überreden lassen. Ich hatte allen Vorschlägen meiner

Friseurin zugestimmt, ohne vorher zu fragen, was das überhaupt kosten würde. Ich mache ihr keinen Vorwurf. Sie hat ihren Job gut erfüllt und mir eine kreative Lösung angeboten. Es ist nicht ihre Aufgabe, darüber nachzudenken, ob mein Geld weise investiert wird oder nicht. Das ist meine Verantwortung. Die Geldausgabe schmerzte mich noch, als ich nach Hause kam und nach meiner Post schaute. In seiner weisen, liebevollen Voraussicht hatte Gott dafür gesorgt, dass ich gerade jetzt ein dringendes Hilfegesuch von einer Hilfsorganisation, die ich unterstütze, im Briefkasten fand. Die Hilfsorganisation rief zu zweckgebundenen Spenden auf, um eine Hungersnot in einem afrikanischen Land zu lindern. Ich war überwältigt, als ich las, dass ich für genau die Summe, die ich gerade für meine Haare ausgegeben hatte, *eine Tonne Lebensmittel* für die Opfer dieser Hungersnot hätte bezahlen können.

Diese liebevolle Zurechtweisung kam von meinem himmlischen Vater. Bei meinem nächsten Friseurbesuch erzählte ich meiner Friseurin, was passiert war. Ich erklärte ihr, dass ich meine Ausgaben auf Grundlage meines Glaubens überprüft hatte und zu dem Schluss gekommen war, dass ich nicht so viel Geld für meine Haare verschleudern durfte, wenn ich gleichzeitig damit anderen das Leben retten könnte. Sie verstand das und schlug von diesem Tag an preisgünstigere Alternativen vor.

Mit Sicherheit kann ich noch darin wachsen, den Herrn mit Großzügigkeit gegenüber Armen und Elenden zu ehren. Es wäre mehr als schlimm, wenn auf mich das zuträfe, was über die Sodomiter gesagt wurde. Gottes Gnade befähigt uns, es besser zu machen.

Keiner war bedürftig unter ihnen

In diesem Kapitel habe ich schon mehrfach christliche Hilfsorganisationen erwähnt. Dabei ist mir wichtig, keine verkehrte Sicht der Dinge zu vermitteln. Ich bin überzeugt, dass wir großzügig sein sollen, um Leid, Mangel oder Verfolgung in anderen Teilen der Welt zu lindern. Aber die simple Aussage von Apostelgeschichte 4,34 macht mich immer wieder stutzig: »Es war keiner bedürftig unter ihnen.« Unter *ihnen*.

Hier wird deutlich, dass Christen denen helfen sollen, die innerhalb der eigenen Reichweite sind, also in der eigenen Gemeinde. Meine Gemeinde hat das Privileg, sich um einen alleinstehenden Mann kümmern zu dürfen. Er ist über sechzig und seit einem Tauchunfall im Alter von etwa zwanzig Jahren an allen vier Gliedmaßen gelähmt. Wie Sheryl ist auch Richard nicht mittellos, aber außer den staatlichen Sozialleistungen hat er kein Einkommen. Dieses Geld reicht sicher nicht für alle seine Bedürfnisse aus. Über Jahre hatte eine treue Gruppe aus Familien, Paaren und Singles Richard auf unterschiedliche Weise geholfen, von persönlicher Fürsorge bis hin zu Transporten. Meine Freundin Susan ist eine dieser Helferinnen. Über mehrere Jahre hat sie ihre Berufserfahrung als Krankenschwester genutzt, um Richard in seiner medizinischen Versorgung zu unterstützen. Lange Zeit hatte sie sich jeden Freitagabend freigehalten, um ihm zu helfen. Manchmal ging sie mehrmals pro Woche zu ihm, wenn andere Teammitglieder es nicht schafften. Sie sagte immer, es sei ihr eine Freude, Richard zu dienen. Ihr Lebenswandel bestätigte das. Zu dieser Zeit war sie meine Mitbewohnerin und ich bekam sehr genau mit, wie viel sie diente. Übrigens lernte Susan ihren späteren Mann kennen, als sie mit ihm zusammen Richard half. Das ist ein weiterer Beweis dafür, dass man nicht möglichst viel ausgehen und »den Horizont erweitern« muss, um den Mann zu finden, den Gott vorgesehen hat.

Auf die gleiche Weise sollten Christen sich um ihre Familienmitglieder kümmern. In 1. Timotheus 5,16 schreibt Paulus: »Wenn eine Gläubige Witwen hat, leiste sie ihnen Hilfe, und die Gemeinde werde nicht belastet, damit sie denen Hilfe leiste, die wirklich Witwen sind.« Das ist eine klare Anweisung an Frauen, sich um ihre eigenen Verwandten zu kümmern, besonders um diejenigen in der eigenen Gemeinde. Liebe Schwester im Herrn, vielleicht bist du noch jung und deine Eltern aktiv und fit. Diese Pflicht mag dir sehr weit entfernt scheinen. Aber ich hoffe, dass dieser Abschnitt dir helfen wird, dich auf das vorzubereiten, was Gott in der Zukunft für dich bereithält. Ich bin Erbschaftsverwalterin für Haus und Grundstück meiner Eltern, und wir hatten schon viele Gespräche über ihre Wünsche für die Zukunft. Zweifellos haben wir noch vieles mehr zu besprechen. In Anbetracht der familiären Verpflichtungen meiner Schwestern gehe ich davon aus, dass ich das Privileg haben werde, mich in Zukunft um meine Eltern zu kümmern, selbst wenn sie es anders wollten. Ich meine damit tatsächlich ein *Privileg*. Nicht nur, weil es ein Segen wäre, mich um zwei kostbare Menschen kümmern zu dürfen, die mich einmal mit so viel Fürsorge überschüttet haben. Nein, es würde vor allem Gott ehren und verherrlichen.

Eine weitere Freundin kümmert sich um ihren verwitweten Vater. Erinnerst du dich an meine Freundin Vivian Saavedra mit der Top-Ten-Fragenliste aus Kapitel 1? Letztes Jahr verlor Vivian ihre Mutter, die an Bauchspeicheldrüsenkrebs erkrankt war. Die Krankheit ihrer Mutter war kurz, aber schwer. Ihre Beerdigung verherrlichte Gott.

Ich habe Vivians Mutter in ihrer letzten Lebenswoche zweimal besucht. Ein Bild eines dieser Besuche ist mir unauslöschlich ins Gedächtnis gebrannt. Vivian war wieder in das Haus ihrer Kindheit eingezogen, um ihrem Vater bei der Versorgung der Mutter zu helfen. Der Krebs der Mutter verschlimmerte sich und Vivian und ihr Vater kümmerten sich um die tägliche Pflege. An dem Abend, als ich die Mutter besuchte, gab Vivian ihr Schmerzmittel und die Insulin-Injektionen. Dann setzte sie sich ans Bett, um ihrer Mutter Salbe in die geschwollenen Beine zu massieren. Die Mutter lag in einem leinenen Nachthemd im Bett, das einzige Licht war eine kleine Lampe auf dem Nachttisch. Die Kranke war zu schwach, um zu sprechen, aber sie strahlte Frieden aus. Ich setzte mich schweigend dazu, etwas benommen vom Anblick der Todkranken. Ich hatte noch nie zuvor so viel Zeit mit jemandem verbracht, der so kurz vor dem Tod stand.

Die einzige Geräuschquelle im Raum war eine CD mit Anbetungsliedern. Sie spielte eine schöne Melodie, zu der jemand mit glasklarer Stimme sang:

Seliges Wissen: Jesus ist mein!
Köstlichen Frieden bringt er mir ein.
Leben von oben, ewiges Heil,
völlige Sühnung ward mir zuteil

Ich sah Vivian an, dann konnten wir unsere Tränen nicht mehr zurückhalten. Ganz deutlich stand uns vor Augen, was die herrliche Wahrheit von Jesu Erlösungswerk am Kreuz für die leidende und sterbende Mutter bedeutete, und das rührte uns zu Tränen und führte uns zu Anbetung.

Seit dem Tod ihrer Mutter lebt Vivian bei ihrem Vater. Er ist zwar noch recht fit, doch hilft sie ihm im Haushalt. Nach über 50-jähriger Ehe muss ihr Vater einen neuen Lebensrhythmus finden und Vivian hilft ihm bei dieser Umstellung. Sie stellte andere Lebensbereiche zurück, denn sie sieht es als ihre erste Priorität an, jetzt für ihren Vater da zu sein. Dafür nimmt sie längere Wege zur Arbeit und zur Gemeinde in Kauf, aber sie betrachtet ihre Mühen nicht als Opfer. Auf diese Weise wird Vivian der Aufforderung aus 1. Timotheus 5,16 gerecht.

Praktische Anwendung

Dieses Kapitel streift nur oberflächlich die fast unendlich vielfältigen Möglichkeiten, uns auf andere zu orientieren und den Armen und Elenden zu dienen. Ich hoffe, dass es dich zu guten eigenen Ideen inspiriert, wie du anderen dienen kannst. Gibt es in deiner Gemeinde Menschen, die von deiner Hilfe, deiner Freundschaft und deiner Großzügigkeit profitieren könnten? Wie steht es mit Diensten in deiner Gemeinde? Gibt es einen Gefängnisdienst, Nachmittagsbetreuung für Schulkinder, internationale Evangelisationsprojekte oder andere Aufgaben? Leben Menschen in deiner Nachbarschaft, mit denen du dich regelmäßig treffen könntest und die möglicherweise durch dich die Liebe Jesu kennenlernen sollten?

Ich hoffe, dass du über diese Dinge nachdenkst und dafür betest. Von anderen habe ich viel Weisheit gelernt und möchte sie auch an dich weitergeben. Als Singlefrauen verfügen wir zwar über mehr Zeit und Flexibilität, um anderen zu dienen, aber um uns selbst weiterzuentwickeln, brauchen wir Gemeinschaft. Wir leben und handeln nicht im luftleeren Raum. Würden wir beispielsweise spontan einen Tramper mit nach Hause bringen, der einen Übernachtungsplatz sucht, hätten unsere Hausgenossen dafür womöglich wenig Verständnis. Wir müssen auch an die denken, die durch unseren Dienst »in Mitleidenschaft gezogen« werden. Ich kenne eine Singlefrau, die sich um eine Prostituierte kümmerte und diese vorübergehend in ihre Wohngemeinschaft aufnahm. Weil alle im Haus damit einverstanden waren, konnte diese Aufgabe ganz harmonisch erfüllt werden.

Wenn man dienen möchte, hat Gemeinschaft viele Vorteile. Erstens profitiert man vom Rat der anderen. Ich habe das erlebt, als ich für mehrere Jahre Mentorin bzw. »große Schwester« bei einer Beratungsstelle für Krisenschwangerschaften war, einem Dienst meiner Gemeinde. Diese Zeit war für mich sehr lehrreich. Als Erstes bemerkte ich, dass ich dazu neige, andere zu »verarzten«, anstatt ihnen zu helfen, selbst nach Lösungen zu suchen. Es ist mein Stolz, der mich dazu antreibt: »*Ich* zeige dir, was richtig ist.« Die Leiterin schlug mir eine andere Herangehensweise vor. Sie sagte, dass meine Hilfe letztlich ineffektiv sei, weil ich die Frauen nicht zur Selbsthilfe anleitete. Auch könnten Konflikte entstehen, wenn die Hilfesuchenden mir meine unbeholfenen Versuche verübeln. Mit beidem hatte sie Recht. Ich bin froh, dass sie das sah und mir half.

Der zweite Vorteil des Dienens in Gemeinschaft resultiert daraus, dass wir nicht alles allein schaffen können. Wir brauchen die Hilfe anderer aus der Gemeinde. Wir sind nicht nur dazu berufen, *ihnen* zu dienen, sondern auch dazu, *mit* ihnen zu dienen. Während meiner Zeit in der Schwangerenberatung habe ich das ganz besonders gut erfahren. In meinem Hauskreis war ich zwar die einzige offizielle Mitarbeiterin dieses Dienstes, aber der gesamte Hauskreis – Singles wie Familien – stand hinter mir. Sie halfen mir, Geschenkpartys für Schwangere zu organisieren und nahmen mit ihren Präsenten daran teil. Sie halfen mit Fahrdiensten; sie halfen finanziell; sie halfen mit dem Wissen ihrer Eltern. In einem Fall halfen sie sogar in einer juristischen Sache (es war großartig, einen Anwalt im Hauskreis zu haben). Weil dieses gemeinschaftliche Dienen in meiner Gemeinde hohe Priorität hatte, diente letztlich die ganze Gemeinde zusammen mit mir.

Drittens: Hilfseinsätze können riskant sein, und dann ist es gut, wenn wir um Rat und Hilfe bitten können. Nach meiner Erfahrung liegt Hilfsbedürftigkeit hierzulande oft nicht nur an fehlenden Ressourcen. Durch Gottes Gnade haben wir Wohlstand in unserem Teil der Welt. Wenn es hier zu Armut kommt, tragen meistens mehrere Faktoren dazu bei, beispielsweise Drogensucht oder Schwierigkeiten aufgrund eines Migrationshintergrunds. Manchmal sind diese Probleme so groß, dass ein Helfer allein damit nicht fertig wird. Zudem kann es passieren, dass unsere sündige Natur die Situation noch verschlimmert. Wenn wir beispielsweise ehrenamtlich arbeiten, möchten wir gern Anerkennung dafür. Aber dieser Wunsch kann schnell in ein Einfordern von Dank umschlagen. Die Menschen, denen wir helfen wollen, könnten das Gefühl bekommen, ein »Projekt« zu sein, anstatt Freunde, worauf sie vermutlich mit Verärgerung und Wut reagieren. Wenn solche Probleme auftreten, brauchen wir den weisen Rat anderer, um unser Verhalten und unsere Grenzen richtig einzuschätzen. Wir brauchen ihren Rat auch, um mögliche Gefahren zu erkennen, denn für manche Situationen sind alleinstehende Frauen einfach nicht die Richtigen.

Zuletzt möchte ich noch davor warnen, als alleinstehende Frau einem einzelnen Mann zu helfen oder zu dienen. Im besten Fall kann das zu ungewollten Erwartungen führen. Männer sind dazu geschaffen, die Hilfe und Unterstützung einer Frau zu wünschen, und das kann eine sehr attraktive Eigenschaft sein. Aber normalerweise – so habe ich festgestellt – ist das nicht zielführend. (Es gibt einen Grund dafür, dass Männer stetige Korrektur von anderen Männern annehmen, während sie dasselbe von Frauen als Nörgelei empfinden.) Mit einer der Frauen aus der Schwangerenberatung hatte ich mich angefreundet. Sie hatte Probleme mit dem Vater ihres Babys. Schließlich freundete ich mich mit beiden an. Mehrmals habe ich mich daran versucht, diesen Mann zu beraten und zu korrigieren. Das Ergebnis war bescheiden und ich bekam Zweifel, ob ich hier helfen konnte. Nach einem besonders schwierigen Abend fragte ich Gott im Gebet, warum dieser Mann sich nicht veränderte. Wie zu erwarten war, bekam ich keine hörbare Antwort auf meine stolze Frage über einen anderen Menschen. Stattdessen korrigierte Gott *mich*. Ich sah ein, dass ich meine Grenzen überschritten hatte, als ich versuchte, diesen Mann geistlich zurechtzubringen. Ich hätte aus dem Weg gehen und ihn ermutigen sollen, eine solche Beziehung zu einem anderen Mann aufzubauen. Glücklicherweise diente ich ja in Gemeinschaft und konnte daher meinen Hauskreisleiter bitten zu helfen, was er auch gern tat.

Die Welt schaut zu

Ich hoffe, dass diese praktischen Hinweise deinen Eifer nicht gedämpft haben, eine Frau zu sein, die ihre »Hand dem Armen öffnet« und ihre »Hände dem Elenden entgegenstreckt«. Dieser Vers aus Sprüche 31 überführt uns. Seine Bedeutung für unser Zeugnis vor einer Welt, die uns beobachtet, ist nicht zu übersehen. Jakobus 2,14-20 sagt sehr direkt, wohin ein Glaube ohne Werke führt:

> Was nützt es, meine Brüder, wenn jemand sagt, er habe Glauben, hat aber keine Werke? Kann etwa der Glaube ihn retten? Wenn aber ein Bruder oder eine Schwester dürftig gekleidet ist und der täglichen Nahrung entbehrt, aber jemand unter euch spricht zu ihnen: Geht hin in Frieden, wärmt euch und sättigt euch!, ihr gebt ihnen aber nicht das für den Leib Notwendige, was nützt es? So ist auch der Glaube, wenn er keine Werke hat, in sich selbst tot. Es wird aber jemand sagen: Du hast Glauben, und ich habe Werke. Zeige mir deinen Glauben ohne Werke, und ich werde dir aus meinen Werken den Glauben zeigen! Du glaubst, dass nur einer Gott ist? Du tust recht; auch die Dämonen glauben und zittern. Willst du aber erkennen, du eitler Mensch, dass der Glaube ohne die Werke nutzlos ist?

Als die Urgemeinde noch treu das biblische Gebot achtete, den Notleidenden großzügig zu helfen, wurden Nichtchristen zu Gott gezogen. Am Ende einer Schriftstelle über Geldgaben der Gemeinde lesen wir: »Aber umso mehr wurden solche, die an den Herrn glaubten, hinzugetan, Scharen von Männern und auch Frauen« (Apostelgeschichte 5,14). Möge dies auch in unseren Gemeinden so sein! Donald Whitney schreibt: »Wir sollten alle das Ziel haben, in der Gemeinde so zu dienen, dass sie dadurch stärker wird als ohne uns.«[3]

Noch wichtiger: Wenn wir für die Armen und Hilfsbedürftigen sorgen, dienen wir Christus selbst. Diese Lektion lehrte Jesus seinen Jüngern auf dem Ölberg (Matthäus 25,34-40):

> Dann wird der König zu denen zu seiner Rechten sagen: Kommt her, Gesegnete meines Vaters, erbt das Reich, das euch bereitet ist von Grundlegung der Welt an! Denn mich hungerte, und ihr gabt mir zu essen; mich dürstete, und ihr gabt mir zu trinken; ich war Fremdling, und ihr nahmt mich auf; nackt, und ihr bekleidetet mich; ich war krank, und ihr besuchtet mich; ich war im Gefängnis, und ihr kamt zu mir. Dann werden die Gerechten ihm antworten und sagen: Herr, wann sahen wir dich hungrig und speisten dich? Oder durstig und gaben dir zu trinken? Wann aber sahen wir dich als Fremdling und nahmen dich auf? Oder nackt und bekleideten dich? Wann aber sahen wir dich krank oder im Gefängnis und kamen zu dir? Und der König wird antworten und zu ihnen sagen: Wahrlich, ich sage euch, was ihr einem dieser meiner geringsten Brüder getan habt, habt ihr mir getan.

Welch ein Lob von dem, der uns die Gnade und die Befähigung gibt, diese Werke in seinem Namen zu tun! Möge uns diese Verheißung unseres Erlösers so werden lassen wie Dorkas alias Tabita, die »reich an guten Werken« war und gelobt wird für ihre »Almosen« (Apostelgeschichte 9,36).

Zum vertiefenden Studium

- Wenn du merkst, dass es dir am Anliegen für den Dienst in der Gemeinde fehlt, empfehle ich dir *Spiritual Disciplines Within the Church* von Donald S. Whitney.
- Weitere Empfehlungen des deutschen Herausgebers: *Liebevoll leben* von Wayne Mack, *Die lebendige Gemeinde* von John MacArthur, *Du aber übertriffst sie alle* von Elizabeth George.

13

Der Zukunft unbekümmert zulachen

Kraft und Hoheit sind ihr Gewand,
und unbekümmert lacht sie dem nächsten Tag zu.
Sprüche 31,25

Nachdenklich nippte Lisa an ihrer Teetasse aus chinesischem Porzellan und starrte gedankenverloren auf den Kuchen auf ihrem Teller. Die spätnachmittägliche Herbstsonne verbreitete champagnerfarbenes Licht, während Lisa ihren Erinnerungen nachhing. Vor dem Fenster des Cafés in Annapolis im US-Bundesstaat Maryland standen imposante Gebäude aus der Kolonialzeit, drinnen umspielte sanfte Barockmusik die leisen Frauengespräche und die Geräusche klirrender Teetassen.

Lisa unterbrach ihre Träume, kehrte zurück in die Gegenwart und sah mich fest an: »Vor Kurzem ist mir klar geworden, warum ich all die Jahre so unzufrieden mit meinem Singledasein war«, sagte sie. »Ich dachte, Gott habe mir die Ehe vorenthalten, und deshalb habe ich ihm meine Zuneigung vorenthalten. Aber wenn ich ihn besser gekannt hätte, hätte ich gewusst, dass das nicht seinem Wesen entspricht. Das ist nicht das, was er wirklich für mich möchte.«

Ich spürte, dass dies ein Moment war, der festgehalten werden sollte, stellte meine Teetasse ab und nahm mir einen Stift, um auf der Tablettunterlage Notizen zu machen.

»Ich wünschte, ich hätte meine vierziger Jahre nicht mit solcher Unzufriedenheit vergeudet«, fuhr sie fort. »Meine Dreißiger waren schon nicht einfach, aber in den Vierzigern wurde es wirklich schlimm. Jetzt, mit fünfzig, bin ich mir plötzlich viel stärker der Ewigkeit bewusst. Was habe ich dafür vorzuweisen? Wenn man jung ist und noch so viel vor sich hat, hat man große Erwartungen an das Leben. Aber wenn man älter wird, erkennt man, wie schnell die Zeit tatsächlich verfliegt! Und es wird einem bewusst, wie ›zeitlich und leicht‹ alle unsere Leiden sind«, spielte sie auf 2. Korinther 4,7 an. Dann fuhr sie fort: »Als ich jünger war, habe ich nie über die Ewigkeit nachgedacht. Aber jetzt wird mir klar, wie nah sie ist und wie kurz das Leben – und ich frage mich, was von mir Bestand haben wird.«

Ich nickte mitfühlend und staunte mit ihr zusammen über Gottes Gnade, durch die sie all das erkannt hatte.

»Ich glaube, über die Jahre haben andere immer wieder versucht mir zu sagen, meine Unzufriedenheit sei größer, als ich es wahrhaben möchte. Aber das haben mir immer Leute gesagt, die mit Anfang zwanzig geheiratet hatten! Ich war mir so sicher, dass sie mich nicht verstehen konnten. So viele meiner Erwartungen waren an einen Ehemann geknüpft. Aber in gewisser Weise bin ich auch froh, dass ich nicht früher geheiratet habe, denn dann hätte ich all diese Erwartungen auf dem armen Kerl abgeladen. Und wer könnte damit umgehen?«

Lisa ließ sich durch mein Mitschreiben nicht irritieren. »Natürlich würde ich immer noch gern heiraten. Jetzt zum Beispiel würde ich lieber zu Hause mit meinem Mann ein Footballspiel ansehen«, fuhr sie mit ironischem Lächeln fort. »Aber ich habe keinen Mann. Deshalb sitze ich hier mit dir beim Tee. Und weißt du was? Das ist eine Gebetserhörung. Ich habe Gott darum gebeten, etwas Schönes unternehmen zu können, weil ich in letzter Zeit so viel gearbeitet habe. Ich glaube, ich habe gelernt, dankbarer zu sein. Ich bete jetzt mehr und gehe auch mit den kleinsten Bitten zu Gott. Und das ist gut so, weil meine Gebete früher eher kurz waren, weil ich verbittert war.«

Lisas Körperhaltung und Mimik betonte ihre Ernsthaftigkeit. Sie ist von Natur aus eine schöne Frau, aber während sie dies sagte, leuchtete sie förmlich. Ich staunte, dass innere Schönheit so wahrnehmbar sein kann. Aber in ihrem Ausdruck gab es auch einen Anflug von Bedauern.

»Ich wünschte, ich hätte Gott nicht so lange verurteilt. Er war immer gnädig und barmherzig zu mir.«

Ich kannte Lisa seit zehn Jahren. In einer meiner frühesten Erinnerungen sehe ich sie in der Gemeinde zwischen den Familien stehen und weinen, weil sie Single ist. Ich erinnere mich, sie damals genau angesehen und mich gefragt zu haben, warum sie nicht verheiratet war – als ob man das anhand der äußeren Erscheinung beurteilen könnte. Aber ich habe sie nicht als verbitterte Frau wahrgenommen, sondern als freundlich und dankbar. Allerdings wusste ich, dass sie phasenweise sehr enttäuscht wegen ihrer Ehelosigkeit war.

Lisa ist heute klar geworden, warum ihr früherer Zweifel sie davon abgehalten hat, sich voll in die Gemeinde einzubringen. Sie hat sich entschlossen, nicht länger auf die Veränderung, nach der sie sich so sehr sehnte, zu warten, sondern stattdessen darauf zu schauen, wo sie dienen kann. Sie fing als Begrüßerin in der Gruppe für neue Gemeindemitglieder an und nahm an einem Bibelkurs teil, wodurch sie viel Zeit mit dem Wort Gottes verbrachte. Wegen ihrer Treue als Begrüßerin vertraute man ihr viele weitere Aufgaben in der Gemeinde an. Kürzlich wurde sie gebeten, beim kommenden Durchgang ihres geliebten Bibelkurses zu helfen. Lisa staunt, wie Gott sie innerhalb einer Gruppe aus überwiegend verheirateten Frauen einsetzt. Der Unterschied zwischen ihnen und ihr scheint sie nicht mehr so sehr zu stören wie früher.

Lisa würde zwar immer noch gern heiraten, doch schaut sie mehr auf die Ewigkeit und ihre geistlichen Investitionen als auf das, was sie im Hier und Jetzt bekommt oder auch nicht bekommt. Bei unserem Gespräch an jenem Nachmittag machte sie fünf wichtige Aussagen:

- Es gibt nur eine Beziehung, die von höchster Bedeutung für die Ewigkeit ist.
- Unsere geistliche Frucht ist wichtiger als unsere Segnungen.
- Gott genügt. Er wird sich um unsere Bedürfnisse und unsere berechtigten Wünsche kümmern.
- Gott ist kreativ und er erfreut sich daran, uns seine Kreativität darin zu zeigen, wie er für uns sorgt.

- Wir sollten Gott nie verurteilen, sondern während unserer Jahre auf Erden vertrauensvoll mit ihm wandeln.

Der Zukunft entgegenlächeln

Unser letzter Vers aus Sprüche 31 ist Vers 25: »Kraft und Hoheit sind ihr Gewand, und unbekümmert lacht sie dem nächsten Tag zu.« Auf den ersten Blick mag es nicht unbedingt attraktiv erscheinen, in derart ernsthafte Eigenschaften »gekleidet« zu sein. Wo bleibt der Spaß? Wo das Interessante, das Schillernde? Nun, genau darin. In diesem Prinzip. Das hebräische Wort für »Kraft« ist *ôz*, das Stärke in unterschiedlichen Bereichen beschreibt. Es bedeutet Kraft, Sicherheit, Hoheit, Lobpreis oder sogar lautstarke Kühnheit.[1] Das mag nach einer Mischung aus Sondereinsatzkommando der Polizei und königlicher Krönungszermonie klingen, aber nicht nach Langeweile. Das hebräische Wort für »Hoheit« ist *hadar* und bedeutet Herrlichkeit im Sinne von Verzierung oder Prunk, mit einem Anklang an Vortrefflichkeit, Pracht, Ehre und Majestät.[2] Diese Frau sieht *gut* aus! Ihre Eigenschaften machen sie königlich schön, und das ist Grund zur Freude für sie – jetzt und in Zukunft.

Ich las einmal von einer Frauengruppe, deren Mitgliederinnen allesamt wandelnde Beispiele für fröhliche Frauen in schriller Kleidung sind. Sie nennen sich die »Red Hat Society« (»Gesellschaft der roten Hüte«) und ihr Slogan lautet: »Wir begrüßen das mittlere Alter mit Schwung, Humor und Elan.« In dieser »Desorganisation«, wie die Red-Hat-Damen sich nennen, gibt es nur wenige Regeln. Alle Mitglieder sind Frauen über fünfzig, die bei ihren Treffen rote Hüte und lila Kleidung tragen, und das mit dem alleinigen Zweck, Spaß miteinander zu haben. Ihren Namen hat die Gruppe aus den ersten Zeilen eines Gedichts von Jenny Joseph abgeleitet:

> Wenn ich eine alte Frau bin, werde ich lila tragen,
> mit einem roten Hut, der nicht dazu passt und mir nicht steht.

Auch Frauen unter fünfzig dürfen an diesen Treffen teilnehmen, sie sollten aber weniger auffällige Hüte tragen. Auf ihrer Webseite gibt die Gruppe an: »Wir empfehlen sehr, dass Frauen unter fünfzig bis zu ihrem GEBURTSTAG [gemeint ist der 50.] bei pinken Hüten und lavendelfarbener Kleidung bleiben. Auf diese Weise verleihen wir dem Älterwerden Spaß. Das halten wir für die Frauen unserer Gesellschaft für unschätzbar wichtig, da wir gelernt haben, das Altern zu fürchten und um jeden Preis zu vermeiden. Wir glauben, dass das Älterwerden nichts sein sollte, wovor man sich fürchtet, sondern dem man mit Begeisterung entgegensieht.«[3]

Mir gefällt das Temperament dieser Gruppe und dass sie das gesamte Spektrum des Lebens annehmen. Ihr Mottolied könnte ich allerdings nicht mitsingen: »Mein ganzes Leben lang war ich für andere da, jetzt ist es an der Zeit, etwas für mich zu tun.« An diesem Punkt erhält der Spaß einen bitteren Beigeschmack. Eine Frau, die ihr Leben lang für viele andere gesorgt hat, sollte ermutigt werden, auf diesem Kurs zu bleiben. Man sollte ihr nicht nahelegen, plötzlich selbstsüchtig oder lustgesteuert zu werden. Meine Freundin Lisa dürfte zwar die Garderobe der Red Hat Society mittlerweile tragen, aber sie hat sich für die Gewänder der Frau aus Sprüche 31 entschieden. Eine weise Wahl.

Zum Abschluss dieses Buches schauen wir uns noch einmal das Vorbild der Frau aus Sprüche 31 an – dieses Mal mit dem Blick darauf, wie wir in einer jugendversessenen Welt auf gottgefällige Art älter werden können. Wir werden entdecken, dass das Beste noch kommt – gleichgültig, wie alt wir sind. Ob dein nächster Geburtstag der 18. oder der 80. sein wird, wenn du zu Gott gehörst, kannst du deiner Zukunft entgegenlächeln. Warum? Weil der Eine, der uns mehr liebt als irgendeines seiner Geschöpfe es jemals könnte, dich in deiner Zukunft erwartet. Und er ruft uns auf, ihm mit vertrauensvollem Herzen zu folgen.

Die Jugend ist nur die Hälfte

Mir gefällt ein bekanntes Hochzeitslied von John Lennon: »Werde alt mit mir.« Die ersten Zeilen lauten: »Werde mit mir zusammen alt; das Beste kommt noch.« Obwohl ich immer wusste, dass diese ersten Zeilen aus einem Gedicht stammen, hatte ich das ganze Gedicht bis vor Kurzem nie gelesen. Das habe ich nachgeholt und jetzt verstehe ich, warum John Lennon in seinem Liedtext den ursprünglichen Gedanken weglässt, den der Dichter Robert Browning in der ersten Strophe seines Originals ausdrückt:

> Werde alt mir mir zusammen! Das Beste wird noch kommen,
> Das Ende des Lebens, für das es ursprünglich gemacht:
> Unsere Zeit ist in seiner Hand,
> der sagt: »Etwas Ganzes habe ich geplant,
> die Jugend ist nur die Hälfte;
> vertraue Gott: Sieh das Ganze und habe keine Angst!«[4]

Wenn wir uns der liebevollen Fürsorge Gottes in unserem Leben nicht bewusst sind, kennen wir nur die süße, und vage hoffnungsvolle Stimmung der ersten Zeile. Aber ab der zweiten Zeile reißt der Dichter die Türen auf und bringt Wahrheit in die verklärte Romantik. Gott hat ein *ganzes* Leben geplant, und die Jugend ist nur ein Teil davon. Unsere Zeit steht in seinen Händen, und er verdient unser vollstes Vertrauen. In unserer Zukunft gibt es keinen Zufall.

Jim Elliot sagte einmal: »Wo immer du bist, sei ganz da.« *Sei ganz da.* Das könnte wie eine Autoaufkleber-Weisheit klingen – interessant, aber letztlich ohne Tiefe. Wenn wir aber an Jims kurzes 28-jähriges Leben denken und an seinen Tod als Missionar bei den Huaorani-Indianern,* hören wir in diesem Satz göttliche Wahrheit. Wo immer du dich in Gottes souveränem Plan für dein Leben befindest, sei *ganz* dort. Wir wissen nie, wie viel Zeit uns bleibt. Aber wir können uns voll auf jeden Tag, den wir haben, einlassen und das Leben immer mit einem Auge auf die Ewigkeit leben.

Zweifellos kennen wir alle Frauen, die auf andere etwa so wirken wie die ausgegrauten (halb ausgeblendeten) Schaltflächen einer inaktiven Software: sichtbar, aber nicht anklickbar und inaktiv. Vermutlich sind wir alle manchmal so. Mutlosigkeit raubt uns

---

* Jim Elliot war der erste Mann von Elisabeth Elliot. Er ging als Missionar zu den Huaorani-Indianern in Ecuador und wurde dort 1956 bei einem Kontaktversuch zu den Indianern von ihnen umgebracht.

unsere lebendigen Farben und die Energie, so dass wir wie »ausgegraut« und nicht wirklich anwesend wirken. In solchen Momenten sind wir weit entfernt von der lautstarken Kühnheit der Frau, die in Kraft und Hoheit gekleidet ist und den kommenden Tagen entgegenlacht.

Warum lächeln wir unserer Zukunft nicht entgegen? Ich glaube, es liegt daran, dass wir ihr mit einer vagen Angst aufgrund der Ungewissheit entgegensehen. Wir wissen nicht wirklich, wem wir diese Zeit schenken oder wohin wir gehen werden und ob es uns gefallen wird. Aber ich bin mir sicher, dass wir ein Lächeln auf den Lippen hätten, wenn wir unsere Zukunft mit der schönen Vorstellung von Flitterwochen verbinden würden: der Erwartung einer ungestörten Zeit in schöner Umgebung zusammen mit unserer großen Liebe. Ganz sicher ist es das, was uns in der Ewigkeit erwartet, und bis dahin werden wir in unserem irdischen Leben immer wieder Vorboten dieser Freude erleben.

Ist dir schon aufgefallen, wie oft die Bibel davon berichtet, mit welchem Unglauben das Volk Gottes auf die ungewisse Zukunft reagierte? Gott hat seinem Volk dann immer wieder gesagt, dass sie sich doch gegenseitig an seine bisherige Treue erinnern sollen. John Piper erklärt das damit, dass die »frühere Gnade Gottes Anzahlung auf die zukünftige Gnade ist«. Er fährt fort:

> Eigentlich passt das Bild einer einmaligen Anzahlung nicht ganz. Denn die vergangene Gnade wächst fortlaufend jeden Tag weiter an. Das unendliche Reservoir der zukünftigen Gnade fließt in der Gegenwart in den stetig wachsenden Pool der vergangenen Gnade. Dieses unerschöpfliche Reservoir ist unsichtbar und wir wissen davon nur durch die Verheißungen. Aber der stetig wachsende Pool der vergangenen Gnade ist sichtbar, und er ist Gottes Mittel, um durch Gewissheit, Schönheit und Tiefgang unseren Glauben an die zukünftige Gnade zu stärken.[5]

Wenn wir unserer Zukunft entgegensehen, sollten wir uns zwei Dinge genau anschauen, die uns Angst machen können: das Alleinsein und den Tod.

Allein weiterleben

Ich glaube, dass die Verbannung aus dem Garten Eden eine tiefsitzende Angst vor dem Alleinsein bei uns hervorgerufen hat. Es ist eine Angst davor, von Gottes Gegenwart getrennt zu sein. Aber durch Jesus sind wir mit Gott vollkommen versöhnt und werden nie wieder allein sein. Wir können uns der beständigen Fürsorge Gottes völlig gewiss sein. Mir gefällt, wie Jerry Bridges diese Wahrheit beschreibt:

> Eine der Verheißungen, die wir gut in unserem Herzen bewahren sollten, steht in Hebräer 13,5: »Ich will dich nicht aufgeben und dich nicht verlassen.« Der puritanische Prediger Thomas Lye wies darauf hin, dass das Griechische in diesem Vers fünf negative Aussagen enthält. Man könnte sie auch so wiedergeben: »Ich will nicht dich nicht aufgeben noch will ich nicht dich nicht verlassen.« Fünfmal betont Gott [die doppelte Verneinung ist eine betonte Verneinung], dass er uns nicht verlassen wird. Er möchte, dass wir diese Wahrheit begreifen und uns ihrer sicher sind. Er möchte, dass wir ganz unabhängig von unseren Umständen einfach aufgrund seiner Verheißung glauben, dass er uns weder verlassen noch der »Gnade« jener Umstände überlassen hat.[6]

Gott wird uns weder aufgeben noch verlassen. Wir müssen an dieser Verheißung festhalten, ebenso wie an den Verheißungen der Sündenvergebung, des Heils und des ewigen Lebens. Entweder ist alles in der Bibel wahr oder auf keine ihrer Aussagen wäre Verlass. Für Christen bedeutet das, dass uns versichert wird, niemals allein zu sein. Christus wurde verlassen, damit wir für immer in Gemeinschaft sind.

Wir haben nicht allein Gottes ewige Gemeinschaft, sondern auch die Gemeinschaft des Leibes Christi, insbesondere unserer Heimatgemeinde. Wir sind anderen gegeben und zur Seite gestellt worden, was sicherstellt, dass wir nicht allein sein werden. Ist dir schon aufgefallen, wie oft die Bekehrungen in der Apostelgeschichte als »hinzufügen« oder »hinzutun« beschrieben wurden? Einige Beispiele aus den ersten Tagen der Gemeinde: »Der Herr aber tat täglich hinzu, die gerettet werden sollten« (Apostelgeschichte 2,47). »Aber umso mehr wurden solche, die an den Herrn glaubten, hinzugetan, Scharen von Männern und auch Frauen« (5,14). »Und eine zahlreiche Menge wurde dem Herrn hinzugetan« (11,24). Wir sind der »Gemeinde gegeben, die sein Leib ist, die Fülle dessen, der alles in allen erfüllt« (Epheser 1,22-23).

Wir mögen unverheiratet sein, aber als Christen sind wir nicht auf uns allein gestellt. Zugegeben, manchmal kann es sich so anfühlen. Aber das Gefühl der Isolation können wir überwinden, indem wir uns nach den anderen Gliedern des Leibes Christi ausstrecken, anstatt darauf zu warten, dass die anderen sich nach uns strecken. Schließlich sind es die Menschen, mit denen wir die Ewigkeit verbringen werden. Warum also sollten wir sie nicht jetzt schon kennenlernen, für sie da sein und sie lieben?

Nun denke an den »stetig anwachsenden Pool der vergangenen Gnade« in deinem Leben. Hat Gott nicht selbst in den größten Prüfungen unseres Lebens immer für Gemeinschaft gesorgt? Ich habe immer wieder die Erfahrung gemacht, dass Gott jedes Mal sehr schnell eine neue Freundschaft in mein Leben brachte, wenn jemand geheiratet hatte oder umgezogen war. Es war nicht immer dasselbe wie vorher und es hatte auch nicht jedes Mal wieder dieselbe Tiefe, aber ich bin nie völlig auf mich allein gestellt gewesen. Wenn ich mich in einer Menge allein fühle, sage ich mir, dass ich mich nach anderen umsehen sollte, denen es möglicherweise genauso geht. Auf diese Weise kann Gott mich einsetzen, um Gnade und Güte weiterzugeben, anstatt dass ich von meinen eigenen Gefühlen verzehrt werde.

Damit möchte ich weder die Realität des Älterwerdens beschönigen noch die Tatsache, dass jede Gemeinde aus unvollkommenen Menschen besteht. Es wird auch in Zukunft herausfordernde Umstände für uns geben, aber wir werden sie nicht ganz allein ertragen müssen. Wir sind Teil des Leibes Christi und sowohl das Haupt als auch die anderen Glieder werden für alle Zeit bei uns sein.

Der Tod als Tür

Die Realität des Todes sollte uns ernüchtern, denn er ist der Lohn der Sünde (Römer 6,23). Wie John Piper schreibt, ist es dennoch »erstaunlich, wie desinteressiert viele angesichts des unausweichlichen Sterbens sind.« Er fährt fort:

> Wenige Dinge sind so allgemeingültig und gewiss. Die Möglichkeiten, Freude oder Elend zu erleben, sind nach dem Tod Millionen Mal größer als in den wenigen Jahren auf der Erde. Dennoch investieren die meisten Menschen ihre gesamte Energie dafür, das diesseitige Leben sicher zu machen und so gut wie nichts das kommende Leben. Die Bibel vergleicht dieses Leben mit einem Dampf, der eine kleine Zeit sichtbar ist und dann verschwindet (Jakobus 4,14). Das wären etwa zwei Sekunden. Die Zeit nach dem Tod beschreibt die Bibel als einen Zeitraum von »Zeitaltern zu Zeitaltern« (Offenbarung 14,11 in wörtlicher Übersetzung). Es geht nicht nur um ein oder zwei Zeitalter, die jeweils tausend Jahre dauern, sondern um Tausende und Abertausende von Jahrtausenden. Was nach dem Tod mit dir geschieht, darauf kommt es unendlich viel an.[7]

Die gute Nachricht ist, dass der Tod für Christen nichts anderes ist als eine Tür zum Auferstehungsleben Christi. Wir brauchen nicht mehr Sklaven der Todesangst sein. Hebräer 2,14-15 sagt, dass der Tod Christi den zunichte gemacht hat, »der die Macht des Todes hat, das ist den Teufel« und alle befreit hat, »die durch Todesfurcht das ganze Leben hindurch der Knechtschaft unterworfen waren«.

Den Tod sollten wir nicht fürchten. Aber wir *sollten* uns davor fürchten, mit Bedauern zu sterben. Wir sollten uns fürchten, ein engstirniges, selbstsüchtiges Leben zu führen, für das es in der Ewigkeit wenig Belohnung geben wird. Randy Alcorn schreibt:

> Bibeltreue Christen lehnen die Lehre einer zweiten Chance für Ungläubige ab. Wir glauben, dass es nach dem Tod keine Möglichkeit mehr gibt, zu Christus zu kommen. Aber ebenso wahr

> ist, dass es nach den Tod auch keine zweite Chance für Christen gibt. Es wird uns nicht mehr möglich sein, im Glauben zu wandeln und unserem Herrn in dieser gefallenen Welt zu dienen.
>
> Wir können das Leben nicht noch einmal leben ... Wenn die Posaune erschallt und Christi Wiederkehr ankündigt, beginnt unsere ewige Zukunft und unsere gegenwärtigen Möglichkeiten enden. Wenn wir es bis dahin versäumt haben, unser Geld, unseren Besitz, unsere Zeit und Energie für die Ewigkeit einzusetzen, dann haben wir es versäumt. Punkt.
>
> »Aber wir werden im Himmel sein, das ist das Wichtigste.« Nein, Paulus beschreibt den Verlust der Belohnung als große und furchtbare Sache. Dass wir dennoch errettet sind, ist kein Trost, sondern eine Klarstellung. »Wenn jemandes Werk verbrennen wird, so wird er Schaden leiden, er selbst aber wird gerettet werden, doch so wie durchs Feuer« (1. Korinther 3,15). Von Christus eine Belohnung zu empfangen, ist ein unaussprechlicher Gewinn mit ewiger Auswirkung. Die Belohnung einzubüßen ist ein furchtbarer Verlust, der ebenfalls ewige Auswirkung hat.[8]

Ist es nicht erstaunlich? Gott hat uns vor seinem gerechten Zorn verschont, indem er seinen Sohn opferte und wird uns obendrein noch für die Werke belohnen, die er in seiner Gnade für uns vorgesehen und zu denen er uns befähigt hat. Die Verheißung der Belohnung im Himmel – das ist die zukünftige Gnade, die jetzt schon in die Gegenwart fließt, nämlich durch die Gelegenheiten, einander Gutes zu tun. John Piper sagt, dass er aus diesem Grund darüber nachdenkt, was nach dem Tod kommen wird. Ich habe eine Passage aus seinem Buch *Future Grace* angestrichen, weil sie verdeutlicht, wie der Gedanke an das Leben nach dem Tod heute mein Singlesein beeinflusst:

> Wenn wir am schönsten träumen, dann nicht von vergänglichen Beziehungen und Erfolgen. Wir ärgern uns nicht über das, was dieses Leben uns nicht geben kann (Ehe, Wohlstand, Gesundheit, Ruhm). Stattdessen genießen wir das Wunder, dass

der Herr und König des Universums uns liebt, uns zur Freude an seiner Herrlichkeit bestimmt hat und unfehlbar daran wirkt, uns in sein ewiges Reich zu bringen. Und so leben wir, um anderen zu helfen, weil Gott lebt, um unsere Not zu stillen (Jesaja 64,4; 10,2; 2. Chronik 16,9; Psalm 23,6).[9]

Wir ärgern uns nicht über das, was dieses Leben uns nicht geben kann, weil Gott uns liebt. Aus diesem Grund lacht die Frau aus Sprüche 31 der Zukunft entgegen. Weil sie so sehr geliebt wird, weiß sie, dass das Beste noch kommen wird.

Der Himmel – eine Explosion der Freude

»Gott ist überschäumende Freude«, schreibt Joni Eareckson Tada.[10] Im Himmel werden wir Zeitalter um Zeitalter in seiner überschäumenden Freude zubringen. Das ist unsere Zukunft als Christen. Lächelst du schon? Mich ermutigt Randy Alcorns Buch über den Himmel sehr, wenn er schreibt: »Was sagt Gott seinen treuen Knechten, wenn ihre Arbeit auf Erden getan ist? ›Geh hinein in die Freude deines Herrn‹ (Matthäus 25,23). Die ansteckende Freude unseres Herrn wird jeden Quadratmeter des Himmels und jeden Quadratzentimeter von uns durchdringen.«

Randy beschreibt auch einen Gedanken, auf den ich selbst noch nie gekommen bin. Wir werden dort wir selbst sein – nur besser.

> Die Menschen im Himmel werden bei ihrem Namen genannt: Abraham, Isaak und Jakob (Matthäus 8,11) und Lazarus (Lukas 16,25). Ein Name steht für eine eindeutige Identität, eine individuelle Persönlichkeit. Da es unser alter irdischer Name sein wird, werden wir dieselben Menschen sein. Ich werde für alle Ewigkeit Randy Alcorn sein, allerdings ohne die schlechten Seiten. Auch du wirst für alle Ewigkeit der oder die sein, der oder die du bist, ohne die schlechten Seiten …
>
> Manche glauben, dass es im Himmel keine Männer und Frauen geben wird, weil Jesus in Matthäus 22,30 sagt: »Denn in der Auferstehung heiraten sie nicht, noch werden sie verhei-

> ratet, sondern sie sind wie Engel im Himmel.« Aber dieser Vers lehrt nicht, dass wir geschlechtslos sein werden. Das Geschlecht gehört zum von Gott geschaffenen Menschen. Jesus sagt, dass im Himmel nicht geheiratet wird, abgesehen von der Hochzeit Christi mit seiner Braut … Bevor Maria Jesus in seinem verherrlichten Leib erkannte, sprach sie ihn mit »Herr« an, weil sie ihn offensichtlich als Mann identifizierte (Johannes 20,15).[11]

Was bedeutet das? Wir werden im Himmel nicht heiraten, aber wir werden weiterhin Mann und Frau sein. Und alles, was wir jetzt tun, um Gott in unserer Weiblichkeit zu verherrlichen, wird im Himmel belohnt werden. Ist es nicht tragisch, wenn wir Jahre damit verschwenden, uns mehr Sorgen über die Ehe zu machen – einen vorübergehenden Zustand –, als uns für das einzusetzen, was ewig währen wird?

Ein gutes Ende

Wir kennen unsere Bestimmung, aber wir müssen jetzt auf dem richtigen Kurs bleiben. Paulus schrieb in 1. Korinther 9,24: »Wisst ihr nicht, dass die, welche in der Rennbahn laufen, zwar alle laufen, aber einer den Preis empfängt? Lauft so, dass ihr ihn erlangt!«

Lasst uns laufen, um den ewigen Preis zu empfangen, liebe Schwestern. Mögen wir dem Weg folgen, der uns in Sprüche 31 vorgezeichnet wird, und uns nicht mit den Ablenkungen am Wegesrand aufhalten. Mögen wir die Gabe der Ehelosigkeit schätzen, damit wir gute Verwalter dieser Gabe genannt und in die Freude unseres Herrn eingeladen werden. Lasst uns einen edlen Charakter entwickeln und nicht zulassen, dass Bitterkeit, Eifersucht oder Enttäuschung den Lohn für unser Gottvertrauen stehlen. Mögen wir unsere Herzen und unsere Zuneigung zum Herrn behüten und nicht übermäßig besorgt darüber sein, ob ein Mitgeschöpf uns für den vorübergehenden Status der Ehe umwirbt oder nicht.

Mögen wir großzügig andere lieben und ihnen dienen, besonders den Gliedern des Leibes Christi in unserer Gemeinde. Lasst uns anderen Gastfreundschaft erweisen und unser Zuhause zu einem Missionsfeld und einem Ort des Auftankens machen. Mögen wir weise ernten, ausgeben und investieren und dabei unsere Schätze im Himmel sammeln. Lasst uns durch die Gnade Gottes nicht zu sehr besorgt darum sein, ob wir Kinder zur Welt bringen werden oder nicht; lasst uns stattdessen die Kinder in unserem Umfeld lieben, ermutigen und lehren. Mögen wir unser Vertrauen niemals auf die vergängliche äußerliche Schönheit setzen, sondern immer die innere Schönheit pflegen, die wohl für ewig Teil unserer Weiblichkeit bleiben wird. Lasst uns entschlossen sein, unsere Worte zu gebrauchen, um andere aufzurichten und zu erbauen, damit einst unsere Rechenschaft über jedes unnütze Wort schnell abgehakt ist. Und mögen wir nie als »bedürftige« Frauen bekannt werden, die sehr viel emotionale Unterstützung brauchen, weil sie enttäuschte Singles sind. Möge man uns als Frauen kennen, die sich zu den Elenden ausstrecken und den Armen großzügig geben.

Und mögen wir in einer jugendversessenen Welt nie den Blick auf den Himmel verlieren. Ich bete, dass wir in die Fußstapfen der Frau aus Sprüche 31 treten und ihren Segen empfangen, der in den abschließenden Versen des Kapitels beschrieben wird:

> Eine Frau aber, die den Herrn fürchtet, die soll man rühmen.
> Gebt ihr von der Frucht ihrer Hände,
> und in den Toren sollen ihre Werke sie rühmen!

Nachwort

Was ist das Evangelium?

Als ich mich der Kreuzung näherte, blendete mich für einen Moment die helle Morgensonne. Ich blinzelte und schaute auf die Hügelkuppe links von mir, nur ein paar Meter entfernt. An dieser Kreuzung muss man vorsichtig fahren, weil andere Autos oft sehr plötzlich ins Blickfeld schießen. Heute war kein Auto zu sehen. Ich bog schnell nach rechts ab und setzte meinen Weg zur Arbeit fort.

Plötzlich erschien blinkendes Blaulicht in meinem Rückspiegel. Unbesorgt hielt ich Ausschau nach einer Möglichkeit, um rechts ranzufahren. Ich war sicher, der Polizeiwagen würde mich schnell überholen, um irgendwo Kriminelle zu verhaften. Aber zu meiner großen Überraschung folgte er mir, als ich auf den Seitenstreifen fuhr, und kam hinter mir zum Stehen. *Was soll das?*

Der Polizist hätte keinen Charme-Wettbewerb gewonnen. Es war ein kalter Januarmorgen und mein elektrischer Fensterheber funktionierte nicht richtig. Deshalb grüßte ich ihn durch einen kleinen Spalt und versuchte, das Fenster per Hand aufzubekommen. Ich lächelte verlegen – sein Gesicht war versteinert. *Nicht das kleinste Anzeichen von Heiterkeit. Das ist nicht gut.*

»Führerschein und Fahrzeugpapiere bitte«, sagte er.

Ich gab ihm beides und wartete darauf, dass er mir sagte, warum er mich angehalten hatte. Ich hielt es für keine gute Idee, meine Ahnungslosigkeit zu verraten, indem ich ihn danach fragte. Er stieg mit meinen Papieren in sein Auto. Ich wartete. Und wartete. *Ist es ein gutes oder schlechtes Zeichen, dass es so lange dauert?*

Schließlich kam er zurück. Ich öffnete das Fenster. Er streckte mir ein Heft mit Strafzetteln entgegen. »Unterschreiben Sie hier unten«, sagte er und zeigte auf die Stelle. Die Sonne blendete mich wieder. Ich blinzelte und rutschte auf dem Sitz hin und her, um lesen zu können, was er geschrieben hatte, denn ich unterschreibe nie etwas, ohne es gelesen zu haben. Seine Ungeduld war mit Händen greifbar.

»Es tut mir leid«, sagte ich schließlich. »Aber ich kann das nicht lesen. Entschuldigen Sie, dass ich fragen muss, aber warum bekomme ich diesen Strafzettel?«

»Es ist eine Verwarnung«, antwortete er schroff. »Sie haben an der Kreuzung nicht gestoppt. Wenn Sie das nächste Mal angehalten werden, bekommen Sie wegen dieser Verwarnung einen Bußgeldbescheid und zwei Punkte.«

»Vielen Dank«, sagte ich und unterschrieb das Papier. Nach einer Pause fügte ich etwas unweise hinzu: »Sie haben Recht. Ich bin an dem Stoppschild durchgerollt. Diese Kreuzung ist so nah an der Hügelkuppe, dass ich normalerweise nur das Tempo reduziere und dann durchfahre, wenn sie frei ist.«

Zum ersten Mal sah mir der Polizist direkt in die Augen. »Ihre Logik stimmt nicht. Gerade aus diesem Grund müssen Sie anhalten. Es gab schon viele Unfälle an dieser Kreuzung«, sagte er. Dann ging er weg.

Ich schloss mein Fenster, startete den Wagen und fuhr weiter. Immer noch fassungslos darüber, dass ich beinahe einen Strafzettel bekommen hätte. Dann schaltete ich das Radio ein und die Klänge eines alten Kirchenlieds erfüllten mein Auto.

> … ob Stürme auch drohen von fern,
> mein Herze im Glauben doch allezeit singt:
> Mir ist wohl, mir ist wohl in dem Herrn.

Mir kamen die Tränen. Ich war schuldig, weil ich weitergefahren war, anstatt zu halten. Aber anstelle einer Strafe hatte ich Gnade empfangen. Und selbst wenn ich diesen Strafzettel bekommen hätte, wäre mir noch wohl in meiner Seele gewesen, denn ich habe in weit wichtigeren Angelegenheiten Gnade empfangen.

An diesem Tag wurde ich verwarnt. Den Polizisten hat es allerdings persönlich nichts gekostet, mir Gnade zu gewähren, deshalb stimmt die Analogie an dieser Stelle nicht mehr.

Die gute Nachricht des Evangeliums ist, dass die Vergebung und Errettung Gott, den Vater, einen hohen Preis gekostet hat: seinen Sohn. Die Analogie mit meinem Verkehrsdelikt funktioniert dennoch so weit, dass es ein gültiges Gesetz gibt. Ich war schuldig, an einem Stoppschild vorbeigefahren zu sein. Das war gesetzeswidrig, auch wenn ich das mit der Notwendigkeit des Stoppens anders sah. Das Gleiche gilt für Gottes Gesetz.

Gott hat die Welt erschaffen und regiert sie, trotz unserer beständigen Rebellion gegen ihn. Gottes Gesetz ist real und es spiegelt seinen vollkommenen Charakter wider. Gottes Wege sind vollkommen und er will für uns das Beste. Das Problem ist, dass wir Menschen – seit es den ersten Mann und die erste Frau gab – besser zu wissen meinen, wie wir unser Leben leben sollten. Und doch bleibt die Wahrheit dieselbe, gleichgültig ob wir sie anerkennen oder nicht: Es gibt einen liebenden Gott und wir brechen täglich sein Gesetz.

Die meisten Menschen jeden Hintergrunds wissen von der Existenz der Zehn Gebote, auch wenn sie sie nicht auswendig kennen. Die Zehn Gebote sind die moralische Grundlage des Gesetzes Gottes. Sie wurden uns gegeben, damit wir sowohl ihn als auch eine wichtige Eigenschaft von uns erkennen: dass wir nicht in der Lage sind, diese Gebote aus eigener Kraft zu halten.

Das Wort Sünde mag nicht mehr zum heute üblichen Vokabular gehören, aber es war immer Teil von Gottes Vokabular. In 1. Johannes 1,8 steht: »Wenn wir sagen, dass wir keine Sünde haben, betrügen wir uns selbst, und die Wahrheit ist nicht in uns.« Weiter schreibt der Apostel Johannes: »Jeder, der die Sünde tut, tut auch die Gesetzlosigkeit, und die Sünde ist die Gesetzlosigkeit« (1. Johannes 3,4).

Vielleicht ist es so einfacher zu verstehen: Sünde ist Gesetzlosigkeit. Wir können in jede beliebige Zeitung aus irgendeiner Stadt der Welt schauen und wir werden darin diese Gesetzlosigkeit finden, bebildert und dokumentiert. Wir lesen von Managern, die Millionen unterschlagen haben; von Kindern, die von ihren Eltern erwürgt wurden; von Teenagern, die entführt, vergewaltigt und ermordet wurden; von rasenden Fußballfans, die sich gegenseitig die Köpfe einschlagen; von ungeduldigen Autofahrern, die aus Wut andere Autos rammen; von Diktatoren, die jeden Andersdenkenden hinrichten lassen; von wahnsinnigen Regierungschefs, die ihrem Volk die Grundversorgung vorenthalten und aus politischen Gründen Hungersnöte verursachen; von Rockergruppen, die sich gegenseitig schikanieren und umbringen und vieles mehr. Sünde und Gesetzlosigkeit grassieren in schockierendem Ausmaß.

Vielleicht denkst du: »Das sind Geschichten über andere. Ich bin kein schlechter Mensch. Ich habe niemanden ermordet.« Zu Menschen, die so dachten, sagte Jesus: »Ihr habt gehört, dass gesagt ist: Du sollst nicht töten; wer aber töten wird, der wird dem Gericht verfallen sein. Ich aber sage euch, dass jeder, der seinem Bruder zürnt, dem Gericht verfallen sein wird; wer aber zu seinem Bruder sagt: Raka!, dem Hohen Rat verfallen sein wird; wer aber sagt: Du Narr!, der Hölle des Feuers verfallen sein wird« (Matthäus 5,21-22).

Oder vielleicht sagst du: »Die Zehn Gebote verbieten Ehebruch, aber ich habe noch nie Ehebruch begangen.« Jesus lehrte: »Ihr habt gehört, dass gesagt ist: Du sollst nicht ehebrechen. Ich aber sage euch, dass jeder, der eine Frau ansieht, sie zu begehren, schon Ehebruch mit ihr begangen hat in seinem Herzen« (Matthäus 5,27-28).

Das ist der unmöglich zu erfüllende hohe Anspruch eines vollkommenen und heiligen Gottes. »Aber das wäre Vollkommenheit«, wendest du vielleicht ein. Das ist wahr. Und Jesus sagte tatsächlich: »Ihr sollt vollkommen sein, wie euer himmlischer Vater vollkommen ist« (Matthäus 5,48). Niemand kann diesem Anspruch genügen! Römer 3,23 sagt: »Denn alle haben gesündigt und erlangen nicht die Herrlichkeit Gottes.« Damit sind wir alle gemeint, ohne Ausnahme jeder. *Niemand* ist »gut genug«. Wir alle haben gesündigt und werden weiterhin sündigen. Die Strafe für die Sünde ist ernst: »Denn der Lohn der Sünde ist der Tod, die Gnadengabe Gottes aber ewiges Leben in Christus Jesus, unserem Herrn« (Römer 6,23). Wegen unserer Sünde leben wir in einer gefallenen Welt, die von Sünde nur so trieft, und unser Ende ist der Tod.

Das ist ein düsteres Bild, aber dennoch die harte Realität. Doch es gibt eine gute Nachricht. Gott ist sowohl wunderbar gnädig als auch vollkommen gerecht. Er kehrt unsere Sünde nicht unter den Teppich, denn das würde nicht seiner Gerechtigkeit entsprechen. Er wird nicht über unsere Sünde hinwegsehen. Wie also können Sünder wie du und ich uns einem heiligen Gott nähern? Durch sein Werk am Kreuz. Aus diesem Grund ist das Kreuz für die Menschheit so wichtig.

Am Kreuz vollbrachte Jesus, was kein anderer Mensch je hätte tun können. Er selbst zahlte die Strafe für unsere Sünde.

Jesus kam, um ein vollkommenes Leben zu leben und alle Forderungen des Gesetzes zu erfüllen. Deshalb konnte er die Strafe für unsere Sünden auf sich nehmen, ohne dass er für sich selbst die geringste Strafe verdient hätte. »Meint nicht, dass ich gekommen sei, das Gesetz oder die Propheten aufzulösen; ich bin nicht gekommen aufzulösen, sondern zu erfüllen. Denn wahrlich, ich sage euch: Bis der Himmel und die Erde vergehen, soll auch nicht ein Jota oder ein Strichlein von dem Gesetz vergehen, bis alles geschehen ist« (Matthäus 5,17-18).

Jesu Absolutheitsanspruch war eindeutig. Seine Klarheit können wir nicht ignorieren. Einige seiner Aussagen über sich selbst:

- »Ich bin der Weg und die Wahrheit und das Leben. Niemand kommt zum Vater als nur durch mich« (Johannes 14,6).
- »Jesus sprach zu ihr: Ich bin die Auferstehung und das Leben; wer an mich glaubt, wird leben, auch wenn er gestorben ist; und jeder, der da lebt und an mich glaubt, wird nicht sterben in Ewigkeit. Glaubst du das?« (Johannes 11,25-26).
- »Jesus redete nun wieder zu ihnen und sprach: Ich bin das Licht der Welt; wer mir nachfolgt, wird nicht in der Finsternis wandeln, sondern wird das Licht des Lebens haben« (Johannes 8,12).
- »Darum liebt mich der Vater, weil ich mein Leben lasse, um es wiederzunehmen. Niemand nimmt es von mir, sondern ich lasse es von mir selbst. Ich habe Vollmacht, es zu lassen, und habe Vollmacht, es wiederzunehmen. Dieses Gebot habe ich von meinem Vater empfangen« (Johannes 10,17-18).

- »Denn so hat Gott die Welt geliebt, dass er seinen eingeborenen Sohn gab, damit jeder, der an ihn glaubt, nicht verloren geht, sondern ewiges Leben hat« (Johannes 3,16).
- »Denn auch der Sohn des Menschen ist nicht gekommen, um bedient zu werden, sondern um zu dienen und sein Leben zu geben als Lösegeld für viele« (Markus 10,45).
- »Größere Liebe hat niemand als die, dass er sein Leben hingibt für seine Freunde« (Johannes 15,13).

Der Beweis dafür, dass der Vater das in unserem Namen vollendete Werk Jesu akzeptiert hat, ist die Auferstehung. Obwohl an seinem Grab ein Trupp römischer Soldaten als Wache postiert war und trotz der Machenschaften der politischen Führungsriege seiner Zeit konnte niemand seinen Leichnam ausfindig machen. Tausende Pilger waren zum Passahfest angereist und die Stadt war zur Feier dieses religiösen Festes voller Menschen, und doch hat niemand beobachtet, dass am Grab etwas manipuliert worden wäre.

Stattdessen waren die zuvor so ängstlichen Jünger, die von Jesus geflohen waren, als er verhaftet, verurteilt und hingerichtet wurde, plötzlich voll freimütigen Glaubens. Jetzt waren sie in der Lage, Verfolgung und Hinrichtung zu ertragen, um die gute Nachricht von der Errettung zu verkünden:

> Denn Christus ist, als wir noch kraftlos waren, zur bestimmten Zeit für Gottlose gestorben. Denn kaum wird jemand für einen Gerechten sterben; denn für den Gütigen möchte vielleicht jemand auch zu sterben wagen. Gott aber erweist seine Liebe zu uns darin, dass Christus, als wir noch Sünder waren, für uns gestorben ist. Vielmehr nun, da wir jetzt durch sein Blut gerechtfertigt sind, werden wir durch ihn vom Zorn gerettet werden. Denn wenn wir, als wir Feinde waren, mit Gott versöhnt wurden durch den Tod seines Sohnes, so werden wir viel mehr, da wir versöhnt sind, durch sein Leben gerettet werden. Nicht allein aber das, sondern wir rühmen uns auch Gottes durch unseren Herrn Jesus Christus, durch den wir jetzt die Versöhnung empfangen haben. (Römer 5,6-11)

Das Evangelium ist die gute Nachricht darüber, dass der, der eigentlich unser Richter wäre, stattdessen unser Erlöser ist. Wenn wir diese ungemein gute Nachricht glauben und annehmen, werden wir nach unserem Tod einem Richter gegenüberstehen, der im Gewand der Gerechtigkeit seine durchbohrten Hände zu uns ausstreckt und uns wegen des Blutes, das er für uns vergossen hat, in das ewige Leben aufnimmt. Wenn wir diese gute Nachricht ablehnen, wenn wir sie nicht glauben, nicht für wichtig halten oder wenn wir versuchen, uns selbst mit einem »eigentlich ganz guten Leben« zu rechtfertigen, dann werden wir vor dem Richterstuhl keine Gnade finden. Denn wir haben das allerkostbarste Geschenk überhaupt verschmäht.

Wenn du dich bereits von deinen Sünden abgewandt hast und glaubst, dass Jesus am Kreuz für dich gestorben ist und dich erkauft hat, wirst du dich sicher freuen und Gott danken, wenn du diese Worte liest. *Wenn du dich aber noch nicht von deinen Sünden abgewandt haben solltest, appelliere ich an dich, Gottes Gnade zu suchen, so lange es noch geht.* Dein größtes, ewiges Problem wurde am Kreuz gelöst, wenn du glaubst: wenn du deine Sünden einsiehst, dich von ihnen abwendest und Vergebung ersehnst von dem, der die Strafe gezahlt hat, um Gottes vollkommene Gerechtigkeit zu erfüllen und Sündern vollkommene Gnade zu schenken.

Das ist das Evangelium. Jesus erfüllte die Forderungen des vollkommenen Gesetzes Gottes und nahm die Strafe für diejenigen, die diese Forderungen nicht erfüllten, stellvertretend auf sich. Deine Antwort darauf wird für dich der Weg in die Ewigkeit sein.

Bitte wende dich nicht ab von dem wichtigsten Geschenk, das du jemals bekommen kannst.

Quellenangaben

Kapitel 1

[1] Joshua Harris, *Boy Meets Girl* (Sisters, Or.: Multnomah, 2000), S. 213, dt. Titel: *Frosch trifft Prinzessin.*

Kapitel 2

[1] *New Bible Commentary*, Hrsg. G. J. Wenham, J. A. Motyer, D. A. Carson, R. T. France (Downers Grove, Ill.: InterVarsity Press, 1998), S. 1170-1171.

[2] *The IVP Bible Background Commentary: New Testament*, Hrsg. Craig S. Keener (Downers Grove, Ill.: InterVarsity Press, 1993), S. 464-466.

[3] W. E. Vine, *The Expanded Vine's Expository Dictionary of New Testament Words*, Hrsg. John R. Kohlenberger III (Minneapolis, Minn.: Bethany House Publishers, 1984), S. 476-77.

[4] Ebenda, S. 477

[5] Gordon D. Fee, *God's Empowering Presence: The Holy Spirit in the Letters of Paul* (Peabody, Mass.: Hendrickson, 1994), S. 86.

[6] Ebenda, S. 159.

[7] Wayne Grudem, *Bible Doctrine: Essential Teachings of the Christian Faith* (Grand Rapids, Mich.: Zondervan, 1999), S. 399.

[8] Elisabeth Elliot, *Quest for Love* (Grand Rapids, Mich.: Fleming H. Revell, 1996), S. 215, dt. Titel: *Liebe kann warten.*

Kapitel 3

[1] Johann Wolfgang von Goethe in *Noten und Abhandlungen zu besserem Verständnis des west-östlichen Divans*, Abschnitt »Hebräer«.

[2] Jerry Bridges, *Trusting God* (Colorado Springs, Col.: NavPress, 1988), S. 18, dt. Titel: *Gott vertrauen.*

[3] Bridges, *Trusting God*, S. 49-50.

[4] *New Bible Commentary*, Hrsg. G. J. Wenham, J. A. Motyer, D. A. Carson, R. T. France (Downers Grove, Ill.: InterVarsity Press, 1998), S. 292.

[5] Ebenda.

[6] Ebenda, S. 293.

Kapitel 4

[1] An dieser Stelle bin ich dem hervorragenden Buch von Elizabeth George zu Dank verpflichtet: *Du aber übertriffst sie alle – wahre Schönheit nach dem Vorbild der Frau aus Sprüche 31* (Oerlinghausen: Betanien Verlag, 2012).

[2] Douglas Wilson, *Her Hand in Marriage* (Moscow, Ida.: Canon Press, 1997), S. 84-85.
[3] *Strong's Greek and Hebrew Dictionary*, in English Standard Version Software, hebräisches Wort 802.
[4] Ebenda, hebräisches Wort 2428.
[5] Ebenda, hebräisches Wort 6443.
[6] Fußnote zu Matthäus 25,15 in der English Standard Version.
[7] Thomas Watson, *The Art of Divine Contentment* (Glasgow, U.K.: Free Presbyterian Publications, 1885), hier entnommen von http://www.ccel.org/w/watson/contentment/contentment.html
[8] Robert D. Jones, *Learning Contentment in All Your Circumstances*, The Journal of Biblical Counseling, Vol. 21.1 (Herbst 2002), S. 55.
[9] *The New Bible Commentary*, ed. G.J. Wenham, J.A. Motyer, D.A. Carson, R.T. France (Downers Grove, Ill.: InterVarsity Press, 1998), S. 574.
[10] John Piper, *Desiring God: Meditations of a Christian Hedonist* (Sisters, Or.: Multnomah, 1996), S. 250., dt. Titel: *Sehnsucht nach Gott.*
[11] Ebenda.
[12] *Strong's Greek and Hebrew Dictionary*, griechisches Wort 5463.
[13] Jerry Bridges, *Trusting God* (Colorado Springs, Col.: NavPress, 1988), S. 102, dt. Titel: *Gott vertrauen.*
[14] *Strong's Greek and Hebrew Dictionary*, griechisches Wort 4982.
[15] Ebenda, griechisches Wort 5281.
[16] Elizabeth George, *Loving God with All Your Mind* (Eugene, Or: Harvest House, 1994), S. 21.

Kapitel 5

[1] *Strong's Greek and Hebrew Dictionary*, in English Standard Version Software, Wort 3820.
[2] Carol Potera, *Get Real About Getting Married*, SHAPE Magazin, Sept. 2003, S. 36.
[3] *Strong's Greek and Hebrew Dictionary*, Wort 8444.
[4] Michelle McKinney Hammond, *Secrets of an Irresistible Woman* (Eugene, Or.: Harvest House, 1998), S. 113-14.
[5] Executive summary, *Hooking Up, Hanging Out, and Hoping for Mr. Right – College Women on Dating and Mating Today* (Washington, D.C.: Independent Women's Forum, 2001), http://www.iwf.org/files/0e6f3afa4c14211500084e5a26a54a64d.pdf
[6] Laura Sessions Stepp, *Modern Flirting*, The Washington Post, 16. Oktober 2003, S. C8.
[7] *Sex Without Strings, Relationships Without Rings*, The National Marriage Project, 2000 (Rutgers, The State University of New Jersey). http://www.stateofourunions.org/pdfs/SOOU2000.pdf

[8] Ellen Fein and Sherrie Schneider, *The Rules: Time-Tested Secrets for Capturing the Heart of Mr. Right* (New York, N.Y.: Warner Books, 1995), S. 7 und 9.
[9] Hammond, *Irresistible Woman*, S. 125-26.
[10] http://www.people.com/people/archive/article/0,,20134135,00.html
[11] Paul David Tripp, *Instruments in the Redeemer's Hands* (Phillipsburg, N.J.: P&R, 2002), S. 85-88, dt. Titel: *Werkzeuge in Gottes Hand.*
[12] Robert Murray McCheyne, *Journal of the Grace Evangelical Society*, Frühjahr 1992, Vol. 5:1 (Irving, Tex.: Grace Evangelical Society), http://www.faithalone.org/journal/1992i/McChey.html.

Kapitel 6

[1] Ray Vander Laan, (c) 1995-2003, That the World May Know Ministries. Aus der *Faith Lessons*-Videoserie.
[2] Douglas Wilson, *Her Hand in Marriage* (Moscow, Ida.: Canon, 1997), S. 88.
[3] Matthew Henry, *Concise Commentary*, über Genesis 24,54-67, English Standard Version Software.
[4] Andrew Farmer, *The Rich Single Life* (Gaithersburg, Md.: Sovereign Grace Ministries, 1998), S. 116-117.
[5] Steve Watters *Taking a Relationship from Good to Great*, Boundless webzine (Colorado Springs, Colo.: Focus on the Family), 9. October 9 2003, www.boundless.org.
[6] Michelle McKinney Hammond, *Secrets of an Irresistible Woman* (Eugene, Or.: Harvest House Publishers, 1998), S. 70.
[7] Zitiert in den »Grace Gems« E-Mail-Newsletter vom 11. Juni 2003. Aus J. C. Ryles Kommentar zum Johannesevangelium.
[8] Carolyn Mahaney *Biblical Womanhood in the Home*, Hrsg. Nancy Leigh DeMoss (Wheaton, Ill.: Crossway Books, 2002), S. 23, 25.
[9] Carolyn Mahaney, *Feminine Appeal* (Wheaton, Ill.: Crossway, 2003), S. 125, dt. Titel: *Anziehungskraft ist mehr als Mann sieht.*
[10] Wayne Grudem *Bible Doctrine* (Grand Rapids, Mich.: Zondervan, 1999), S. 116.
[11] Ebenda, S. 121.
[12] Elisabeth Elliott *Let Me Be a Woman* (Wheaton, Ill.: Tyndale House, 1976), S. 121.
[13] Ebenda, S. 99.

Kapitel 7

[1] Elisabeth Elliot, *Let Me Be a Woman* (Wheaton, Ill.: Tyndale House, 1976), S. 33.
[2] Alexander Strauch, *The Hospitality Commands* (Littleton, Col.: Lewis and Roth Publishers, 1993), S. 21, 22.

[3] *Strong's Greek and Hebrew Dictionary*, in English Standard Version Software, griechisches Wort 5382.
[4] Strauch, *Hospitality Commands*, S. 35.
[5] Herbert Lockyer, *All the Women of the Bible* (Grand Rapids, Mich.: Zondervan, 1967), S. 87.
[6] Marilyn Yalom, *A History of the Wife* (New York: Perennial Publishing, 2001), S. 102.
[7] Ebenda, S. 15.

Kapitel 8

[1] Betsy Israel, *Bachelor Girl: The Secret History of Single Women in the Twentieth Century* (New York: William Morrow, 2002), S. 15-16.
[2] Ebenda, S. 19.
[3] Ebenda, S. 100. Ein Zitat aus dem genannten Werk *Letters to a Business Girl.*
[4] John Piper, *Dein Leben ist einmalig – vergeude es nicht* (CLV 2004), S. 158.
[5] Ebenda, S. 162-163.
[6] Joshua Harris, *Not Even a Hint: Guarding Your Heart Against Lust* (Sisters, Or.: Multnomah, 2003), S. 42, dt. Titel: *Frösche, Prinzen und der Frust mit der Lust.*
[7] Randy Alcorn, *Money, Possessions & Eternity* (Wheaton, Ill.: Tyndale House, 1989), S. 16-17, dt. Titel: *Geld, Besitz und Ewigkeit.*
[8] Randy Alcorn, *The Law of Rewards* (Wheaton, Ill.: Tyndale House, 2003), S. ix, dt. Titel: *Wer gibt, gewinnt.*
[9] Nach: Covenant Life Church *Our Journey Together: New Members Course*, Lesson Nine (Gaithersburg, Md.: Covenant Life Church, 2003).
[10] Ada Lum, *Single & Human* (Downers Grove, Ill.: InterVarsity Press), S. 27.
[11] Matthew Henry, *The Quest for Meekness and Quietness of Spirit* (Morgan, Penn.: Soli Deo Gloria Publications, 1996), S. 22.
[12] Ebenda, S. 35.
[13] Herbert Lockyer, *All the Women of the Bible* (Grand Rapids, Mich.: Zonder van, 1967), S. 78.

Kapitel 9

[1] George Barna, *A Revealing Look at Three Unique Single Adult Populations* (11. März 2002), www.barna.org.
[2] Andrew Farmer, *The Rich Single Life* (Gaithersburg, Md.: Sovereign Grace Ministries, 1998), S. 153.
[3] *Women Helping Women: A Biblical Guide to Major Issues Women Face*, Elyse Fitzpatrick und Carol Cornish, Hrsg. (Eugene, Ore.: Harvest House Publishers, 1997), S. 335-336.
[4] C.J. Mahaney, *Gospel-Centered Parenting*, Audiobotschaft (Gaithersburg, Md.: Sovereign Grace Ministries, 2001).

[5] Wade F. Horn and Tom Sylvester, *Father Facts,* 4. Aufl. (Gaithersburg, Md.: Selbstverlag, 2002), www.fatherhood.org.

Kapitel 10

[1] Carolyn Mahaney, *Feminine Appeal* (Wheaton, Ill.: Crossway, 2003), S. 80, dt. Titel: *Anziehungskraft ist mehr als Mann sieht.*

[2] Nancy Leigh DeMoss, Transkript von *Revive Our Hearts Broadcast* vom 10. Juni 2003, www.reviveourhearts.com.

[3] *Strong's Greek and Hebrew Dictionary,* in English Standard Version Software, hebräisches Wort 1892.

[4] *The Classic Hundred Poems: All-Time Favorites,* William Harmon, Hrsg. (New York: Columbia University Press, 1998), S. 126. Deutsche Übersetzung: http://www.deutsche-liebeslyrik.de/liebesgarten2/liebesgarten2_36.htm; Übersetzt von Otto Gildemeister.

[5] Joshua Harris, *Not Even a Hint*: Guarding Your Heart Against Lust (Sisters, Or.: Multnomah, 2003), S. 85-86, dt. Titel: *Frösche, Prinzen und der Frust mit der Lust.*

[6] Herbert Lockyer, *All the Women of the Bible* (Grand Rapids, Mich.: Zondervan, 1967), S. 270.

[7] Nancy Leigh DeMoss, Hrsg., *Biblical Womanhood in the Home* (Wheaton, Ill.: Crossway Books, 2002), S. 92-94.

[8] *Classic Hundred Poems: All-Time Favorites,* S. 126.

[9] Carolyn Mahaney, »True Beauty«, *Biblical Womanhood in the Home* (Wheaton, Ill.: Crossway Books, 2002), S. 37-38.

[10] Joni Eareckson Tada and Steven Estes, *Wie das Licht nach der Nacht – Hoffnung, die im Leiden trägt* (CLV 2005), S. 221.

[10] Ebenda, S. 221-222.

[11] Randy Alcorn, *Edge of Eternity* (Colorado Springs, Colo.: Waterbrook Press, 1999), S. 46-47, dt. Titel: *Der Himmel.*

Kapitel 11

[1] Paul David Tripp, *War of Words* (Phillipsburg, N.J.: P&R, 2000), S. 55, dt. Titel: *Krieg der Worte.*

[2] Ebenda, S. 36-37.

[3] *Strong's Greek and Hebrew Dictionary,* in English Standard Version Software, griechisches Wort 4741.

[4] C. J. Mahaney, *The Cross-Centered Life* (Sisters, Or.: Multnomah, 2002), S. 56-67, dt. Titel: *Leben mit dem Kreuz im Zentrum.*

[5] Nancy Leigh DeMoss, ed., *Biblical Womanhood in the Home* (Wheaton, Ill.: Crossway Books, 2002), S. 96-97.

[6] Matthew Henry, *The Quest for Meekness and Quietness of Spirit* (Morgan, Penn.: Soli Deo Gloria Publications, 1996), S. 27.

[7] Ebenda, S. 32-34.

[8] DeMoss, *Biblical Womanhood in the Home*, S. 126-127.
[9] Chris Silard *Living As Lights in the World*, Predigt in der Covenant Life Church, 21. Dezember 2003.
[10] Ken Sande *Sei ein Friedensstifter, Kapitel 5: Streit beginnt im Herzen* (Dieses Kapitel ist nur in der erweiterten Neuausgabe enthalten, die voraussichtlich 2014 im Betanien Verlag, Oerlinghausen, erscheint). Original: *The Peacemaker*, 3rd Edition 2004, Baker Books, S. 107.

Kapitel 12

[1] *Strong's Greek and Hebrew Dictionary*, in English Standard Version Software, hebräisches Wort 6041.
[2] Ebenda, hebräisches Wort 34.
[3] Donald S. Whitney *Spiritual Disciplines Within the Church: Participating Fully in the Body of Christ* (Chicago, Ill.: Moody Press, 1996), S. 112.

Kapitel 13

[1] *Strong's Greek and Hebrew Dictionary*, in English Standard Version Software, hebräisches Wort 5810.
[2] Ebenda, hebräisches Wort 1921.
[3] Der Webseite von *The Red Hat Society* entnommen, www.redhatsociety.com.
[4] Robert Browning, »Rabbi Ben Ezra«, Poems of Robert Browning. Great Literature Online. 1997-2004, www.underthesun.cc/Classics/Browning/PoemsOfRobertBrowning/PoemsOf RobertBrowning15.html
[5] John Piper *Future Grace* (Sisters, Or.: Multnomah, 1995), S. 101-102.
[6] Jerry Bridges, *Trusting God* (Colorado Springs, Col.: NavPress, 1988), S. 197-98, dt. Titel: *Gott vertrauen.*
[7] John Piper *Future Grace,* S. 356-357.
[8] Randy Alcorn, *The Law of Rewards* (Wheaton, Ill.: Tyndale House Publishers, 2003), S. 70-71, dt. Titel: *Wer gibt, gewinnt.*
[9] John Piper *Future Grace,* S. 369.
[10] Joni Eareckson Tada, Steven Estes, *Wie das Licht nach der Nacht – Hoffnung, die im Leiden trägt* (CLV 2005), S. 33.
[11] Randy Alcorn, *In Light of Eternity* (Colorado Springs, Col.: Waterbrook Press, 1999), S. 45, 50-51, dt. Titel: *Der Himmel.*

Buchempfehlung

Der BibelStarter
Bibelleseplan für Einsteiger

Din A5-Heft
90 Seiten
ISBN 978-3-945716-17-5
2,90 Euro

Allein durch die Bibel können wir Gott erkennen und finden. Sie ist das tägliche Brot für unsere Seele. Aber wo kann man anfangen zu lesen und wie geht man vor? Dieser Leitfaden führt durch etwa ein Drittel der Bibel, zeigt den roten Faden und bietet viele Erklärungen und Hilfen.

- Dieses Heft hilft, fortlaufend die Bibel zu lesen, ohne frustriert aufzugeben.
- Man bekommt rasch einen Überblick über die ganze Bibel.
- Er zeigt das Wichtigste und den roten Faden der Bibel.
- Das von Gott verheißene Kommen des Retters steht von Anfang an im Blickpunkt.

Der BibelStarter ist ein Leseplan für tägliches Bibellesen (jede Einheit ca. 5-10 Minuten) mit etwa 400 Einheiten, die in groben Zügen durch die ganze Bibel führen. Wichtige Begriffe wie Sünde, Glauben usw. werden beim ersten Vorkommen erklärt und Hintergründe erläutert. Aber alles sehr kurz und einfach gehalten, damit man zügig vorankommt.

Auch als edle Geschenkausgabe, gebunden mit 174 Seiten (zusätzliche Notizseiten): ISBN 978-3945716-20-5 für 11,90 Euro.